JN232923

環境管理会計入門

理論と実践

神戸大学大学院 教授
國部 克彦 編著

監修　経済産業省産業技術環境局

社団法人 **産業環境管理協会**
Japan Environmental Management Association for Industry

はじめに

「環境経営」が急速な広がりをみせている。

先進企業にあっては、環境配慮型経営体制への移行が進むとともに、企業グループ或いは取引先と一体となったグリーン調達、有害化学物質対策等の実施のほか、環境重視の新たな視点からのコスト競争力強化の実現や新たな環境ビジネスの創出などが進んでいる。また、環境報告書の発行が急増し、環境格付けへの関心も高まっている。

今や、環境経営は企業経営そのものであるといっても過言ではあるまい。「環境管理会計」はこの環境経営推進のための基本的ツールの一つとして注目を浴びている。

本書は、1999年、当協会が経済産業省から「環境ビジネス発展促進等調査研究（環境会計）」として受託し、大学、研究機関、企業の精鋭を集めて、当協会内に発足させた「環境会計委員会」による研究成果「環境管理会計手法ワークブック」を「理論編・実践編」に再編し、入門書として発刊するものである。

マテリアルフローコスト会計を中心に、環境管理会計導入企業では、多くの成果があがっている。本書が経理部門はもとより、環境管理部門、設計、製造現場等で広く活用されるとともに、「環境経営」を推進される企業トップの方々にも是非ご一読を願うものである。

末筆ながら、本書発刊にあたって、ご指導頂いた経済産業省並びに編集・執筆で多大の労をとって頂いた國部克彦神戸大学大学院教授はじめ執筆者各位に深く謝意を表したい。

2004年4月

社団法人産業環境管理協会

会　長　　南　直哉

あいさつ

　現在、我々は、地球温暖化、廃棄物・リサイクル、有害化学物質問題など様々な環境問題に直面している。これら環境問題解決のためには、産業界のみならず一般市民、行政などあらゆる主体の取組みが求められている。

　当省では、環境と両立した企業経営と環境ビジネスのあり方に関して、産業構造審議会環境部会での「環境立国宣言」の提言を踏まえ、企業の自主的な環境経営の自律的発展や新たな環境ビジネスの創出を目的とした様々な施策を展開しているところである。特に、我が国企業では、環境マネジメントシステムの導入やライフサイクルアセスメントの実施など環境管理の徹底と、環境報告書、環境ラベル等による市場とのコミュニケーションが進んでいる。環境会計については、多くの企業が自らの事業活動の管理・公表の手段として導入しているが、当省では、企業が実施する環境管理が企業経営の効率化や事業活動における資源生産性の向上など具体的な経営上のインセンティブに成り得る「環境管理会計」の開発・普及を推進してきている。

　環境管理会計は、国際的にも研究開発段階にあり、多くの企業の方々の創意工夫による実践と先進事例（ベストプラクティス）の積み重ねが必要である。当省では、1999年度から（社）産業環境管理協会に対する委託事業として、環境管理会計手法の研究開発と事例研究を実施してきており、2004年度にはマテリアルフローコスト会計を中心に中小企業を含めた導入モデル事業の実施を展開する予定である。

　本書では、これまで開発・実施された環境管理会計を構成する多様な手法の解説と企業における導入事例を紹介し、多くの関係者に環境管理会計への理解を深めて頂くとともに、各企業における具体的な取組みの参考として頂くことを念頭に構成している。本書が多くの企業において活用され、環境管理の強化が競争力ある企業経営の実現に寄与することを期待するものである。

2004年4月

経済産業省産業技術環境局
環境調和産業推進室長　　國友　宏俊

はしがき

　環境と経済の調和は21世紀の最大の目標である。そのために世界規模で大きな努力が続けられている。しかし、株式会社（企業）という営利追求組織を核とした経済システムは、本質的に環境保全とは調和的ではない。この点において、企業に責任はない。

　したがって、企業に環境保全を実施させるために、膨大な数の法律や基準が定められてきたし、今後も増えていくであろう。しかし、法規制による環境保全は、環境という無限の広がりを持つ対象に対して、かなり以前からその限界が明らかとなってきた。また、環境税や排出権取引のような経済的な手法も、その対象を特定の環境問題に限定しなければならないという点で、同様の限界を持つ。

　そこで登場してきたアイデアが、企業による自主的な環境保全活動の促進である。ISO 14000シリーズに代表される環境マネジメントシステムは、そのための中心的な手法として期待されてきた。しかし、経済組織である企業に、環境保全活動の促進を自発的に求めるためには、環境保全のための手法を整備するだけでなく、経済活動の中に環境保全の要素を織り込む手段が必要なのだが、それは既存の環境マネジメントシステムからは欠落している。

　環境管理会計（environmental management accounting）は、文字通り、「環境」と「経済（会計）」を「管理（マネジメント）」する手法であり、企業という経済組織の中に、環境保全活動を合理的に位置づける手段である。環境保全と経済的利益は背反する場合が多いのは事実であるが、環境効率の改善が生産性の上昇につながり、収益力の向上に結びつく場合もある。問題は、これまでそのような機会を発見し改善へと導く手法が確立されていなかったために、企業内での環境と経済の調和はいわば偶然の産物のようにみられていたことである。環境管理会計は、環境と経済が両立する側面を体系的に示す手法であり、経済的利益に結び

つく環境保全活動を促進させるための手段である。

　環境管理会計は1990年代から世界的にも大きな注目を集めている。アメリカ、ドイツ、イギリスなどは政府レベルで環境管理会計プロジェクトを推進しているし、国連持続可能開発部でも環境管理会計の普及促進が目指されている。アジア地域を中心に、新興工業国でも環境管理会計に熱い関心が向けられている。このような動向の背景には、環境保全活動に偏りがちな環境マネジメントシステムをめぐるこれまでの議論への反省と、実際に経済的な利益と関連しない限り、企業にとっての環境保全は絵に描いた餅でしかないという厳然とした経済原理に対する認識がある。

　我が国でも1990年代末から、政府機関が環境会計や環境管理会計の調査研究及び手法の開発に努力するようになり、環境会計に積極的に取り組む企業も増加し、今やその最先端の理論や実践は世界の環境管理会計実務を牽引する水準にある。しかし、一方では、外部情報開示のための環境会計を含む環境管理会計を、企業経営に有効に活用している企業は、我が国でも少数の大企業に限られており、中小企業を含め、その普及は大きな課題となっている。

　環境管理会計は、環境マネジメントシステムのような汎用性のあるシステムとは異なり、企業の意思決定目的に応じて導入されるべき手法である。また、企業会計の既存システムや手法と密接に関連するため、導入する企業の特徴に依存する側面が強い。管理会計の基礎知識を前提としてシステム構築や手法の開発がなされるため、環境の専門家には理解しにくい面も少なくない。端的にいえば、環境管理会計は高度に専門的な技術であり、その専門性が手法の有用性の源でもある。

　しかしながら、環境管理会計を日本企業に普及させるためには、環境管理会計の全容を把握し、各企業にとっての可能性を検討することが必要である。本書は、環境管理会計の基本的な手法の内容を解説すると同時に、企業事例を豊富に取り入れて、環境管理会計に初めて接する人にも、その有効性が理解できるように編集したものである。

本書の第1部では環境管理会計の理論を解説し、第2部では環境管理会計の実務をケーススタディとして示している。

　本書は、環境保全部門の方々はもちろん、経理や生産管理あるいは製品の設計・開発に携わる方々にも読んでいただきたい。さらに、企業のトップマネジメントの方々にも、ぜひ手に取っていただきたい。環境管理会計は、本書の中でも強調しているように、全社的に活用されるべき手法であり、そのために経営トップの深い理解が不可欠だからである。

　本書は、経済産業省が平成11年度（1999年度）から実施している環境管理会計手法の調査研究プロジェクトの中で生まれてきたものである。経済産業省は、環境管理会計の重要性を早くから認識し、平成11年に、3年間の調査プロジェクトとして（社）産業環境管理協会に対して、「環境ビジネス発展促進等調査研究（環境会計）」を委託した。その成果は、平成14年に、経済産業省より「環境管理会計手法ワークブック」として公刊された。そして、「環境管理会計手法ワークブック」の主要な成果を継承し、その後の研究成果も織り込んで、より入門的な書物として、本書が出版されることになったのである。

　最後になったが、経済産業省の環境管理会計の開発と普及促進に対する一貫した努力に深く敬意を表すると同時に、この長年にわたるプロジェクトに参加いただいた多くの方々に心から感謝の意を表したい。

2004年4月

國部　克彦

■「環境管理会計入門：理論と実践」執筆者

國部克彦（編著）　神戸大学大学院経営学研究科　教授
　　　　　　　　　　　　　　（第1部1章、2章、8章、第2部4章）
中嶌道靖　　関西大学商学部　教授　　　　（第1部3章、第2部1章）
稲葉　敦　　（独）産業技術総合研究所ライフサイクルアセスメント研究
　　　　　　センター　センター長　　　　　　　　　　（第1部4章）
嵐　紀夫　　（独）産業技術総合研究所ライフサイクルアセスメント研究
　　　　　　センター　テクニカルスタッフ　　　　　　（第1部4章）
小倉　昇　　筑波大学大学院ビジネス科学研究科　教授　（第1部5章）
伊藤嘉博　　神戸大学大学院経営学研究科　教授
　　　　　　　　　　　　　　（第1部6章、7章、第2部2章、3章）
品部友美　　あずさ監査法人環境マネジメント部　　　　（第1部8章）
水口　剛　　高崎経済大学経済学部　助教授　　　　　　（第1部9章）

■＜第2部企業事例についてご協力頂いた方＞

古川芳邦　　日東電工(株)サステナブル・マネジメント推進部長　（1章、3章）
河野裕司　　田辺製薬(株)財務経理部　経理課長　　　　　　　　（1章）
岩田恭浩　　タキロン(株)財務部主計　　　　　　　　　　　　　（1章）
古田清人　　キヤノン(株)環境統括・技術センター副所長　　　　（1章、4章）
富田秀実　　ソニー(株)環境・CSR戦略グループバイスプレジデント
　　　　　　　　　　　　　　　　　　　　　　　　　　　　　　（2章、4章）
岡本亨二　　日本アイ・ビー・エム(株)本社環境部環境経営室長　（2章）
鳥羽昭良　　東洋製罐(株)管理本部経理部原価管理課係長　　　　（3章）
羽田野洋充　(株)リコー社会環境本部環境情報グループリーダー　（4章）

　　　　　　　　　　　　　　　　　　　　　　　　（敬称略、執筆順）

Contents
環境管理会計入門
理論と実践

はじめに
あいさつ
はしがき
執筆者
目次

第1部　環境管理会計の体系と手法

第1章　環境経営と環境会計　　3

1. はじめに　3
2. 環境経営とは何か　3
3. 環境マネジメント技術と環境管理会計　5
4. 環境保全活動システムの体系　7
5. 環境管理会計の手法　10
6. 外部環境会計の役割　13
7. 環境会計を推進する部署の問題　16

第2章　環境管理会計の展開　　18

1. はじめに　18
2. 環境管理会計の国際動向　18
3. 環境管理会計と外部環境会計の相違　20
4. USEPAとUNDSDにおける環境コストの範囲　23
5. 環境管理会計が対象とすべき環境コスト　28
6. 環境管理会計の適用範囲　31
7. 環境管理会計の体系化　32

第3章　マテリアルフローコスト会計　　36

1. はじめに　36
2. マテリアルフローコスト会計とは　37
3. マテリアルフローコスト会計の基本的体系　40

vii

4. マテリアルフローコスト会計の導入手順　50
 5. マテリアルフローコスト会計と他の環境管理会計手法との関係　68

第4章　ライフサイクルコスティング　71

 1. はじめに　71
 2. ライフサイクルコスティングの方法　71
 3. LCCケーススタデイ　74
 4. 今後の課題　82

第5章　環境配慮型設備投資決定　83

 1. はじめに　83
 2. 環境設備投資の性質　84
 3. 多目標の意志決定としての環境設備投資決定　86
 4. 設備投資の経済性計算　89
 5. 経済性計算に必要なデータの収集　97
 6. 環境設備投資による環境目標の達成　99
 7. 環境設備投資決定の総合的プロセス　102

第6章　環境配慮型原価企画　105

 1. はじめに　105
 2. 環境配慮型原価企画の意義と課題　106
 3. 環境配慮型原価企画の実現可能性　108
 4. 環境配慮型原価企画の展開　112
 5. 今後の展望　115

第7章　環境予算マトリックス　116

 1. はじめに　116
 2. 環境予算マトリックスの意義　117
 3. 環境予算マトリックスの構造と作成手順　125
 4. 環境予算マトリックスの拡張　132

第8章　環境配慮型業績評価　　　　　　　　　138

1. はじめに　138
2. 環境パフォーマンスと業績評価　138
3. 業績評価システムへの環境パフォーマンス指標の組み込み方　140
4. 環境配慮型業績評価の実際　142
5. エコ・エフィシェンシー指標の展開　147
6. 日本企業における環境経営指標の開発　148
7. 今後の展望　151

第9章　企業会計と環境会計から見た環境管理会計　153

1. はじめに　153
2. 環境省ガイドラインと環境管理会計　153
3. 管理会計と環境管理会計　158
4. 財務会計と環境管理会計　162
5. 環境管理会計の導入にあたって　165

第2部　環境管理会計の実践

第1章　マテリアルフローコスト会計の企業事例　169

1. はじめに　169
2. 日東電工　171
3. 田辺製薬　181
4. タキロン　198
5. キヤノン　211
6. むすび　223

第2章　環境配慮型原価企画の企業事例　　224

1. はじめに　224
2. ソニー　225
3. 日本IBM　229
4. むすび　236

第3章　環境予算マトリックスの企業事例　　237

1. はじめに　237
2. 東洋製罐　237
3. 日東電工　247
4. むすび　254

第4章　環境配慮型業績評価の企業事例　　256

1. はじめに　256
2. リコー　256
3. キヤノン　264
4. ソニー　269
5. むすび　274

主要参考文献　276
略語　279
索引　282

第1部
環境管理会計の体系と手法

第1章／環境経営と環境会計
第2章／環境管理会計の展開
第3章／マテリアルフローコスト会計
第4章／ライフサイクルコスティング
第5章／環境配慮型設備投資決定
第6章／環境配慮型原価企画
第7章／環境予算マトリックス
第8章／環境配慮型業績評価
第9章／企業会計と環境会計から見た環境管理会計

第1章 環境経営と環境会計

1 はじめに

　21世紀に入り、**環境経営**を目指す企業はますます増加している。しかし、環境経営の実現は容易ではない。環境経営を宣言するからには、企業経営と環境保全活動がシステムとして連携していなければならない。**環境管理会計**と**外部環境会計**を構成要素とする**環境会計**は、そのための重要な企業戦略ツールである。

　環境管理会計（内部環境会計）は、ISO 14000シリーズに代表される環境マネジメントシステムと企業の経済活動システムを結びつける手段である。一方、環境経営を実践するには、市場や社会からの支援が不可欠であり、企業外部へ情報伝達する外部環境会計はそのための有力なツールである。

　このように環境会計は、環境経営を促進していくための中核的な手段であり、環境会計なくしては、企業の経済活動と環境保全活動を連携させることができず、経済活動から切り離された経営はあり得ないので、結果的に環境経営は実現できないといっても過言ではない。したがって、企業経営者は、環境経営を実行するために、環境会計の意義を正しく認識し、企業目的に応じて、適切に導入・促進を図る必要がある。

2 環境経営とは何か

● 環境の視点を企業活動の隅々にまで浸透させる

　「環境経営」という言葉は最近頻繁に登場する。企業が自主的に発行する環境

報告書でも、「環境経営」という言葉がおどっている。しかし、環境経営をきちんと定義した上で用いている企業は意外に少ない。

「環境経営」とは便利な言葉であるが、その意味するところは重大である。何といっても、「環境」と「経営」が直接結びついているのだから、責任の重い言葉である。これまで環境問題は、企業経営にとってやむを得ず対応しなければならない事項であるという認識が強かった。しかし、「環境経営」を標榜する以上は、環境を経営の中心に位置づけることを約束するだけでなく、そのことを保証するシステムや手段を持たなければならない。

環境経営に関しては、さまざまな定義づけが可能だが、ここでは「環境の視点を企業活動の隅々にまで浸透させた経営」と定義しておくことにしよう。この定義に従えば、環境保全活動は企業活動の一部分であってはならず、企業活動の全局面で環境への配慮が実行されねばならない。これを実行することは大変困難なことであるが、企業経営者は、「環境経営」とはそれほどの重みを持った言葉であることを自覚しなければならないし、そうでなければわざわざ「環境経営」という言葉を使用する意味はない。したがって、環境経営は明らかに企業戦略上の問題であり、経営トップはまずそのことを十分に理解しておく必要がある。

しかし、環境経営は掛け声だけでは決して実行できない。「環境の視点を企業活動の隅々にまで浸透させた経営」といったところで、そのためのメカニズムがなければ、環境経営は絵に描いた餅に過ぎない。システム的な裏づけがあってこそ、我が社は環境経営を実行していると胸を張って主張できるのである。

●環境経営実現のためのメカニズム

それでは環境経営を実現するためのメカニズムとは何だろうか。この点が明確に示されない限り、日本企業の環境経営は言葉がむなしくひびくだけであろう。逆にいえば、そのようなメカニズムが明示され、その方向へ日本社会が変革するならば、そのときに真の環境経営が実現されるはずである。環境経営は単に環境保全に貢献するだけではない。環境の視点から競争力の促進にも役立ち、成熟社

会における一つの経営モデルを提示するものでもある。

　環境経営を実現するためのメカニズムは、企業内で実行されるマネジメント技術の領域と、環境経営企業を支援する市場メカニズムの領域に分かれる。環境経営は、一企業の努力だけで実現できるものではなく、社会的な制度や支援も必要である。環境会計は、この双方の領域で鍵となる役割を果たすのである。

　環境会計は、企業の内部管理のための環境管理会計と企業外部への情報開示のための外部環境会計に分かれる。本書は、環境管理会計を中心に解説するが、両者は密接な関係にある。

　本章では、まず環境管理会計と環境経営とのかかわりを説明し、次に、環境経営と市場との関係から外部環境会計の役割について検討しよう。

3　環境マネジメント技術と環境管理会計

● ISO 14000シリーズの貢献

　環境経営を実行するためのマネジメント技術は、公害防止のためのハードの技術と並行して、近年長足の発展を遂げた。これには **ISO 14000シリーズの貢献**が極めて大きい。

　周知のようにISO 14000シリーズでは、1996年に発行された環境マネジメントシステム規格であるISO 14001を中心に、多数の手法がガイドラインとして整備され、環境マネジメント手法に関する一大体系を形作っている。そこでは、環境マネジメントシステム及び環境監査以外に、環境ラベル、環境パフォーマンス評価、ライフサイクルアセスメント、環境適合設計などのガイドラインが整備され、現在は環境コミュニケーションの規格が準備中である。もちろん、これらの個々の手法に関しては、発展途上の点も少なくないが、それでも手法の目的や内容が明確に規定されたことは極めて大きな意味を持っている。このような手法を体系的に運用すれば、**環境保全活動システムを構築することができる。**

　しかし、ISO 14000シリーズに代表される環境マネジメント技術を環境保全活

動システムとして編成し、それを企業経営のためのシステムとしてみるならば、大きな限界が存在している。企業の目的は環境保全ではなく、営利性の追求であるにもかかわらず、ISO 14000シリーズの中には、企業の経済活動と環境保全活動を連結させる媒介手段が存在していないのである。

企業はもともと営利活動のための精緻なシステムを持っている。管理会計システム、人事管理システム、情報管理システム、目標管理システムなどさまざまなシステムが縦横無尽に張りめぐらされている。これらのシステムを総合して**経済活動システム**と表現するならば、環境経営を実行するためには、環境保全活動システムと経済活動システムが有機的に統合されなければならない。

しかし、両者を統合するシステムは、ISO 14000シリーズに基づく環境保全活動システムにも、企業の伝統的な経済活動システムの中にも存在していない。したがって、企業経営の中に、環境保全活動システムを導入するためには、同時に、それを企業の経済活動システムに結びつける手段も導入しなければならない。そうでなければ、ISO 14001は導入したけれども、その経済効果は分からないという事態に陥るのである。

この環境保全活動システムと経済活動システムを統合する手段こそ、**環境管理会計システム**にほかならない。このことを示したものが図1-1である。

図1-1 環境管理会計による環境保全活動と経済活動の結合

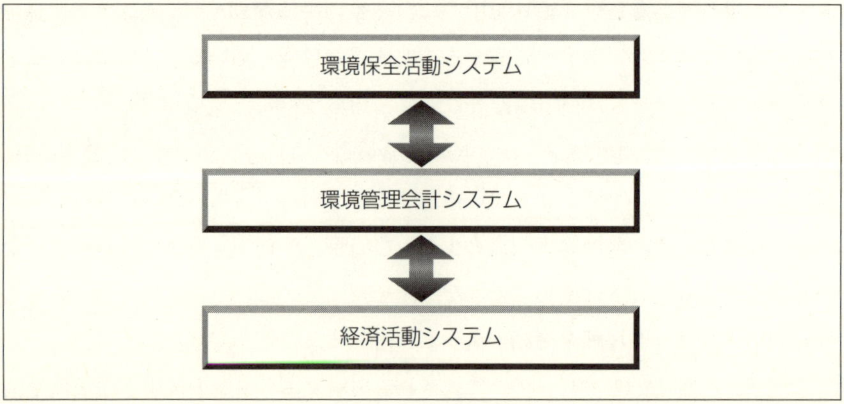

```
┌─────────────────────────┐
│   環境保全活動システム      │
└─────────────────────────┘
            ↕
┌─────────────────────────┐
│   環境管理会計システム      │
└─────────────────────────┘
            ↕
┌─────────────────────────┐
│    経済活動システム         │
└─────────────────────────┘
```

● 「環境管理会計」を構成する三つの言葉

「環境管理会計」（environmental management accounting）という用語には、重要な言葉が隠されている。「**環境管理**」（environmental management）、「**管理会計**」（management accounting）、「**環境会計**」（environmental accounting）の三つである。「環境管理」は環境保全活動システムを示し、「管理会計」は経済活動システムを表す。そして、その両者を「環境会計」が架橋しているのである。

我が国では、**経済産業省**が環境管理会計手法の開発・促進に力を入れており、1999年から3年間の調査プロジェクトを**産業環境管理協会**に委託し、その成果を2002年に「**環境管理会計手法ワークブック**」として公表している。ちなみに、2000年に公表され、2002年に改訂版が出された**環境省**の「**環境会計ガイドライン**」は情報開示目的が中心で、どちらかといえば外部環境会計のためのガイドラインである。

4　環境保全活動システムの体系

● 環境マネジメントツールの相互関係

環境保全活動のためのマネジメント技術は個別領域ではかなり深められてきた。しかし、その一方で、それぞれのツールが相互にどのような関係を有しているのかについては、必ずしも十分に認識されているわけではない。

しかし、環境保全活動のための手法を効果的かつ効率的に活用していくためには、手法間の関係性を適切に理解することが不可欠である。このことは、環境保全活動システムと経済活動システムを環境管理会計システムによって連携させるためにも必要である。

環境保全活動システムの体系については、いろいろな考え方が可能であるが、「企業・サイトを対象とする手法」と、「製品を対象にする手法」に分け、さらに、「環境負荷の測定・評価ツール」、「環境負荷の削減ツール」、「環境負荷情報の開示ツール」に分類すれば、図1-2のような相互関係を示すことができる。

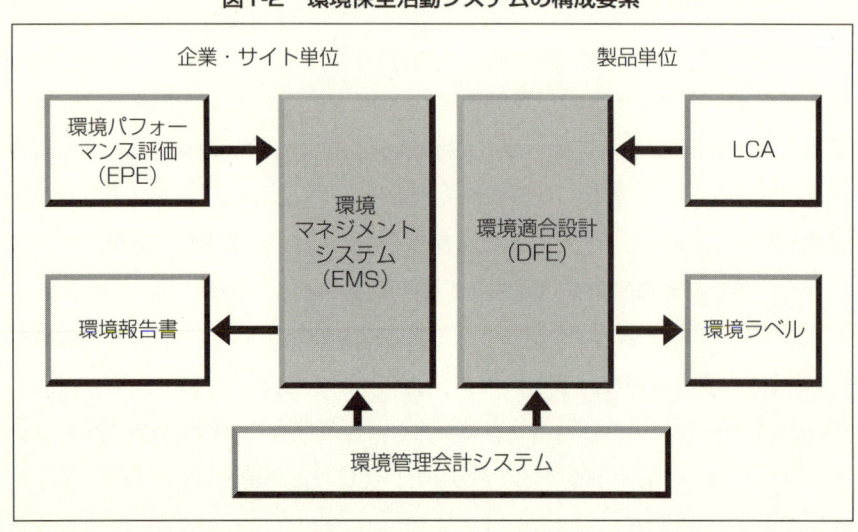

図1-2　環境保全活動システムの構成要素

```
        企業・サイト単位              製品単位

  ┌──────────┐                        ┌──────────┐
  │ 環境パフォー │→┐              ┌←│   LCA    │
  │ マンス評価  │  │              │  │          │
  │  (EPE)    │  │              │  └──────────┘
  └──────────┘  │              │
               ↓              ↓
          ┌─────────┐    ┌─────────┐
          │  環境    │    │環境適合設計│
          │マネジメント│    │  (DFE)  │
          │ システム  │    │         │
          │  (EMS)  │    │         │
          └─────────┘    └─────────┘
               ↑              ↓
  ┌──────────┐  │              │  ┌──────────┐
  │ 環境報告書 │←┘              └→│ 環境ラベル │
  └──────────┘                    └──────────┘
                    ↑    ↑
          ┌──────────────────────┐
          │   環境管理会計システム   │
          └──────────────────────┘
```

●企業・サイト単位へ適用される環境マネジメントツール

　代表的な環境マネジメントツールをこの基準で分類すれば、企業・サイト（事業所）単位へ適用される場合、環境負荷を測定・評価するツールとしては**環境パフォーマンス評価**（EPE：Environmental Performance Evaluation）を、環境負荷を削減するためのツールとしては**環境マネジメントシステム**（EMS：Environmental Management System）を、そして環境パフォーマンス情報を外部へ開示するためのツールとしては**環境報告書**を挙げることができる。環境報告書は、ISO 14000シリーズで規格化されていないが、すでに重要な企業外部への環境情報開示手段として社会的に認知されている。

　なお、ここで掲げた手法は、ISO 14000シリーズの用語を採用しているが、その内容はISOで規定されているものとまったく同じというわけではない。例えば、環境パフォーマンスの測定と評価の側面全体を環境パフォーマンス評価ととらえ、そこで測定・評価された情報をもとにして環境負荷を低減させるためのシステム一般を環境マネジメントシステムと理解している。したがって、図1-2の環境マ

ネジメントシステムには、それを実行するために不可欠な**環境監査**も含まれている。

環境パフォーマンスを測定できて、それを改善するシステムが構築されたとしても、それだけでは十分ではない。その成果を企業外部に公表しなければ、環境保全活動システムは完結しない。これはすでに述べたように、企業の環境保全活動が自主的なものであるならば、その最終的な評価は社会に求められなければならないからである。環境報告書は、ISO 14001の中ではまだ取り入れられていないが、環境コミュニケーションに関する規格は検討されている。

環境報告書は、サイト単位と全社単位の両方のレベルで作成されることが望ましい。なぜなら、サイト情報を必要とするステークホルダーと全社レベルの情報を必要とするステークホルダーは異なるからである。前者は主に地域住民であるが、後者は消費者であったり、投資家であったりする。全社的な環境報告書に関するガイドラインについては、経済産業省や環境省をはじめとして、国際的な機関や産業界などから多くの提案がなされている。

●製品へ適用される環境マネジメントツール

環境負荷を測定し、それを実際に改善するシステムを運用し、その結果を報告するというループは製品単位の環境マネジメント技術にも適用可能である。製品ベースで環境負荷を測定する手法には**ライフサイクルアセスメント**（LCA：Life Cycle Assessment）がある。LCAは、製品のライフサイクルの中でどのような環境負荷が生じるのかを定量的に把握する方法である。現在、日本でも具体的な手法が開発され、実際に利用している企業も増加している。

これに対して製品の設計開発及び製造段階で環境負荷を低減させていくためのシステムとしては**環境適合設計**（DfE：Design for Environment）に期待が寄せられている。新製品の設計開発に当たり、できるだけ環境負荷の低い製品作りを支援するシステムがDfEである。本格的なDfEの運用にはLCAとの連携が有効である。

LCAはISOで規格化されており、その後DfEもISOに取り入れられた。日本では経済産業省を中心にこれらのツール開発に取り組んでいる。もちろん、LCAもDfEもまだまだ発展途上の技術であるが、たとえこれらが完成の域に近づいたとしても、この二つだけで製品レベルの環境配慮が完全に達成されるわけではない。LCAとDfEの結果である環境配慮型製品が市場を獲得して初めて、製品への環境配慮は完結する。

　そのためにはどの製品がどの程度環境配慮的かを消費者に知らせることが必要であり、その手段が**環境ラベル**である。環境ラベルに関しては、ISO 14000シリーズでも規格化されているが、第三者が認証するタイプ、企業自らが自己宣言するタイプ、単なるマークではなく環境負荷の定量情報を開示するタイプの三つの種類がある。目的に応じて、適切なラベルの活用が求められる。

5　環境管理会計の手法

●対象とする領域

　それではこのような環境保全活動システムに対して、環境管理会計はどのように関連するのであろうか。環境管理会計の各手法については、本書を通じて詳しく解説するので、ここでは、その主要なポイントだけを説明することにしたい。

　本書で取り上げる環境管理会計手法は、マテリアルフローコスト会計（第3章）、ライフサイクルコスティング（第4章）、環境配慮型設備投資決定（第5章）、環境配慮型原価企画（第6章）、環境予算マトリックス（第7章）、環境配慮型業績評価（第8章）の六つである。これらは環境管理会計手法のすべてではないが、主要な手法はほぼ網羅されている。

　これらの環境管理会計手法を、図1-2に示した環境保全活動システムの体系と関連づけるとどうなるであろうか。主として企業・サイトを対象とした手法と、製品を対象とした手法に分けるとすると、表1-1のような分類が可能である。

表1-1　環境管理会計手法の分類

企業・サイトを対象とした手法	マテリアルフローコスト会計 環境配慮型設備投資決定手法 環境予算マトリックス 環境配慮型業績評価システム
製品を対象とした手法	ライフサイクルコスティング 環境配慮型原価企画

　表1-1に示した「企業・サイトを対象とした手法」、「製品を対象とした手法」という分け方は、あくまでも主たる対象という意味で、実際には明確な区別が困難な場合も少なくない。製造事業所であるサイトで生産されるのは製品なのであるから、サイトを対象とした手法はすべて製品製造に関連するし、製品を対象とする手法はサイトや企業全体に関連するからである。その意味で上記の分類は、手法が適用される場合に最初に考慮される適用範囲を示すものである。

　以下、環境管理会計の各手法について、環境保全活動システムとの関係を簡単に説明しよう。

●企業・サイトを対象とする環境管理会計手法

　マテリアルフローコスト会計は、製造プロセスを通過するマテリアル（原材料）をその種類ごとに物量と金額で追跡し、加工費であるシステムコストや配送・廃棄物処理費を配分し、正確な製品原価と廃棄物原価を測定する手法である。この手法を導入すれば、廃棄物のコストが明確になるので、通常の生産管理の範囲を超えた、抜本的な改善が考案可能となる。

　環境配慮型設備投資決定は、主として工場内での環境保全を、主目的あるいは副次的目的とする設備投資の案件を評価する手法である。環境マネジメントシステムとの関連で考えれば、重要な環境影響を低減するためには、設備投資が必要な場合がしばしばある。しかし、営利追求を目的とする企業ができる環境保全のための設備投資には限界がある。設備投資の経済面での効率性と、環境面での効

果性の両方を実現する最適解を求めなければならない。環境配慮型設備投資決定はそのためのツールである。

環境予算マトリックスは、環境保全活動のための経費配分の妥当性を分析する手法である。環境保全活動を実行するためには、活動別に予算を配分しなければならない。しかし、環境保全活動は、その効果が金額で把握しにくいため、他の経済活動に比べて予算管理が難しい面がある。環境予算マトリックスは、環境保全コストとその効果である環境ロスの削減を対比させることによって、この問題の解決を目指す手法である。

環境配慮型業績評価は、部門業績評価に環境パフォーマンス指標を組み込む手法である。通常、環境目標は設定されても、それが部門の業績評価に反映されることは、これまでほとんどなかった。しかし、それでは環境保全活動はいつまでも部分的な域を出るものではなく、全社的な活動には発展しない。環境配慮型業績評価は、環境パフォーマンスを財務パフォーマンスの評価と連携させ、環境と経済を全社レベルで統合するためのシステムである。

●製品を対象とする環境管理会計手法

ライフサイクルコスティングは、企業で生じるコストに加えて製品の使用・廃棄段階で生じるコストも計算して、場合によっては環境負荷による社会的コストも含めて、製品の一生涯におけるトータルなコストを把握する手法である。自動車などのように、使用段階でもっとも大きな環境負荷が発生する製品もあるし、リサイクルに関する法整備の結果、廃棄・リサイクルに関するコストも無視できない。エネルギー効率はすでに商品選択の重要な要素になっている。ライフサイクルコスティングはこのような問題の解決を目指す手法である。

環境配慮型原価企画は、環境配慮型製品の開発や、製品の環境保全機能を向上させるために、製品の設計・企画段階から環境への影響を考慮しながらコスト低減を目指す手法である。製品の環境配慮度を向上させることが、経済的にもコスト低減をもたらすのであれば問題はないが、大抵の場合、環境と経済はトレー

ドオフの関係にある。この問題をいかに克服するかが、環境配慮型原価企画の課題となる。

　先に述べたように、「企業・サイトを対象とする手法」と「製品を対象とする手法」の区分は相対的なものである。たとえば、マテリアルフローコスト会計の対象は製造プロセスであるが、その計算単位は製品の種類ごとの場合が多い。環境業績評価では、製品の環境配慮度と工場の環境配慮度の2本立てで評価する場合がある。

　したがって、環境管理会計手法の活用に当たっては、その主たる適用範囲を理解した上で、環境保全目的及び経営目的に適合するように配慮することが必要である。換言すれば、経営意思決定目的に応じて、各手法を活用することが重要である。

6　外部環境会計の役割

●ステークホルダーへの情報提供

　さて、これまでは環境経営を実行するための環境管理会計の役割についてみてきたが、日本企業の多くは環境会計を企業外部への情報開示の手段として考えている。これは、**環境省**から発行されている**環境会計ガイドライン**が外部情報開示を中心にしているためである。日本企業は、ほぼ例外なく環境省ガイドラインから環境会計実務に着手するため、環境会計＝外部情報開示の手段（外部環境会計）という理解が浸透している。

　これまで環境経営を支援するマネジメント技術について詳しく解説してきた。そこでは、ISO 14000シリーズに代表される環境保全活動システムと、それと経済活動システムを結びつける環境管理会計システムの重要性を強調してきた。しかし、これらのシステムを完備したとしても、それだけでは環境経営は実現できない。なぜなら、いかに立派な環境経営理念をもち、卓越した環境マネジメント技術を備えていたとしても、企業を取り巻く市場や社会の支持や支援なくしては、

環境経営は達成されないからある。

環境経営が、短期的な経済目的の範囲内で実行するものであれば、先に述べた環境マネジメント技術を駆使するだけでよいかもしれない。しかし、環境経営を標榜するからには、短期的には経済的に苦しくても、長期的には企業と社会の双方に利益をもたらす環境保全活動を促進することが必要であり、そのためには市場や社会からの支援が不可欠である。

特に、経済活動主体としての企業を考えた場合、市場からの支持は必須である。企業が環境保全のために使用したコストは企業の負担であると一般には考えられているが、実際には、そのようなコストは製品・サービスの価格に含まれて、顧客や消費者の負担となる。競争市場が厳しくて、価格に転嫁できない場合は、利益の減少となって、それは利益の最終処分権者である株主の負担になるのである。

したがって、環境経営における環境保全活動は、経営トップが自由に決定できるものではなく、コストの最終負担者である**ステークホルダー**から承認されなければ、その活動を持続できない性質のものなのである。換言すれば、環境保全の結果、製品価格が多少割高になっても購入する消費者や、利益が多少下がったとしても環境配慮型企業の株式を保有する株主・投資家が存在しなければ、経営者は環境保全活動を持続することはできないのである。

いうまでもないことであるが、ステークホルダーが環境保全に関する応分の負担を拒否して、経営トップも環境保全を軽視するならば、その結果生じる環境破壊は製品やサービスの利用から何ら便益を受けない第三者を苦しめることになる。これが環境問題の本質であり、この解決のためにさまざま法規制や手段が考案されているのである。環境会計は、企業の自主的な活動を促進することによって、この問題の解決を目指すものである。

ステークホルダーに企業の環境保全活動を正しく理解してもらうためには、**情報開示**が不可欠である。そのための手段が**環境報告書**であるが、企業は経済活動主体であり、市場で活動するステークホルダーも経済面で企業と関連している以

上、環境コストとベネフィットに関する情報は必須となる。このような情報を集計・開示する方法が**外部環境会計**である。この関係は、図1-3のように示すことができる。

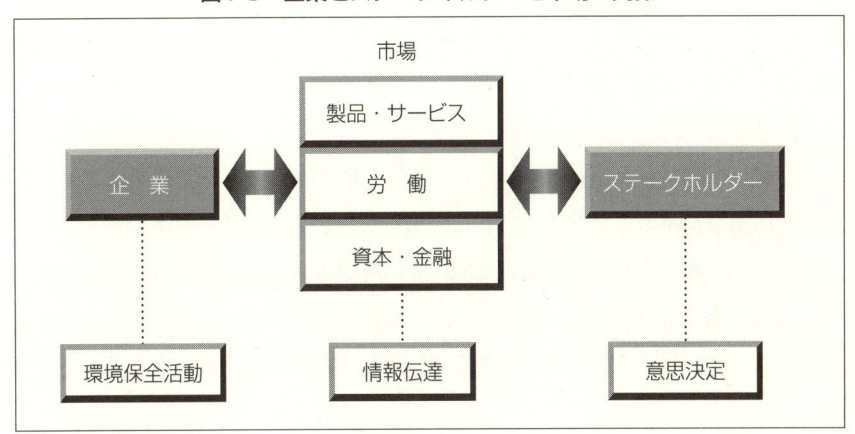

図1-3　企業とステークホルダーと市場の関係

```
                    市場
          ┌─────────────────┐
          │  製品・サービス   │
  ┌────┐  ├─────────────────┤  ┌──────────────┐
  │企 業│⇔│     労 働        │⇔│ステークホルダー│
  └────┘  ├─────────────────┤  └──────────────┘
     │    │  資本・金融       │         │
     │    └─────────────────┘         │
     ↓              ↓                   ↓
 ┌────────┐    ┌────────┐         ┌────────┐
 │環境保全活動│    │情報伝達 │         │意思決定 │
 └────────┘    └────────┘         └────────┘
```

●三つの市場

　企業を取り巻く市場として、**製品サービス市場**、**資本金融市場**、**労働市場**の三つがある。企業の自主的な環境保全活動において、まず重要なのは製品サービス市場と資本金融市場である。環境配慮活動を行っても売り上げに反映されなければ企業の収益はあがらない。しかも、資本金融市場でも評価されなければ、資金調達でも不利になり、企業経営は非常に苦しいものとなろう。逆に、環境配慮企業が製品サービス市場で競争優位を獲得し、資本金融市場からも十分に資金を調達できるならば、大いに発展が見込めるはずである。

　このような兆しはすでに芽生えている。製品サービス市場における**グリーンコンシューマー**の動向、資本金融市場における**グリーンインベスター**の動向などがこれにあたる。これらの動きはまだ市場の多数派にはなっていないかもしれないが、21世紀に入り、ますます活発化する傾向にある。重要なのは、その数ではなく、このような変化の方向性である。

一方、主に従業員を対象とする労働市場はどうであろうか。**グリーンエンプロイー**という言葉はまだ一般的になっていないが、従業員が会社から得る満足の中でその会社の環境配慮度があるとすれば、環境優良企業は従業員のモチベーションを高めることにもなるのである。さらに、学生など潜在的な企業人には環境に関心のある人々が少なくないが、彼/彼女らが相対的に有能であるとすれば、環境優良企業は人材戦略面でも競争優位を築くことができよう。

外部環境会計は、環境報告書を媒介として、これらのステークホルダーに情報提供を行うものである。換言すれば、環境保全活動システムや環境管理会計システムを活用した結果を企業外部（特に市場）へ提供し、ステークホルダーからの支持を得るための手段が環境報告書であり、外部環境会計なのである。その中でも、外部環境会計は、環境保全コストの最終的な負担者であるステークホルダーに対して、環境保全活動の効率性と有効性を伝える重要な手段である。

環境管理会計と外部環境会計のどちらがより重要かを議論することはあまり意味を持たないが、環境管理会計を活用して環境保全活動を効率的に実施しなければ、いくら外部環境会計でその結果を報告したところで、ステークホルダーからの支持は得られない。したがって、環境経営を実現するためには、順序としては、まず企業の内部管理の面からみていくことが必要である。

7 環境会計を推進する部署の問題

●全社的な推進体制の必要性

環境経営と環境会計のかかわりについて述べてきたが、環境管理会計を含む環境会計は、企業経営の根幹と密接にかかわっていることが理解されたであろう。それでは、このような手段はどの部署が責任を持って管轄すべきであろうか。

日本企業の多くは環境会計を**環境部署**の仕事とみなしている。たしかに環境会計が、企業外部へ情報開示するためだけの手段であれば、スタッフ部門である環境部署が担当すべきであろう。しかし、環境会計を、外部環境会計だけでなく、

環境管理会計まで含めて考えるならば、問題は違ってくる。

環境管理会計手法は、先に示したように、設備投資や原価管理あるいは業績評価など、企業の基幹的な管理手法と深くかかわるものである。このような活動に対して、環境部署が持つ権限の範囲は多くの企業において、かなり限られている。したがって、環境会計を環境部署の専権事項とみなす限り、企業内での環境会計の普及、すなわち環境管理会計の展開も自ずと限界に逢着してしまうのである。

したがって、環境会計を外部情報開示の手段としてだけでなく、環境管理会計として内部管理の手段としても正しく位置づけるためには、環境会計を環境部署の専権事項という理解を改め、全社的な観点から展開を図る必要がある。それには経営トップの強力な指導が必要である。先に述べたように、環境経営が企業戦略の一環であるとすれば、経営トップはそのための中核的な手段である環境管理会計の社内展開についても、戦略的に対応しなければならないことは明白である。

そのためには、環境会計を環境部署の専権事項ではなく、多くの部署に関わる事項として位置づけることが重要である。さらに、環境部署は、環境会計の最新の動向をキャッチし、社内へ適切に導入していく支援機能を果たすべきである。すなわち、環境部署が環境会計に関して、企業内のあらゆる部署に既存の所管事項の範囲を超えて、助言・指導していくことが重要である。そのためには、環境部署の社内での位置づけを変更し、経営企画的な役割を高める必要がある。

（國部克彦）

第2章 環境管理会計の展開

1 はじめに

　日本では環境省の環境会計ガイドラインの影響もあり、環境会計の目的として外部への情報開示が重視される傾向にあるが、欧米ではむしろ内部管理目的が優先され、環境管理会計中心に発展して来た。特に、アメリカやドイツでは、手法の開発や実務への適用にかなりの蓄積がある。最近では、国連持続可能開発部のプロジェクトなどの影響もあり、アジア諸国や発展途上国にも広がりつつある。

　環境管理会計と外部環境会計の最も大きな相違点は、対象とする環境コストの範囲にある。外部環境会計は環境保全コストを中心とするのに対して、環境管理会計の対象コスト範囲は、企業コスト全体あるいはライフサイクルコストに拡張することも可能である。

　環境管理会計手法の体系化に関しては、事業プロセスに応じて体系化する方法と、計算手法に応じて体系化する方法がある。いずれの方法も十分に完成されているものではないが、環境管理会計の手法間の関係を理解するためには有効である。

2 環境管理会計の国際動向

●アメリカでの展開

　日本では環境会計は、環境省ガイドラインが外部情報開示を重視していたた

め外部環境会計から普及し始めたが、欧米では、環境管理会計として発展してきた。これは、企業の内部管理が整って初めて有効な外部情報開示ができることから考えても、合理的な発展動向といえよう。

　環境管理会計に最も古くから取り組んできた国はアメリカである。**アメリカ環境保護庁**（USEPA：US Environmental Protection Agency）は、1992年から**環境会計プロジェクト**を開始している。その使命は、「企業に対して、環境コストの全体像を理解し、意思決定に統合することを奨励し、動機づけること」である。

　USEPAが環境会計プロジェクトを開始した時点では、まだ環境管理会計という言葉は生まれていなかったが、これはまさしく環境管理会計としてのプロジェクトであった。USEPAは環境会計の理論的問題を整理すると同時に、環境会計に関心のある企業を集めて、「環境会計ネットワーク」を組織し、多くのケーススタディを積み重ね、環境会計の諸技法を開発してきた。代表的な研究成果としては、環境保全投資決定を支援するためのトータルコストアセスメントをはじめ、オンタリオ・ハイドロ社のフルコストアカウンティング、AT&T社のグリーン・アカウンティングなど数多くのケーススタディがある。

　USEPAは、2003年に**テラス研究所内**に**環境管理会計情報研究センター**（EMARIC：Environmental Management Accounting Research Information Center）を創設し、環境管理会計の調査研究を全面的に移管した。同センターでは、環境管理会計の情報収集にも力を入れており、そのホームページ（http：//www.EMAwebsite.org/）では世界の環境管理会計の最新動向が常時更新されている。

●ヨーロッパ、国連の動向

　ヨーロッパでの環境管理会計研究や実務展開は1990年代半ば過ぎから起こってきたが、最近ではアメリカを上回る勢いがある。環境管理会計という言葉も、欧州委員会が支援する形で実施された、1996年から1998年にかけて行わ

れた環境管理会計に関する実態調査（ECOMAC：Eco-Management Accounting as a Tool of Environmental Accounting Project）に起源を持っている。この調査を主導した研究者や実務家が、その後、ヨーロッパで**環境管理会計ネットワーク**（EMAN：Environmental Management Accounting Network）を結成した。

　ヨーロッパでは、特にドイツの動向が重要である。ドイツはもともとエコバランスに代表される物量ベースの環境会計が盛んな国であったが、1990年代半ば頃より、貨幣ベースの環境会計にも関心が寄せられるようになり、注目すべき成果が生み出されている。その代表的なものは、ドイツ環境省・環境庁によって1996年に発表された『環境原価計算ハンドブック』である。この書物は、環境コストを企業内部において測定・管理する意義を明確にし、その方法を具体的に論じた入門書的役割を果たすものである。その後も、企業管理を目的とした環境管理会計に関するプロジェクトが、中央政府及び地方政府レベルで多数実施されている。次章で解説するマテリアルフローコスト会計も、その原型はドイツで開発された手法である。

　さらに**国連持続可能開発部**（UNDSD：United Nations Division for Sustainable Development）では1999年より環境管理会計に関する専門家会合を定期的に開催しており、環境管理会計の手法開発と普及に努力している。その成果は二つのワークブックとしてまとめられている。国連の活動には、アジア諸国をはじめ、発展途上国も多く参加しており、今後は先進国以外での環境管理会計の普及・促進が期待されている。

3　環境管理会計と外部環境会計の相違

● 目的の相違

　このように欧米では、環境管理会計が外部環境会計に先行して発展・普及してきたのであるが、この両者はどのように違うのであろうか。日本では、外部

環境会計を中心に環境会計が普及してきた経緯があるので、環境管理会計を正しく理解するためには、両者の相違を認識しておく必要がある。

外部環境会計も環境管理会計も環境会計の構成要素であるが、その内容は大きく異なる。外部環境会計は情報開示を目的とする会計であるため、環境コストの認識・測定・開示の手法が標準化されねばならない。各企業がバラバラの方法で環境会計情報を開示したとしても、利用者からすれば比較することができず、情報開示手段としての機能を十分に果たすことはできないからである。環境省ガイドラインは、法規制ではないため各企業に対する強制力はないが、外部情報開示を念頭において環境コスト及び効果の認識・測定・開示の標準的手法を提案するものである。

これに対して、環境管理会計は企業間で比較可能である必要はない。企業内部の固有問題を解決するための手法であるから、それぞれの意思決定目的に合わせて独自に構築することができる。つまり、外部環境会計が最終的に一つの手法に収斂されるべきであるのに対して、環境管理会計では目的に応じて多様な方法が講じられなければならない。

●対象とするコスト範囲の相違

さらに重要な点は、環境会計の対象である**環境コスト**の範囲が、環境管理会計と外部環境会計では大きく異なっていることである。外部環境会計では、環境コストは**環境保全コスト**が基本となる。環境保全コストとは、環境保全活動のために支出した金額を原則とする。環境省の環境会計ガイドラインでは、環境コストを（その他項目を含めて）七つに分けているが、それらはいずれも基本的に環境保全コストである。しかし、環境管理会計が対象とする環境コストは、環境保全コストに限る必要はない。環境に関連するコストはすべてその対象に含むことができる。

例えば、**原材料費**を考えてみよう。外部環境会計では、原材料費は、環境保全のために原材料を特別に購入した場合を除いて、環境保全コストとはみなさ

れない。これは、原材料費の購入目的が環境保全ではないことから、当然のことである。しかし、原材料費はすべて、もともとは自然資源から採取・加工されているものであるため、環境に関連したコストとみることができる。生産工程の改善によって原材料の歩留まりを上げることができれば、それだけ資源生産性が向上し廃棄物が減少するので、環境保全にも貢献していることになる。このように考えれば、原材料費も環境管理会計の対象としてとり上げるべきコスト項目であると考えることができる。マテリアルフローコスト会計は、この原材料を主要な対象とする環境管理会計手法である。

環境管理会計と外部環境会計の相違点をまとめると表2-1のとおりとなる。

表2-1　環境管理会計と外部環境会計の相違点

	目的	手法	環境コストの範囲
環境管理会計	内部管理全般	目的に応じて多様	目的に応じて拡充可能
外部環境会計	情報開示	標準化を指向	環境保全コスト

このような特徴の違いをみると、外部環境会計をそのまま内部管理に適用しようとしてもうまくいかないことが理解されるであろう。外部環境会計は、企業経営の意思決定目的に応じて構築されているものではないため、内部管理に利用できたとしても、その効果は間接的なものになる（ただし、外部環境会計を内部管理目的に再編成した場合は別である）。

さらに重要な点は、外部環境会計は対象とする環境コストの範囲が原則として環境保全コストに限定されるのに対して、環境管理会計における環境コストの範囲は意思決定目的に応じて可変的という点である。このことをさらに詳しく説明しよう。

4　USEPAとUNDSDにおける環境コストの範囲

●USEPAの環境コスト分類

　環境管理会計が対象とする環境コストの範囲については定説があるわけではない。環境管理会計は、経営意思決定目的に従って構築されるべきであるから、そこで対象とするコストの範囲も意思決定目的に依存することになる。ここでは、USEPA（アメリカ環境保護庁）とUNDSD（国連持続可能開発部）が示す環境コストの範囲を紹介しよう。

　USEPAは、早くから、環境配慮型の設備投資決定を促進するために対象とするコスト範囲を拡張することの重要性を主張していた。なぜなら、環境配慮型設備投資がもたらすリスク回避や環境保全という効果は通常のコスト項目を対象としていたのでは測定されず、コストの範囲を拡充しなければならなかったからである。

　表2-2は、USEPAが1995年に発表した環境コスト分類である。これは、USEPAが環境配慮型設備投資決定に有効なコスト分類方法として、以前より主張していたものを、環境管理会計の入門書において示したものである。

表2-2　USEPAによる環境コストの分類

規制尊守コスト
- 通知
- 報告
- 監視・検査
- 研究・モデル化
- 修復
- 記録
- 計画
- 訓練
- 検査
- 登録
- ラベリング
- 準備
- 保護設備
- 健康管理
- 環境保険
- 財務保証
- 汚染管理
- 漏洩の対応
- 雨水管理
- 廃棄物管理
- 税金・手数料

事前コスト
- 用地研究
- 用地準備
- 認可
- 研究開発
- エンジニアリング及び調達
- 設置

伝統的コスト
- 資本設備
- 材料
- 労働
- 消耗品
- 公共料金
- 建造物
- 残存価格

事後コスト
- 閉鎖・撤退
- 在庫処分
- 閉鎖後の管理
- 用地調査

自主的コスト
- （規制範囲を超えるもの）
- 地域との関係づくり
- 監視・検査
- 訓練
- 監査
- 納入業者の選定
- 報告書（年次環境報告書等）
- 保険
- 計画
- 実行可能性調査
- 修復
- リサイクル
- 環境調査
- 研究開発
- 生息地や湿地の保護
- 風景美化
- その他の環境計画
- 環境団体や研究者への財政支援

偶発コスト
- 将来の遵守コスト
- ペナルティ・罰金
- 将来の放出への対応
- 修復
- 財産の損害
- 個人の負傷による損害
- 法的費用
- 自然資源の損害
- 経済的損失による損害

イメージ・関係づくりコスト
- 企業イメージ
- 顧客との関係
- 投資家との関係
- 保険会社との関係
- 専門スタッフとの関係
- 従業員との関係
- 納入業者との関係
- 債権者との関係
- 地域社会との関係
- 規制当局との関係

出典：USEPA(1995) p.9

USEPAのコスト分類の特徴は、コストを、①伝統的コスト、②隠れている可能性のあるコスト、③偶発コスト、④イメージ・関係づくりコスト、の四つに分類し、それぞれの内容を詳しく列挙した点にある。「**伝統的コスト**」とは設備投資決定において、通常考慮されるコスト項目を指し、「**隠れている可能性のあるコスト**」とは、投資意思決定においては通常考慮の対象とされてこなかったが、環境面で重要なコスト項目を指す。これらは、さらに事前コストと事後コスト、規制遵守コストと自主的コストに分けられる。

　「伝統的コスト」と「隠れている可能性のあるコスト」は企業コストの範囲内であるが、「**偶発コスト**」と「**イメージ・関係作りコスト**」は、必ずしも企業コストとして認識されていないものも含まれている。例えば、公害防止設備を導入することによって、将来の遵守コストが削減されたり、企業イメージが改善されれば、それらは投資によるコストの削減（すなわちベネフィットの増大）として認識されるのである。

●UNDSDの環境コスト分類

　USEPAのコスト分類は公害防止設備投資決定への利用を念頭においたものであったが、より一般的な観点から環境会計のための環境コスト概念を整理したものに、**UNDSD**の分類がある。UNDSDは「**環境支出／コスト及び収入/収益表**」として表2-3に示すコスト分類を提案している。

表2-3 環境支出／コスト及び収入／収益表

環境コスト・支出カテゴリー＼環境媒体	大気／気候	排水	廃棄物	土壌／地下水	騒音振動	生産多様性／景観	放熱	その他	合計
1. 廃棄物及び排出物処理									
1.1 関連設備の減価償却									
1.2 維持及び運転資材・サービス									
1.3 人件費									
1.4 手数料、税、課金									
1.5 罰金、科料									
1.6 環境負債の保険									
1.7 浄化・修復の引当金									
2. 公害防止との環境マネジメント									
2.1 環境マネジメントのための外部サービス									
2.2 一般環境マネジメントのための人件費									
2.3 研究開発									
2.4 浄化技術への追加支出									
2.5 その他の環境マネジメントコスト									
3. 非製品アウトプットの材料購入価格									
3.1 原材料									
3.2 梱包									
3.3 補助材料									
3.4 運転資材									
3.5 エネルギー									
3.6 水									
4 非製品アウトプットの加工コスト									
Σ環境支出									
5. 環境収入									
5.1 助成金、賞									
5.2 他の収益									
Σ環境収入									

出典：UNDSD (2001) p.19

UNDSDは、環境コストの構成要素を、①環境保全コスト、②廃棄原材料費、③廃棄物配分資本・労務費の三つに大別する。**環境保全コスト**とは文字どおり環境保全のために投下したコストを指し、「環境支出／コスト及び収入/収益表」では、「廃棄物及び排出物処理」と「公害防止と環境マネジメント」に分けられている。

次に、**廃棄原材料費**とは、最終的に廃棄物となった原材料費を指す。「環境支出／コスト及び収入/収益表」では「非製品アウトプットの材料購入価値」がこれに相当する。非製品アウトプットとは、製品にならずに排出されたものを指し、廃棄物や環境への放出物が相当する。これは、環境保全のためのコストではないので、一般に外部環境会計では認識されないコストであるが、原材料費（エネルギー費を含む）はもともと自然資源から採取されているので、その廃棄される部分を削減することは自然資源の保全につながる。したがって、環境管理会計の対象として考慮されるべきコスト項目となるのである。

最後に、**廃棄物配分資本・労務費**とは、廃棄物の発生にかかわったと想定される資本費（固定資産の減価償却費など）と加工のための労務費を指す。「環境支出／コスト及び収入/収益表」では、「非製品アウトプットの加工コスト」として示されている。これらのコストは、原材料費と違って一般に間接費であり、廃棄物に計算上配分可能な部分である。これらを環境コストとして識別するか否かは議論の分かれるところかもしれないが、より精密な環境コスト管理を指向するためには、間接費の適切な配分が重要な課題となる。

UNDSDの「環境支出／コスト及び収入/収益表」では、これらの三種類のコスト項目（表の上では四つに区分）に環境収入を追加し、さらに**環境媒体**とむすびつけて表示するところに特徴がある。環境媒体とはどのような媒体（メディア）を通じて汚染物質が企業外に放出されるかを意味し、具体的な公害問題と一致する。これらのセルに金額を記入することで、各企業にとってどのような環境問題が重要であるかが明らかにされる。

USEPAとUNDSDでは、環境会計の利用目的が異なるため、環境コストの

範囲は同一ではないが、いずれも日本の環境省環境会計ガイドラインに比べて、非常に広い範囲を対象としている。特に、重要なことは、原材料費や加工費などの通常のコスト項目もその範囲に含めていることである。このことは環境管理会計が、企業会計とほぼ同じコスト範囲を対象としていることを示している。さらに、次節で述べるように、企業の手を離れた後の使用段階に生じるコスト（ライフサイクルコスト）や環境負荷による社会的コストまでも包含することができる。

5 環境管理会計が対象とすべき環境コスト

● 環境コストの範囲

　環境管理会計が対象とすべき環境コストは、その環境管理会計手法がどのような目的を持っているのかに依存する。環境保全活動の効率的な遂行という目的のためなら、対象とする環境コストの範囲は環境保全コストで十分であるし、製品のエネルギー効率をアップさせるための製品設計という目的であれば、製品使用時のエネルギーコスト、すなわちライフサイクルコストまでを含める必要がある。

　環境管理会計が対象とし得る環境コストの範囲は、表2-4のとおりである。①〜④が企業内で発生する**企業コスト**、⑤と⑥は使用・廃棄段階で生じる**ライフサイクルコスト**、⑦は**社会的コスト**である。

表2-4　環境管理会計が対象とするコスト

①環境保全コスト
②原材料費・エネルギー費
③廃棄物に配分される加工費
④製品に配分される加工費
⑤製品使用時に生じる環境コスト（エネルギー費など）
⑥製品の廃棄・リサイクル時に生じるコスト
⑦環境負荷としての社会的コスト

●企業コスト

　この中で、外部環境会計で対象とされるのは、環境保全コスト（①）のみである。もちろん、上記のすべてを外部環境会計の対象として、企業外部へ報告することを妨げる理由はないが、第1章で述べたように、環境コストの負担者として外部のステークホルダーが関与する部分は、まず最初に環境保全コストであるから、情報開示の場合は、その点が中心となる。これは環境省の環境会計ガイドラインでも同様である。

　しかし、企業コスト全体に占める環境保全コストの割合は、微々たるもので、せいぜい数パーセントにすぎない。それでも絶対額としては相当な額かもしれないが、企業経営全体における相対的な重要度の低さは変わらない。ここに環境保全コストを中心とした環境会計の本質的な限界がある。環境経営は企業の全体的な活動でなければならないので、環境保全コストのみを対象とする環境会計では、環境経営を十分に支援することはできないのである。

　ところが、先にも述べたように原材料費やエネルギー費（②）は、環境と深い関連を持つコスト項目である。しかも、原材料費の多くは直接費として企業にとって最重要の管理対象コストである。環境管理会計の手法を用いれば、これまでの管理手法では明確にできなかった原材料に関する経済的な無駄（当然それは資源の浪費でもある）を明らかにすることが可能である。詳しくは、次章のマテリアルフローコスト会計のところで解説する。

　廃棄物に配分される加工費（③）や製品に配分される加工費（④）は、厳密にいえば、環境コストと呼ぶことはできないかもしれない。しかし、これもマテリアルフローコスト会計のところで解説するように、廃棄物の原価を適正に評価するためには必要なコスト項目であり、その意味で環境管理会計の範囲に含められるべき項目である。

●ライフサイクルと社会的コスト

　表2-4の①から④までは、企業内で生じるコスト（企業コスト）であるが、

⑤と⑥は製品が販売されてから、使用時もしくは廃棄・リサイクル時に生じるコストである。製品の使用・廃棄・リサイクル時に生じるコストの多くは環境に関係するコストであり、製品の環境負荷を低減させるためには、製品の設計・開発時からライフサイクル全体で生じるコストを把握する必要がある。これがライフサイクルコスティングである。

　しかし、いくら環境に配慮しても、企業活動を行っている以上、何らかの環境負荷が生じることは避けられない。そのような環境負荷は、外部不経済としての社会的コスト（⑦）を生じさせる。企業における環境保全活動の本質は、この外部不経済としての社会的コストを最大限削減することである。社会的コストまでを含んだ環境管理会計は、最広義のライフサイクルコスティングであるが、完全なコスト会計という意味で、**フルコストアカウンティング（FCA）**と呼ばれることもある。

　このように環境管理会計が対象とし得るコスト範囲は、外部環境会計とは比べものにならないほど広いばかりか、企業会計のコスト範囲をも超えるものである。その意味で、環境管理会計は企業会計そのものを包含し得るといっても、過言ではない。しかし、個々の環境管理会計手法は常にすべての企業会計上のコストを対象とするものではない。何度も述べているように、環境管理会計が対象とするコスト範囲は、その手法を活用する意思決定目的に依存するのである。

　経営管理の視点からすれば、あるコストが環境コストか否かはそれほど重要な問題ではなく、より重要なことはそのコスト項目が経営に与える影響である。この意味で、環境の視点から従来の企業コストを見直すと、これまで見過ごされていた側面が明らかにできるケースが少なくない。これが環境管理会計の目的である。例えばマテリアルフローコスト会計を利用して、廃棄物が削減された場合、その効果を金額的に評価することが可能となる。そのためには、廃棄物に配分される原価だけでなく、製品に配分される原価も環境の視点から見直すことが必要となる。

6 環境管理会計の適用範囲

● 対象となる事業プロセス

　環境管理会計は、外部環境会計とは異なり、多様な手法の集合体である。したがって、さまざまな観点から手法間の関係を分析したり、体系化を行うことが可能である。

　その一つの方法として、**事業プロセス**と環境管理会計手法を関連付けると図2-1のように示すことができる。

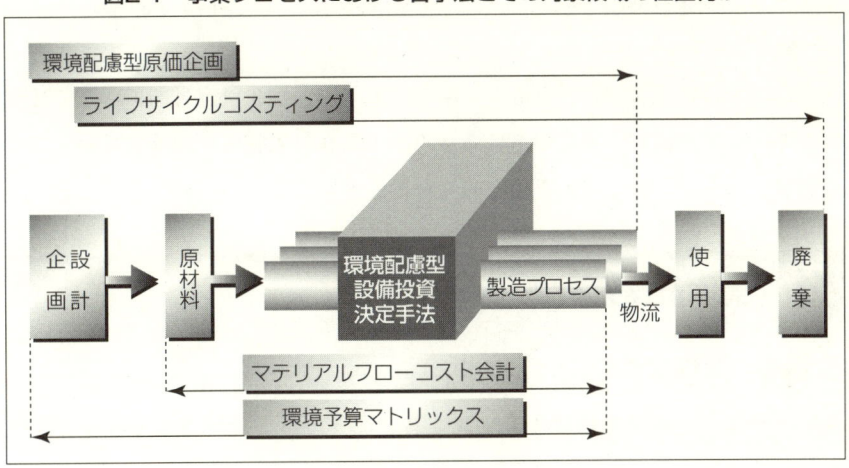

図2-1　事業プロセスにおける各手法とその対象領域の位置付け

```
環境配慮型原価企画
　ライフサイクルコスティング

企画設計 → 原材料 → 環境配慮型設備投資決定手法 → 製造プロセス → 物流 → 使用 → 廃棄

　　　　　　マテリアルフローコスト会計
　　　　　　環境予算マトリックス
```

　図2-1は、各環境管理会計手法が主に対象とする事業プロセスのおおよその範囲を、視覚的に示したものである。例えば、**環境配慮型原価企画**は、製品の設計・開発段階から製造プロセスの最後までを考慮して、原価と環境保全を含む製品機能を比較するものである。**ライフサイクルコスティング**は、原材料の調達から、製品の使用・廃棄段階までを対象にする。

　環境配慮型設備投資決定は、製造プロセスの中の製造設備を対象とする。**環境予算マトリックス**は、その対象を環境保全活動に限定する限りにおいて、ほ

ぼ製造プロセス全体をカバーする。**マテリアルフローコスト会計**は、原材料の投入から、製品の製造までを対象とする計算手法である。なお、**環境配慮型業績評価**は、部門活動全体を対象とし、事業プロセスの中にはうまく位置づけられないので、図では掲載していない。

しかし、図2-1で示している各環境管理会計手法の適用範囲は、主要な対象範囲を示しているだけで厳密なものではなく、上記の範囲がそのすべてではない。例えば、マテリアルフローコスト会計は、現状では原材料の投入から製品の製造までのプロセスを対象とするが、理論的には川上・川下両方のサプライチェーンへ拡張可能である。環境配慮型原価企画も使用・廃棄段階の環境負荷を対象とするならば、当然ライフサイクルコスティングと同じ範囲を対象としなければならない。

このように環境環境管理会計の対象プロセスも、意思決定目的に応じて可変的であり、手法自体が発展途上にあるため主要な対象範囲を理解しておくことは重要であるが、その範囲を固定的に考えるべきではない。

7　環境管理会計の体系化

● 環境＋管理会計

環境管理会計の各手法は事業プロセスと関連づけて理解することもできるが、一方で会計手法としての特徴の違いも重要である。環境管理会計が他の管理会計手法と異なる点は二つある。一つは計算方法の相違である。もう一つは基盤となるデータベースの相違である。この観点から、本書で解説する環境管理会計手法を分類し、体系化してみよう。

本書で対象とする環境管理会計手法は、下記の六つである。
①マテリアルフローコスト会計
②ライフサイクルコスティング
③環境配慮型設備投資決定

④環境配慮型原価企画

⑤環境予算マトリックス

⑥環境配慮型業績評価

　このうち環境配慮型設備投資決定、環境配慮型原価企画、環境予算マトリックス及び環境配慮型業績評価の四つの手法は、既存の管理会計手法をベースに環境の要素を付け加えたものである。すなわち、設備投資決定、原価企画及び業績評価の各手法は、すでに管理会計の領域で手法あるいは実務として確立されているものである。これらの既存の手法に環境の要素を付け加えることによって、新しい環境管理会計手法が誕生する。なお、環境予算マトリックスは品質原価計算の手法を環境予算に適用したものである。

　環境配慮型設備投資決定を例にとれば、この手法は、伝統的な設備投資手法が対象とするコスト・ベネフィットの範囲を、環境保全型投資の評価に適合するように、段階的に拡張するものである。また、環境予算マトリックス、環境配慮型原価企画、環境配慮型業績評価の三つの手法についても（これらは主に日本で開発されてきたものであるが）、環境配慮型設備投資と同じく、手法の根幹部分は既存の管理会計領域で開発されたものであり、それに環境の要素を統合した手法として理解することができる。このような手法は、管理会計に環境を付加したという意味で、「**環境＋管理会計**」と表記することにしよう。

● 環境（管理）会計

　一方、マテリアルフローコスト会計とライフサイクルコスティングは、既存の原価計算システムに環境の要素を付加しただけではなく、独自のデータベースを有する包括的な手法である。

　マテリアルフローコスト会計に必要なデータは、マテリアルに関する物量情報と会計データである。ここで会計データとは、伝統的原価計算に必要なデータベースと一致すると考えてよい。したがって、マテリアルフローコスト会計のデータベースは、伝統的原価計算のためのデータベースを包含した形で構築

されることになる。

このため、マテリアルフローコスト会計のデータベースからは、マテリアルフローコスト会計と伝統的原価計算の2種類の原価計算が可能となるが、伝統的原価計算のためのデータベースから、マテリアルフローコスト会計で必要とする原価計算を行うことはできない。マテリアルフローコスト会計は、この意味において、環境の視点から、既存の管理会計手法を包含した手法ということができ、このような環境管理会計手法は、「**環境（管理）会計**」と表記することができる。

ライフサイクルコスティングも、既存の管理会計手法をその枠内に取り込み、対象範囲を、企業内から製品のライフサイクル全体に拡張する手法である。その意味で、マテリアルフローコスト会計と同じく「環境（管理）会計」に区分できる。ライフサイクルコスティングは、LCAと統合されることによってさらに有用性を増すことが期待されている。

ただし、ライフサイクルコスティングは、マテリアルフローコスト会計に比べて、対象とすべきコスト範囲が企業の活動範囲を超えるため、包括的なデータベースを作成するには、多大な努力が必要され、現状では、まだ発展途上の段階にある。

●環境管理会計ピラミッド

「環境＋管理会計」と「環境（管理）会計」の関係を図示すれば、図2-2のようにピラミッド型で理解することができる。

この体系図の上下関係は、後者「環境（管理）会計」が、前者「環境＋管理会計」の基盤システムになり得ることを示している。また、環境管理会計の情報基盤としては、企業会計システムや環境情報システムも重要である。これらの情報基盤の上に立って、個別手法が展開される。

なお、マテリアルフローコスト会計やライフサイクルコスティングは、情報基盤を合わせ持つ手法ということで、当然のことながら、個別手法としての側

図2-2　環境管理会計の体系

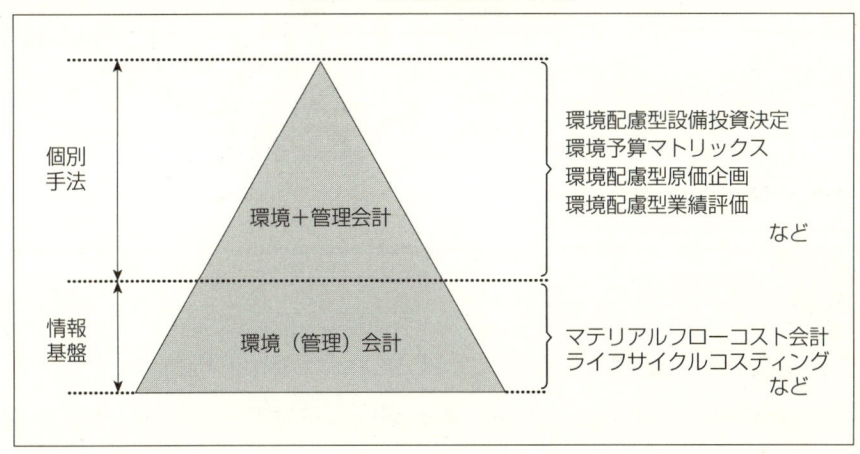

```
個別手法：
  環境＋管理会計
    環境配慮型設備投資決定
    環境予算マトリックス
    環境配慮型原価企画
    環境配慮型業績評価
    など

情報基盤：
  環境（管理）会計
    マテリアルフローコスト会計
    ライフサイクルコスティング
    など
```

面もある。マテリアルフローコスト会計で作成されるフローコストマトリックスやライフサイクルコストの計算方法は個別手法である。重要なことは必要とするデータベースと手法の相互関係であり、マテリアルフローコスト会計とライフサイクルコスティングの場合には、既存のデータベースを超えて情報基盤を拡充する必要がある。さらに、企業会計システムや環境情報システムを加えた新たな環境管理会計のデータベースは、多様な手法を展開するための情報基盤として機能するのである。

次章以降では、具体的な環境管理会計手法について解説していくが、最初に「環境（管理）会計」手法（マテリアルフローコスト会計、ライフサイクルコスティング）から説明し、続いて、「環境＋管理会計」手法（環境配慮型設備投資決定、環境配慮型原価企画、環境予算マトリックス、環境配慮型業績評価）について解説する。

（國部克彦）

第3章 マテリアルフローコスト会計

1 はじめに

　環境管理会計は、情報基盤としての性格を持つ「環境（管理）会計」と、個別手法の側面が強調される「環境＋管理会計」に区分できるが、**マテリアルフローコスト会計**（MFCA：Material Flow Cost Accounting）は前者の代表的な手法である。

　MFCAを構築するためには、工程における**物量情報**と**財務情報**の統合が不可欠であり、そのためのデータベースは、他の環境管理会計手法において利用可能なだけでなく、経営意思決定全般を支援することができる。さらに、MFCAの結果として作成されるフローコストマトリックスは、伝統的な原価原価計算では示されなかった廃棄物のコストを明示しており、環境と生産の両側面の改善のための有効な情報となる。

　このようにMFCAは、情報基盤としての側面と、伝統的な原価計算の範囲を超えるコスト計算の側面を合わせ持つ総合的な環境管理会計手法である。本章では、MFCAのコスト計算としての側面を中心に、MFCAが廃棄物のコストを計算する方法とその情報の活用方法について説明することにしたい。

2 マテリアルフローコスト会計とは

● マテリアルロスの可視化

　MFCAとは、投入された原材料（主原料・補助原料に区別なくすべての原材料）を物質（マテリアル）として物量で把握し、物質が企業内もしくは製造プロセス内をどのように移動するかを追跡する手法である。その測定対象として、最終製品（良品）を構成する原材料ではなく、良品を構成しない無駄分（**マテリアルロス**）に注目し、このマテリアルロスを発生場所別に投入された材料名と物量で記録し、そのデータをもとに無駄となったコストを評価することによって、企業におけるマテリアルの物質的フローと価値的フローを可視化するマネジメントツールである。そして、MFCAによって得たマテリアルロスの物量・コスト情報を基にして、このマテリアルロスを削減することにより、環境負荷を低減しかつコストの削減を同時に達成することがMFCAの基本的目的である。

図3-1　歩留り管理とMFCAとの相違

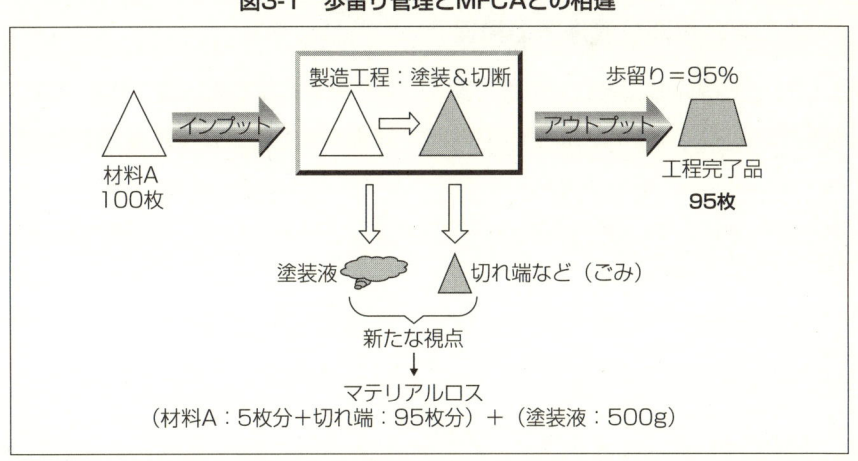

```
材料A        製造工程：塗装＆切断         歩留り＝95%
100枚  →インプット→  △ ⇒ ▲  →アウトプット→  工程完了品
                    ↓  ↓                    95枚
                  塗装液  切れ端など（ごみ）
                        ↓
                     新たな視点
                        ↓
                    マテリアルロス
           （材料A：5枚分＋切れ端：95枚分）＋（塗装液：500g）
```

それでは、図3-1のような製造工程を例に具体的に、MFCAをみることにしよう。この製造工程では材料Aを購入し（もしくは前工程完了品Aを引き受け）、まず塗装液を塗布し、次いで切断機で台形に切断し、工程完了品として次工程に引き渡している。

このような工程をMFCAによって分析すると、材料Aから切断された切れ端（三角）分や仕損じ分がマテリアルロスとして認識され、その物量（例えば、重量や面積）が把握され、そのデータを基礎に単価を乗じてコスト評価される。この考え方はMFCAの基本ではあるが、これだけがMFCAであるとすると、これまでの**歩留り管理**と同じであり、名前だけが違うだけであると一般的に判断されるかもしれない。また、コスト評価を正確に実施すると説明しても、実務での歩留り管理と違った新たな環境管理会計ツールにはみえないであろう。

しかしながら、このような理解は実際のMFCAとは全く違う誤ったものである。MFCAの手法と手順は次節以降において説明するが、その前に、図3-1を使って、MFCAと歩留り管理との相違点とMFCAの有用性について、簡単に説明しておこう。

● MFCAと歩留り管理との相違

MFCAを導入した場合、工程に投入された材料は主原料・補助材料に関係なくマテリアルとして記録・把握される。そして、製造工程に投入されたマテリアルは、すべてそのインプットとアウトプットが厳格に把握・記録される。例えば、図3-1では、塗装液が塗装工程で投入・消費される。塗装液は材料Aにコーティングされるのではあるが、厳密な意味での材料Aに塗布される量だけが投入されるのではなく、液だれや材料A以外への飛散分などを考慮した多めの塗装液が投入される。

そして、その材料Aに塗布された以外の塗装液は廃棄物として出されることもあるであろう。MFCAではこの材料A上にのらなかったすべての塗装液の量も把握する。また、材料A上にはのったが、切断工程によって排出された切

れ端や仕損じに付着している塗装液の量もマテリアルロスとして把握する。

　伝統的原価計算や生産管理において、液だれや飛散分の塗装液をこのように厳密に把握することはしていない。一般に工程管理において余裕分を含んだ標準的使用量が設定され、その基準に対する異常値が発生すれば当然問題視されるが、MFCAのような正確な把握はされていない。さらには切断時に生じる切れ端や仕損じに付着している塗装液も把握されていない。何よりも実務において、その必要性が感じられないからである。

　先程説明したように、実務では投入量の標準が設定され、標準値が管理基準であり、その基準値とのかい離の範囲を許容の範囲に収めることが生産をスムーズに実施することを意味している。全くの無駄なく塗るということは不可能と考えられており、MFCAのような情報は管理上必要とされていないと考えられているのである。何よりも現場に対して影響力の強いコスト情報において、これら製品に付着しなかった塗装液を含む投入された全塗装液の費用が製品の製造原価に含められており、製造原価上の無駄は発生していないと表現されているのである。

　さらに図3-1にある切断工程での三角形の切れ端自体もMFCAはではその量を正確に把握する。しかしながら、一般に歩留り管理ではこの三角形部分は把握されない。図3-1にもあるように、材料A100枚を投入し、工程完了品（良品）は95枚であることから、歩留りは95％と判断される。

　しかし、この場合確かに投入された材料A100枚からは、材料Aの形状などの諸条件から判断しても、良品は100枚しかとれない。したがって、この場合は仕損じが5枚生じたので歩留り95％と考えられ、その仕損じは管理・検討されるが、問題のない（もしくは、少ない）製造工程と判断されるであろう。しかしながら、MFCAでは三角形の切れ端95枚分もマテリアルロスとして認識される。この切れ端も材料Aと同じ素材であり、形状が違うだけで良品と質的には何ら変わるものではない。

　何らかの条件が変えがたい前提となって存在し、この製造工程では避けがた

い排出物(切れ端)が発生するのであるが、通常はこの切れ端の発生も含めた製造が正常な製造工程として印象づけられていることが多いのである。MFCAはこのような慣習的な既成概念を払拭し、**資源生産性**の向上による環境負荷の低減を達成するための情報を提供しようとするものである。

さらには、先程も少し説明したように、伝統的原価計算では投入された資源にかかるすべての費用を、その製品を構成するしないにかかわらず、製品を製造するのに要したということを基準にすべて製造費用として集計する。財務会計上の売上原価を算定する上では妥当であると考えられるが、例えば、製造工程での管理情報としては有用性に欠けるといわざるを得ない。先ほどの塗装液の無駄部分や三角形の切れ端などは原価計算上個別に発生しておらず、すべて製品(良品)の製造原価に含められている。したがって、それらの無駄となった塗装液や切れ端などは、有価物ではなくゴミとして廃棄処理の対象となり、製造工程とは全く切り離されるのである。

このような現状の原価計算・原価管理に対して、MFCAは環境管理会計ツールとして新たなマネジメント情報を提供し、実質的な資源生産性の向上によって環境経営を支援しようとしているのである。

それでは、続いて、MFCAの具体的な計算方法や実施の手順をみることとする。

3 マテリアルフローコスト会計の基本的体系

● MFCAのコスト概念

MFCAにおける原価要素は、**マテリアルコスト**、**システムコスト**、**配送／廃棄物処理コスト**の三つである。したがって、例えば、製造プロセスをMFCAの対象域とする場合、企業における製造原価全体をこの三つに分類する。

ただし、MFCAの対象範囲をどのように設定するかによって、マテリアルの種類やコスト評価方法も異なることは注意する必要がある。例えば、マテリ

アルの範囲を環境（自然）という視点から拡張し、これまで材料とは考えていなかった空気（気体）まで入れるとすれば、工場の製造工程で使用したり発生したりする酸素・二酸化炭素・窒素などの投入・排出状況を、測定対象とする必要がある。例えば、空気中に排出される二酸化炭素は環境負荷という点において重要な測定対象である。したがって、製造工程での二酸化炭素発生をMFCA情報として記録・管理することも可能である。また、一企業内だけをMFCAの対象とするのではなく、**サプライチェーン**でMFCAを導入し分析しようとする試みも始まっている。MFCAの原則や基本形は共通するものであるが、その具体的体系化については類型化されるであろうが、現時点ではさまざまな形が見いだされている段階である。

　ただ、本章ではMFCAの基礎を十分理解することを目的としているので、これまでの日本企業の実務を基礎に特定製品の一製造ラインでのMFCAを説明することとする。

(1) マテリアルフロー、マテリアルロス、マテリアルコストについて

　生産管理においては製品が重要な課題となるが、MFCAにおいては生産に投入される資源すべてを表す**マテリアル**が最も重要な要素である。現実的にはマテリアルとは製造工程に投入される原材料すべてを指し、原材料ごとに投入始点から終点まで、形状や質が変化しても原則としてMFCAではその投入原材料として物量的に追跡・把握する。そして、物量に単価を乗じて、投入原材料ごとにマテリアルコストが場所別に算定される。

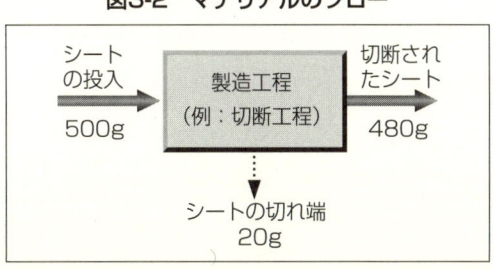

図3-2　マテリアルのフロー

シートの投入 500g → 製造工程（例：切断工程） → 切断されたシート 480g
↓
シートの切れ端 20g

マテリアルフローを実際に追跡すると、物質の**良品**へのフローと**マテリアルロス**へのフローがあることが明らかとなる。例えば、図3-2にあるように、前工程でできあがったシートを発注された形に裁断する切断工程をMFCAにおける計算ポイントである**物量センター**として設定しマテリアルのフローをみると、受注要件を満たす良品（製品）のフローと、その良品を切り出した後の切れ端や仕損じなど（マテリアルロス）のフローがある。一般的に生産管理上、重要視されるのは、この良品の出来高であり、切れ端や仕損じではない。異常な仕損じが生じた場合はその原因などを現場において分析改善されるが、切れ端や仕損じなどの発生が標準的（正常）な場合はさして注意も払われない。

MFCAはこのマテリアルロスへのフローの物量と金額を明らかにすることが目的であり、このマテリアルロスはマスバランスを援用して次のような手続きで算定される。

マスバランスとは、一般に企業内に外部から投入された物質を物質名と物量で把握・表記し、他方それに対して企業から外部へ排出された物質（製品も含む）と物量を把握・表記する物質収支表である。このマスバランスは、基本的には物理学上の「質量保存の法則」に基づいており、投入された物質は質量的には消滅せずに、ストックされるか排出されるかのいずれかとなり、物質の収支は一致するというものである。

MFCAではこのようなマスバランスの考えを企業内プロセスに導入し、物質のフローとストックを把握・記録するとともにコスト評価する。したがって、企業内プロセスの途中でマスバランスを作成する。MFCAではこのマスバランスを作成するポイントを物量センター（Quantity Center）と呼び、その物量センターへのインプット、アウトプット、ストック（期首・期末の在庫もしくは仕掛り）を各材料別に物量で把握・記録する。例えば、図3-2では製造工程を物量センターとして設定すれば、次のような算定式でマテリアルロスを測定することができる。

> （投入されたマテリアル量＋マテリアルの期首在庫量）
> －（良品に含まれるマテリアル量＋マテリアルの期末在庫量）
> ＝　差異（マテリアルロス）

　このように物量センターごとにインプット、アウトプット、期首期末のストック、マテリアルロスが材料別に物量で把握され、それぞれ単価を乗じてコスト評価される。ただし、マテリアルロスを算定する方法は二つあり、一つは上記のように差異をマテリアルロスとする場合であり、もう一つは具体的に製造工程などで排出されるマテリルロス自体を実測する場合である。

　いずれの方法にせよ、MFCAの対象範囲となる企業内プロセスに物量センターが設定され、物量センターでマスバランスが計算され、物量データが測定・記録され、さらに物量センター間のデータとデータ全体の整合性が検証される。そして、その整合性がとれたデータを各材料単価をもとにコスト評価することとなる。

(2) システムコスト

　システムコストとは、主に製造設備の減価償却費や労務費などの**加工費**を指す。システムコストも物量センターごとに把握・記録されるが、MFCAではこのシステムコストを良品とマテリアルロスに、原則としてはマテリアルの物量比で按分する。このことによってマテリアルロスの製造費用を明示化しようとしている。

　ところで、伝統的原価計算では、製品（良品）にだけ注目し、当該製品の製造原価を明らかにし価格設定の基礎となるコスト金額を算定する。つまり、（売上－売上原価＝売上総利益）における売上原価の基礎となる製品原価を算出することが伝統的原価計算の第一の目的である。したがって、製品の製造に必要もしくは投下された費用はすべて製造費用（製品原価）となる。

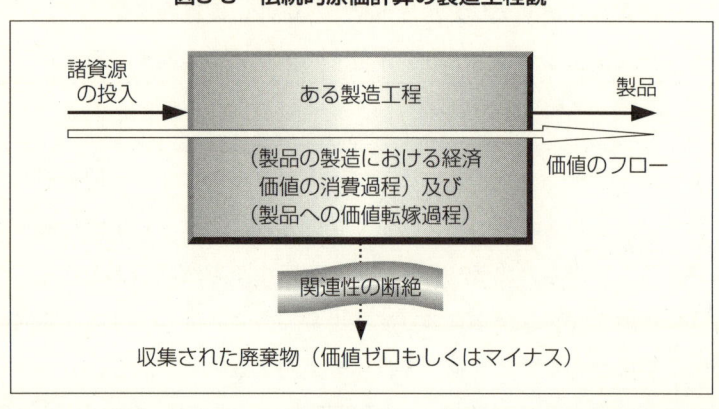

図3-3 伝統的原価計算の製造工程観

```
諸資源              ┌─────────────────────┐
の投入  ──────→    │   ある製造工程       │   ──────→  製品
                    │                      │         価値のフロー
                    │ (製品の製造における経済
                    │  価値の消費過程)及び
                    │ (製品への価値転嫁過程)
                    └──────────┬──────────┘
                               ↓
                          関連性の断絶
                               ↓
                 収集された廃棄物(価値ゼロもしくはマイナス)
```

　図3-3に示すように、製造工程に投入された諸資源は目的とする製品を製造するために消費されたので、正常な状況で製造される限りその諸資源の費用はすべて製品の製造原価となり、その製造原価を仕掛品を含む製品間にどのように配分するかが伝統的原価計算の主眼であり、正確な製品(良品)原価の算定が課題である。このような目的の根幹には正確な期間損益計算をするために適切な原価計算を実施するということがある。

　伝統的な原価計算・原価情報においては、MFCAで重要かつ必要な環境負荷要因の一つであるマテリアルロス情報は、必要でなく重要でもない。図3-3に示すように、物質的なフローと価値的なフローは諸資源のインプットから製品のアウトプットだけについて認識され、製品がコスト評価されている。製造工程から出る排出物(廃棄物)は製造工程から出るが、その排出が次工程につながらない以上、例えば、単なるゴミとして分別収集されるだけである。したがって、排出物は製造工程における物質的フローと価値的フローの対象からは外れ、製造工程とは全く独立して存在する物質となり、その処理をどのようにするかを考えねばならない対象となるのである。

　排出物が製造工程との関連性が断絶した状態で認識されている伝統的原価計算・生産管理情報では、マテリアルロス情報はほとんど持っておらず、さらに

図3-4　MFCAにおける製造工程観

[図：インプット → 物量センター（ある製造工程）正の製品と負の製品を製造（マスバランス） → （良品としてのアウトプット）正の製品／（廃棄物としてのアウトプット）負の製品。「同等なコスト評価を」]

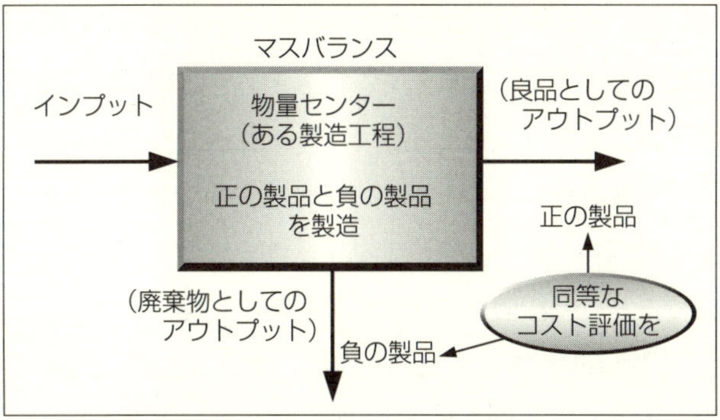

データもマスバランスを満たすだけの精度を持ち合わせていない。MFCAではこのマスバランス情報が重要であり、そのマスバランス情報による良品のフローと排出物（廃棄物）であるマテリアルロスのフローを図3-4のように製造工程と関連性を持つフローとして可視化し、その両者のフローについて、良品を**正の製品**として、マテリアルロスを**負の製品**として、製造工程が作り出した同じ製品として認識し、そのコストを同等に評価する。

すでにマテリアルコストを良品とマテリアルロスにおいて、どのように算定するかは述べた。そのコスト計算は、例えば、材料の単価に確定された物量を乗じて算定するという比較的単純なものであった。しかしながら、このシステムコストは図3-4のMFCAにおける製造工程観を前提として、**配分計算**しなければならない。原則としてはシステムコスト総額をマテリアルの物量比（例えば、重量比）で、良品とマテリアルロスに配分する。

MFCAの製造工程観を前提にした場合に、2種の製品が一つの製品製造から生産されるので、従来の原価計算手法（例えば、組別総合原価計算など）が援用可能である。コストを発生させる活動を基準としてコスト配分を行う**ABC**（Activity-Based Costing：**活動基準原価計算**）によるシステムコストの配分計算も可能である。しかしながら、このシステムコストの配分計算は、伝統的原価計算においても様々な手法が併存しており、MFCAにおいてもすべ

ての対象に対して統一した計算方法があるわけではなく、状況に応じて適切な方法を選択すべきである。

ここで最も重要なことは、これまで、ごみとしかみなしていなかったマテリアルロスを負の製品として良品と同じくコスト評価し、売れないマテリアルロスをこんなに加工費をかけて作り出しているということを可視化させることである。したがって、経営上の意思決定をする上で必要とされる精度のコストが求められるのであり、究極的に正確な製品原価の算定は必要とはしない。

実際のMFCAでは基本的にABCを援用しながら、伝統的な製造原価情報を基礎に、システムコストの範囲と金額を決定し、集計されたシステムコストを良品とマテリアルロスに、マテリアルの物量比に応じて配分計算している場合が多い。

何よりも重要なことは、MFCAの目的はシステムコストを減らすことではなく、マテリアルロスを減らすことであり、マテリアルロスが減れば無駄となったシステムコストも減る（有効利用される）ことを意味しているのである。

(3) 配送／廃棄物処理コスト

配送／廃棄物処理コストは、一般的にマテリアル（マテリアルや良品・マテリアルロス）の移動に要する移送コストと排出物（廃棄物）処理に要するコストである。ただし、MFCAの対象範囲を企業全体もしくはサプライチェーンに拡張するとすれば、配送費は一般的な物流費も含めて考える必要がある。

一般に材料・製品・廃棄物の工場内移送に関する費用や廃棄物の処理にかかわる費用は工場コストして1か月などの一定期間で全体的に把握され、製造コストの経費の一部として算入されているのが一般的である。また、製品の製造コストというよりも、工場での製造に要する製造コストの一部として費用認識され処理されている。

このような伝統的な配送／廃棄物処理コストの把握と処理（コストの配分など）とは違い、MFCAでは先程の図3-4に示したように、配送／廃棄物処理コ

ストも、例えば、マテリアルロスという負の製品の製造（処分）にかかわる費用として個別に把握される。しかしながら、一般にこのような前提で配送／廃棄物処理にかかわる物量データは把握されておらず、MFCAのプロジェクトとして新たにデータ収集され、工場全体の費用から按分計算で対象となるマテリアルロスの配送／廃棄物処理コストが便宜上決定されることが多い。

また、MFCAでは電力やガス・燃料などのエネルギーもマテリアルに含まれる。ただし、実際には材料（マテリアル）とは区別してエネルギーとして測定・把握している。これらの費用に関しても財務上は月次費用として把握され、その測定単位も細かな製造工程または機械ごとではなく、建屋ごとや敷地ごとというように大きな範囲で把握されていることが一般的であることから、MFCAのために新たな測定を必要とする。ただし、その新たな測定を実施するかどうかは、新たなメーターの設置に伴う費用とその測定によって見出されるであろう効果を考慮して決定しなければならない。この点に関してはケーススタディが実施されている段階であり、今後その研究成果から有用な方法と事例が報告されるであろう。

(4) コスト集計に関する伝統的原価計算との相違

MFCAにおけるコスト集計の方法も**伝統的原価計算**とは異なる、MFCAでは、良品とマテリアルロスのフローとストックに対して、これらの原価要素ごとに新たに物量が測定・決定され、コスト評価される。しかしながら、伝統的な原価計算のような製品の価値計算を目的としていないことから、MFCAでは伝統的原価計算の結果算定される製品原価のように、マテリアルコスト、システムコスト、配送／廃棄物処理コストを合算した結果（総額）を示すことを最終目的とはしていない。例えば、マテリアルロスごとのマテリアルコスト、システムコスト、配送／廃棄物処理コストを集計した結果により、どのマテリアルロスが相対的に大きいかを判断することに利用される。そして、改善のターゲットとなったマテリアルロスにおけるマテリアルコスト、システムコスト、

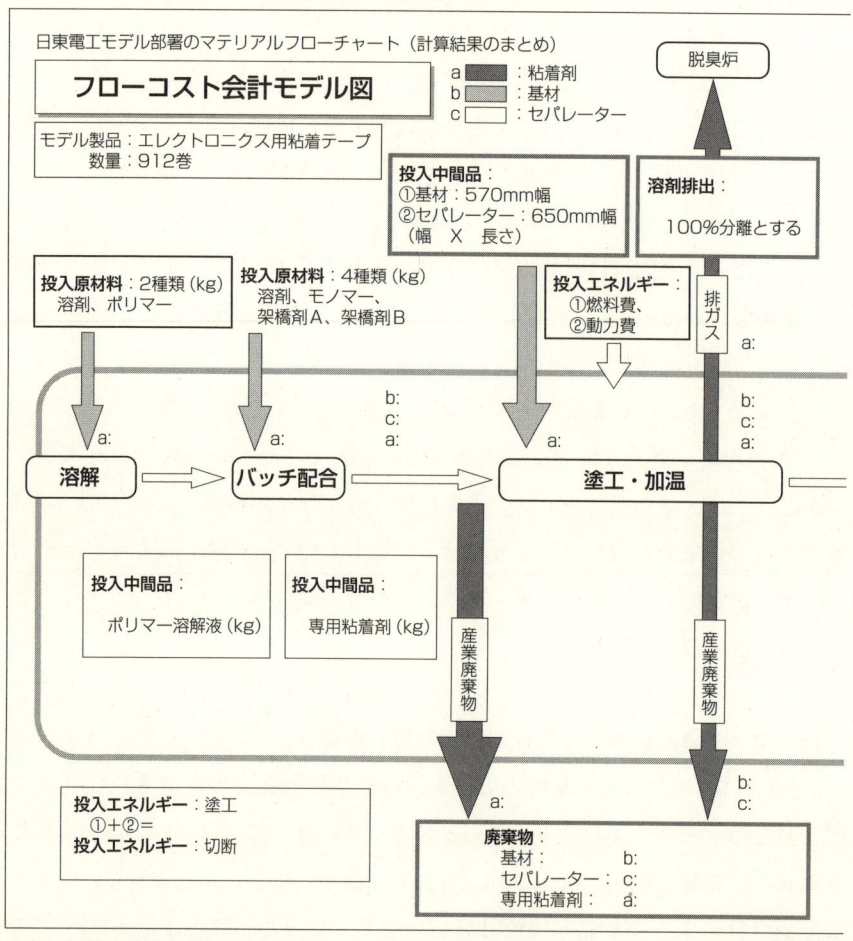

図3-5　日東電工の製造工程（フローチャート）

日東電工モデル部署のマテリアルフローチャート（計算結果のまとめ）

フローコスト会計モデル図

モデル製品：エレクトロニクス用粘着テープ
数量：912巻

a ■ 粘着剤
b ▨ 基材
c □ セパレーター

投入中間品：
①基材：570mm幅
②セパレーター：650mm幅
　（幅 × 長さ）

脱臭炉

溶剤排出：
100％分離とする

投入原材料：2種類（kg）
溶剤、ポリマー

投入原材料：4種類（kg）
溶剤、モノマー、
架橋剤A、架橋剤B

投入エネルギー：
①燃料費、
②動力費

排ガス
a:
b:
c:
a:

b:
c:
a:

溶解　→　バッチ配合　→　塗工・加温

投入中間品：
ポリマー溶解液（kg）

投入中間品：
専用粘着剤（kg）

産業廃棄物
産業廃棄物

投入エネルギー：塗工
①＋②＝
投入エネルギー：切断

a:

廃棄物：
基材：　　　　b:
セパレーター：c:
専用粘着剤：　d:

b:
c:

出典：経済産業省（2002）p.94

　配送／廃棄物処理コスト、それぞれの内訳がマテリアルロスの原因を特定し、マテリアルロスを削減する上で重要な情報となるのである。

　MFCAでは、マテリアルロスの全体コストを示すことが目的なのではなく、マテリアルロスの発生場所と原材料別構成そして構成原材料ごとのコストを提供することに第一義的な目的がある。MFCAではコスト計算を含むされるこ

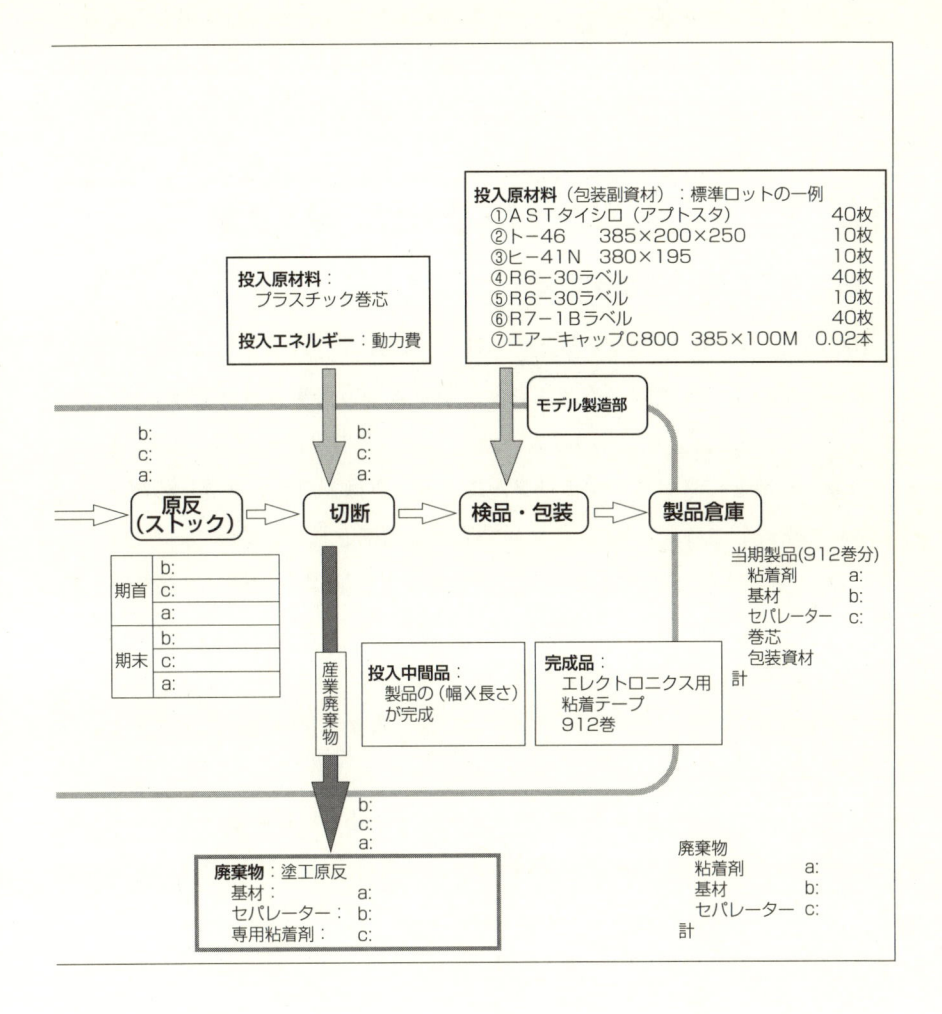

```
                                  投入原材料（包装副資材）：標準ロットの一例
                                   ①ＡＳＴタイシロ（アプトスタ）        40枚
                                   ②ト－46      385×200×250      10枚
              投入原材料：           ③ヒ－41N    380×195           10枚
                プラスチック巻芯      ④R6－30ラベル                    40枚
                                   ⑤R6－30ラベル                    10枚
              投入エネルギー：動力費   ⑥R7－1Bラベル                    40枚
                                   ⑦エアーキャップC800 385×100M 0.02本

                                              モデル製造部

         b:          b:
         c:          c:
         a:          a:
   →  原反  →  切断  →  検品・包装  →  製品倉庫
      (ストック)
                                                        当期製品(912巻分)
        b:                                               粘着剤     a:
   期首  c:                                               基材       b:
        a:                                               セパレーター c:
        b:                   投入中間品：      完成品：    巻芯
   期末  c:         産業       製品の(幅×長さ) エレクトロニクス用   包装資材
        a:         廃棄物      が完成        粘着テープ            計
                                           912巻

                       b:
                       c:
                       a:                              廃棄物
                                                        粘着剤     a:
              廃棄物：塗工原反                            基材       b:
                基材：        a:                         セパレーター c:
                セパレーター：  b:                         計
                専用粘着剤：   c:
```

とから、制度上の原価計算がもつ既成概念の影響を受け、製品・マテリアルロスの正確な原価の集計に第一義的目的があるように誤解されることがあるが、すでに述べたように有用な環境管理会計情報を提供することが目的であり、マテリアルロスの改善情報として有用であるというレベルでの正確性を確保することが重要である。

このような前提を持つMFCAおいて、新たなコスト評価の基礎となるマテリアルの物量把握の実務について、日東電工での事例を通して次節で解説することとする。

4　マテリアルフローコスト会計の導入手順

● 日東電工における事例を使って

2000年11月、日東電工株式会社（以下、日東電工という）に協力を得て、豊橋事業所のエレクトロニクス用粘着テープという一製品群一製造ライン、1か月を対象として、MFCAの導入実験をした。その事例を使ってMFCAにおける最も重要な要素である**マテリアルコスト**（資材・原材料費等）の測定方法について解説しよう。（なお、数値は公表用に加工されている。）

MFCAの具体的な測定はケースごとに異なり、企業や業種、製品特性に応じて工夫する必要があるが、ここで説明する日東電工の事例は汎用性が高いものである。なお、説明に使用するすべてのデータは、生データではなく、公表用に加工されている。ただし、比率等はできる限り現状の説明に合致するように努めた。

対象製品はエレクトロニクス用粘着テープで、基材、粘着剤、セパレータの三層構造テープである。図3-5の**フローチャート**にあるように、「溶解」・「バッチ配合」工程で専用粘着剤を作り、「塗工・加温」工程で基材とセパレータで粘着剤をはさむような構造のシートを作り、そのシートを「切断」でテープ状に裁断し、「検品・包装」工程を経て完成品とされる。なお、「塗工・加温」と「切断」間に一時的なストックが生じることから、ここに物量センター「原反（ストック）」を設定し、さらに完成品の物量センター「製品倉庫」を設定している。

（1）収集データの概要

次にまず、各物量センター（工程）での投入資材の一覧を示すこととする。

1）投入資材

a．溶解工程

種類	投入量（重量）	単価	金額
溶剤	8,400kg	50円	420,000円
ポリマー	2,100kg	180円	378,000円

b．バッチ配合工程

種類	投入量（重量）	単価	金額
モノマー	1,042.643kg	50円	52,132.15円
ポリマー	27.513kg	350円	9,629.55円
架橋剤A	18.32kg	400円	7,328.00円
架橋剤B	10.992kg	350円	3,847.20円

c．塗工・加温工程

種類	投入量（長さ）	単価(¥/m)	金額
基材	38,850m	30円	1,165,500円
セパレータ	42,160m	30円	1,264,800円

d．切断工程

種類	投入量（本数）	単価	金額
プラスチック製の巻芯	912本	製品規格（幅）に応じる。	541,681.52円

e．包装工程

種類	投入量	単価	金額
各種包装資材（詳細は省略）	多種類にわたるため省略	多種類にわたるため省略	172,900.70円

2）産出数量

a. 溶解工程

種類	数量
ポリマー溶解液	1,374.924kg（実測）

b. バッチ配合工程

種類	種類
粘着剤	後述の溶解・バッチ配合工程の説明を参照のこと

c. 塗工・加温工程

種類	数量
塗工済み原反	38,095m

d. 切断工程

製品規格	数量
テープA	379巻
テープB	96巻
テープC	94巻
テープD	48巻
テープD	244巻
テープE	12巻
テープF	39巻
テープG	912巻

3）在庫

a．塗工・加温工程

種類	数量
期首塗工済み原反	15,840m
期末塗工済み原反	10,355m

b．切断工程

製品規格	期首在庫	期末在庫
テープA	500巻	12巻
テープB	9巻	2巻
テープC	39巻	1巻
テープD	21巻	1巻
テープE	86巻	2巻
テープF	0巻	0巻
テープG	44巻	0巻
合計	699巻	18巻

（2）マテリアルコストの計算

1）溶解・バッチ配合工程

　溶解・バッチ配合工程は、正確にいえば、溶解工程とバッチ配合工程に分けて考えることができる。溶解工程でポリマーと溶剤を投入し、そこでできたポリマー溶解液をバッチ配合工程に送ってさらに架橋剤などを投入することで、最終的な粘着剤を製造している。

　まず溶解工程ではポリマーを溶剤で溶解しているが、これは製品ロットごとに個別に作るのではなく、ある程度まとめて作って貯蔵されている。したがって、この溶解工程におけるインプットとアウトプットのマスバランスを考えるためには、今回のモデル製品だけでなく、このポリマー溶解液で製造されたす

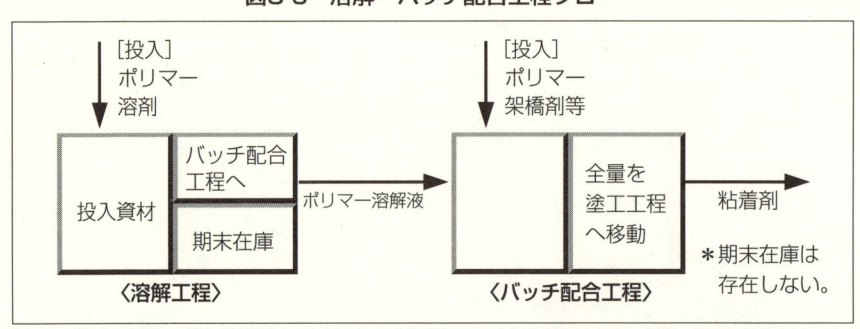

図3-6 溶解・バッチ配合工程フロー

〈溶解工程〉
[投入] ポリマー 溶剤
投入資材 → バッチ配合工程へ / 期末在庫
→ ポリマー溶解液

〈バッチ配合工程〉
[投入] ポリマー 架橋剤等
全量を塗工工程へ移動
→ 粘着剤
＊期末在庫は存在しない。

べての製品を考慮しなければ意味をなさない。今回はモデル製品に限定して計算するので、溶解工程からは次のバッチ配合に必要な溶解液が無駄なく提供されたと考え、ロスはないものとして扱った。

溶解工程から次のバッチ配合工程に移動したポリマー溶解液は実測した結果1,374.924Kgなので、これを溶解工程への総投入量（溶剤8,400Kg,ポリマー2,100Kg）の構成比で按分すると、下記のとおり、今回のモデル製品への投入量を算出することができる。

a. 溶解工程

資材内訳	単位	投入数量	単価	金額
溶剤	Kg	1,099.9392	50	￥54,996.96
ポリマー	Kg	274.9848	180	￥49,497.26
合計	Kg	1,374.924		￥104,494.22

次に、溶解工程で作られたポリマー溶解液に架橋剤を配合することで粘着剤ができるが、この段階になると数時間で劣化し、長期間の貯蔵はできない。そのため、製品ロットごとにバッチ処理で配合している。したがって、バッチ配合工程に関しては、今回のモデル製品に対応する部分のみを対象として計算することができる。基本的に貯蔵できないものなので、期首時点での在庫は存在せず、全量を次の塗工工程に送ると考えるので、期末在庫も存在しない。期間

中のフロー量は、バッチ配合された粘着剤の全量であり、それは前の溶解工程からの投入量と、このバッチ配合工程で新たに投入された資材総量の合計となる。バッチ配合工程での新たな投入分は以下のとおりである。なお、次の塗工工程での使い残し分が粘着剤のロスとなる。

以上をまとめると、溶解・バッチ配合工程から次の塗工・加温工程に投入される粘着剤の総量及び金額は以下のとおりとなる。

b. バッチ配合工程

資材内訳	単位	投入数量	単価	金額
溶剤	Kg	1,042.643	50	¥52,132.15
モノマー	Kg	27.513	350	¥9,629.55
架橋剤A	Kg	18.32	400	¥7,328.00
架橋剤B	Kg	10.992	350	¥3,847.20
合計	Kg	1009.468		¥72,936.90

c. 溶解・バッチ配合工程合計

工程	単位	投入数量	金額
溶解工程	Kg	1374.924	¥104,494.22
バッチ配合工程	Kg	1099.468	¥72,936.90
合計	Kg	2474.392	¥177,431.12

2） 塗工・加温工程

塗工・加温工程では、基材及びセパレータを新たに投入し、前の工程から投入された粘着剤を塗布して原反を製造する。塗工と加温は一連のプロセスであり、分けて把握することはできない。この工程では、期首と期末に資材や原材料の形での在庫はなく、仕掛り品も存在しない。しかし投入資材のすべてが中間製品となるわけではなく、一定のロスが発生している。したがって、マテリアルフローを中間製品とロスに配分計算する必要がある。

なお、期首及び期末に塗工済み原反の在庫が存在するが、これは正確にいえば当工程からのアウトプット後のものであり、次の切断工程に送る前の一時貯蔵である。したがって、対象期間中の原反の生産量は、データの項で記したとおり38,095mであるが、これがそのまま切断工程に送られるわけではなく、期首と期末の在庫を加減した差額が次の切断工程に送られていると考えることができる（図3-7）。

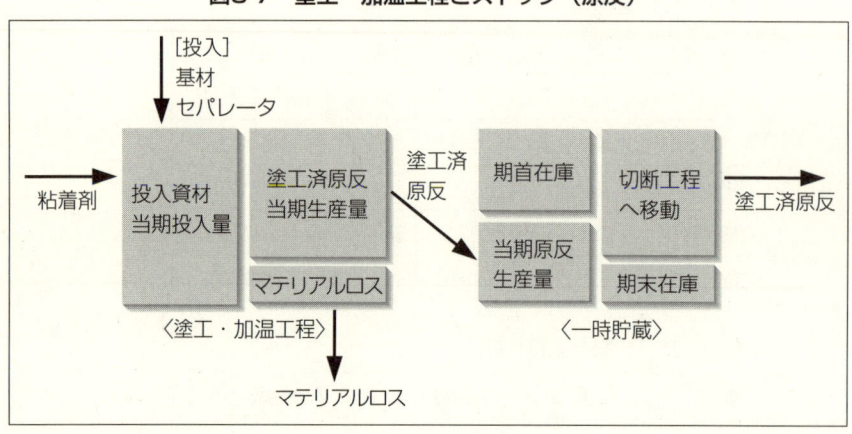

図3-7　塗工・加温工程とストック（原反）

この工程ではロスが発生しているが、その内容は、①粘着剤の使い残し部分と、②塗工の始点及び終点における基材とセパレータのロスの二つに分けられる。

①まず粘着剤に関しては、製品ロットごとにバッチ配合され、貯蔵できない

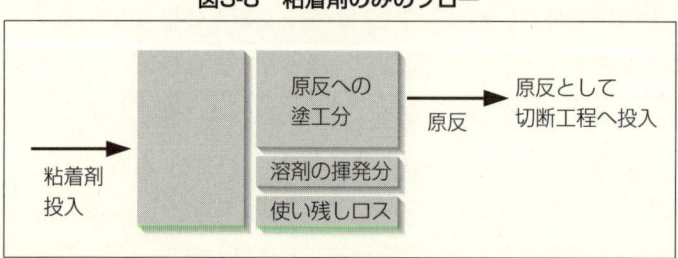

図3-8　粘着剤のみのフロー

ものなので、使い残し部分がロスとなる。また加温工程で加温することにより粘着剤に含まれていた溶剤はすべて揮発する。したがって、投入された粘着剤を、使い残しのロス、揮発した溶剤、原反に塗布された粘着剤の三つに分割することが必要になる（図3-8）。

　この粘着剤のマテリアルフローを計算する方法は二つ考えられる。第一の方法は、製品１m²当たりに塗布されている粘着剤の量（マスバランス）を使って、塗布されている粘着剤総量を算出し、差額で使い残しの粘着剤と揮発した溶剤を計算する方法である。第二の方法は、逆に使い残しの粘着剤総量を実測する方法である。第一の方法に関しては、同製品の品質規格から１m²当たりの粘着剤量（g）の理論値を求めることができるが、これには一定の許容範囲があり、上限と下限が存在する。また今回特に、一部のサンプルをとって実際に実測も行った。その結果は、当然のことながら理論値における許容幅の範囲内であったが、これが今回生産された製品の平均値であるとは限らない。基本的には、サンプリングを何回か行うなどして平均値に近いと思われる数値を得て計算するのが通常の考え方と思われるが、ここでは多少の誤差は避けられないことが分かる。

　今回に関しては、使い残しの粘着剤に関する実測値があったので、第二の方法によることとした。モデル製品における使い残し粘着剤は186.272kgであった。すでに計算した溶解・バッチ配合工程からの粘着剤総投入量から、使い残しの実測値を差し引き、金額を按分すると次のようになる。ここでは、使い残し分と塗布分の成分比は均一と考えられるので、金額は単純に重量比で按分する。

a. 粘着剤の原反及び使い残し分へのフロー

	投入量	使い残し分（実測）	差額（塗布された粘着剤）
数量（重量）	2,474.392kg	186.272kg	2,288.12kg
金額（按分計算）	¥177,431.12	¥13,357.00	¥164,074.12

次に、いったん製品に塗布された粘着剤のうち、揮発した溶剤部分を区分しなければならない。そのためすでに計算した成分割合を使って粘着剤中の溶剤含有割合を計算すると、次のようになる。

b. 粘着剤における溶剤の含有割合

	総量	溶剤	溶剤以外
バッチ配合重量	2,474.392kg	2,142.5822kg	331.8098kg
含有割合	1	0.865902492	0.134097508

溶剤は完全に揮発したと考え、溶剤以外の粘着剤成分はすべて基材に残っていると考えれば、上記の含有割合を使って、いったん塗布された粘着剤のうち揮発した溶剤分とそれ以外を次のように分けることができる。なおこの場合には、成分によって単価が異なるので、まず溶剤の単価50.00円を掛けて溶剤部分の金額を算出し、合計金額から差し引くことによって溶剤以外（原反に塗布された粘着剤）の金額を計算する。

c. 粘着剤中の溶剤揮発分と原反残留分のフロー

	製品への総塗布量	溶剤	溶剤以外
含有割合	1	0.865902492	0.134097508
製品への塗布量	2,288.12kg	1,981.29kg	306.83kg
金額換算	¥164,074.12	¥99,064.5	¥65,009.62

次にこの工程で新たに投入された基材及びセパレータに関しては、塗工工程で粘着剤を塗布し始めてから安定するまでに若干の時間があり、長さ方向でのロスが生じる。先にデータ収集の項で示したとおり、この工程での原反の産出量は38,095mなので、基材及びセパレータの投入量との差額でロスを計算することができる（図3-9）。

図3-9　基材・セパレータのフロー

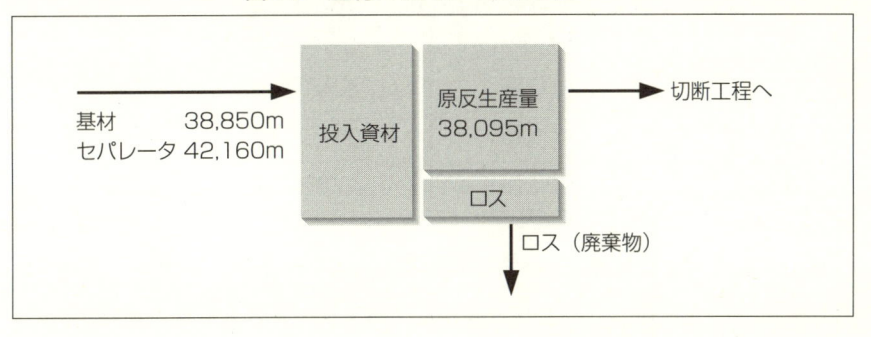

```
基材　　　　38,850m  →  [投入資材]  →  [原反生産量 38,095m]  →  切断工程へ
セパレータ　42,160m                       [ロス]  →  ロス（廃棄物）
```

まず基材の投入量を原反とロスのフローに配分すると次のようになる。

d．基材の原反及びロスへのフロー

	投入量	原反生産量	差額（ロス）
バッチ配合重量	38,850m	38,095m	755m
単価(¥30/m)	¥1,165,500	¥1,142,850	¥22,650

セパレータについても同様に、投入量を原反とロスのフローに配分すると次のとおりである。

e．セパレータの原反及びロスへのフロー

	投入量	原反生産量	差額（ロス）
セパレータ（長さ）	42,160m	38,095m	4,065m
単価(¥30/m)	¥1,264,800	¥1,142,850	¥121,950

以上の結果を、中間製品へのマテリアルフローに絞ってまとめると、塗工・加温工程で当期に生産された原反へのマテリアルフロー及びそのコストは以下のとおりである。

f. 当期に生産された原反へのマテリアルフロー

	数量	金額
基材	38,095m	1,142,850円
セパレータ	38,095m	1,142,850円
粘着剤	306.83kg	65,009.62円

　以上で塗工・加温工程における当期の原反生産のマテリアルフローが明らかになったが、先に述べたとおり、期首及び期末に塗工済み原反の在庫がある。そこで次の切断工程に送られた原反のマテリアルコストを計算しておく必要がある。データ収集の項で示したように、期首の原反在庫は15,840m、期末在庫は10,355mであるので、図3-10のような差し引き計算によって、切断工程への移動量は43,580mであると計算できる。

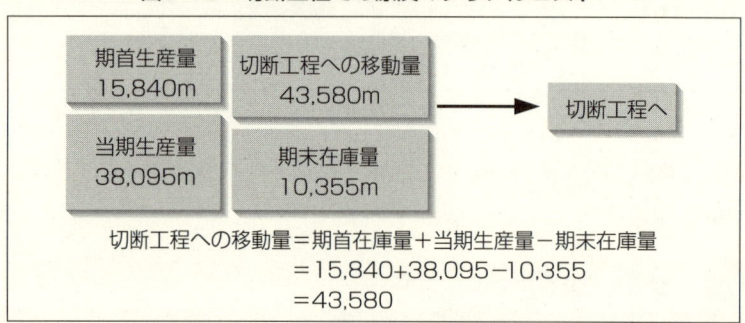

図3-10　切断工程での原反マテリアルコスト

期首生産量 15,840m
当期生産量 38,095m
切断工程への移動量 43,580m
期末在庫量 10,355m
→切断工程へ

切断工程への移動量＝期首在庫量＋当期生産量－期末在庫量
　　　　　　　　　＝15,840＋38,095－10,355
　　　　　　　　　＝43,580

　なお、期首・期末の在庫に含まれる専用粘着剤・基材・セパレータを算出すると以下のようになる（表3-1）。「原反（ストック）」という物量センターを物量センター「塗工＋加温」と「切断」間に設定し、この結果を表記している。ただ、これはあくまで一時的なストック分であり、特別な倉庫があるのではない。しかし、MFCA上はストックを表す物量センターを設定することで、物量センター間の整合性をとることができ、全体の整合性と信頼性を確立することとなる。

表3-1 期首・期末の在庫

	期首在庫（単位円）	期末在庫（単位円）
専用粘着剤	27,032	17,671
基材	475,200	310,650
セパレータ	475,200	310,650

　当期生産分と期首在庫とで原反のマスバランス及びマテリアルの単価に変化がないと仮定すれば、先に計算した当期生産分の原反のマテリアルフローを基準に、（43,580／38,095）倍することで、切断工程への原反のマテリアルフローを次のように計算することができる。

g. 切断工程に投入される原反のマテリアルフロー

マテリアル	数量	金額
基材	43,580m	1,307,400円
セパレータ	43,580m	1,307,400円
粘着剤	351.01kg	74,370.26円

　例えば切断工程に投入される原反に含まれる粘着剤の量及び金額については、当期生産量と均一と仮定すれば以下の式によって求めることができる。

$$粘着剤量 = 306.83\text{kg} \times \frac{43,580\text{m}}{38.095\text{m}} = 351.01\text{kg}（74,370.26円）$$

(3) 切断工程

　切断工程では、前工程から投入された塗工済原反を製品規格の幅と長さに合わせて切断し、製品としてのテープを完成させる。その際、原反の幅と製品幅の関係で幅方向のロスが生じる。また先に述べたとおり、この工程ではプラスチック製の巻芯に巻き取りながら切断し、その際にセンサーで不良品をチェックしている。したがって、この工程では不良品としてのロスも生じる。なお、この工程では新たにプラスチック製の巻芯が資材として投入されるが、これは

製品幅で、製品個数分だけ供給されており、ロスは生じない。この工程では投入されたものはすべて切断されるので、仕掛り品としての在庫は存在しない。

なお、期首及び期末に製品在庫が存在するが、これは当工程からのアウトプット後のもので、次の検品・包装工程に送る前の一時貯蔵である。「収集データの概要」のところで示したとおり、対象期間中の切断後の製品は合計で912巻、期首在庫は699巻、期末在庫は18巻であった。これらは、規格の異なる複数種類の製品であるので、マテリアルフローを計算する場合は注意が必要だが、単純に個数だけで数えれば、次の検品・包装工程に投入されたのは差額の1,593巻ということになる（図3-11）。

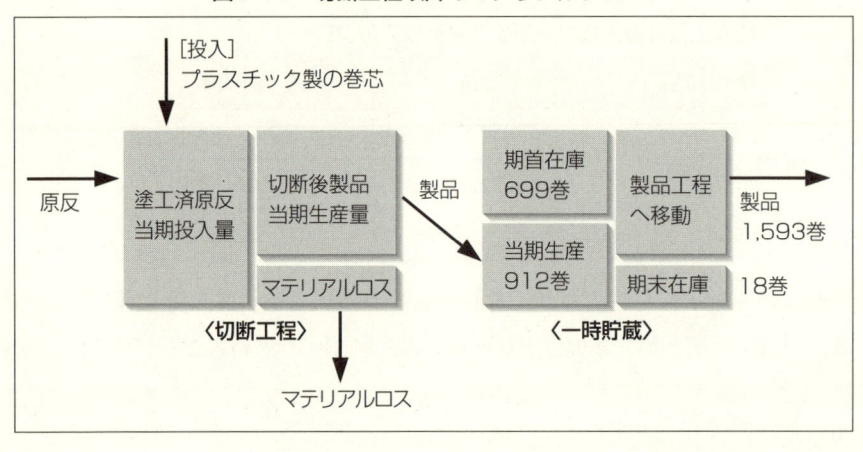

図3-11　切断工程以降のマテリアルフロー

［投入］
プラスチック製の巻芯

原反 → 塗工済原反 当期投入量 → 切断後製品 当期生産量 → 製品 → 期首在庫 699巻／当期生産 912巻／期末在庫 18巻 → 製品工程へ移動 → 製品 1,593巻

マテリアルロス

〈切断工程〉　〈一時貯蔵〉

マテリアルロス

先に述べたとおり、切断工程でのアウトプットとなる切断後の製品は合計で912巻であり、これとこの工程に当初投入された原反との差額としてマテリアルロスを計算することができる。ただし、912巻という数字は、複数の規格の異なる製品の合計個数なので、単純に合計で計算することはできない。そこで原反及び製品を面積に換算して計算することとする。まず投入原反に関しては、基材の幅が570m、セパレータの幅が650mなので次のように計算できる。

h. 投入原反の基材・セパレータの面積

	数量（長さ）	幅	面積
基材	43,580m	570m	24,840.6m^2
セパレータ	43,580m	650m	29,327.0m^2

　また製品に関しては、製品規格ごとにテープの幅が異なるので、幅×長さ×個数で計算することにより、次のように当期生産量を面積に換算する。計算の結果、切断工程で生産した製品の総面積は17,541.5m^{2}である。

i. 生産された製品の面積への換算

製品規格	生産数量	面積
テープA	379巻	9,131m^2
テープB	96巻	1,728m^2
テープC	94巻	1,551m^2
テープD	48巻	840m^2
テープE	244巻	3,660m^2
テープF	12巻	144m^2
テープG	39巻	487.5m^2
合計	912巻	17,541.5m^2

　以上の、切断工程への投入量と生産量の面積の関係から、切断工程でのマテリアルフローとロスを面積で計算すると次のようになる。

j. 切断工程のマテリアルフロー

投入量	生産量	
基材　　24,840.6m^2	製品　　17,541.5m^2	
セパレータ　28,327m^2	ロス	基材　　7,299.1m^2
		セパレータ 10,785.5m^2

第3章　マテリアルフローコスト会計

次にこの関係をもとにして、基材、セパレータ、粘着剤のそれぞれについてマテリアルコストを計算すると以下のとおりである。

k. 切断工程における基材のマテリアルコスト

	投入量	製品	差額（ロス）
面積	24,840.6m^2	17,541.5m^2	7,299.1m^2
金額	1,307,400円	923,236.82円	384,163.18円

l. 切断工程におけるセパレータのマテリアルコスト

	投入量	製品	差額（ロス）
面積	28,327m^2	17,541.5m^2	10,785.5m^2
金額	1,307,400円	809,607.68円	497,792.32円

m. 切断工程における粘着剤のマテリアルコスト

	投入量	製品	差額（ロス）
基材面積	24,840.6m^2	17,541.5m^2	7,299.1m^2
粘着剤量	351.01kg	247.87kg	103.14kg
金額	74,370.26円	52,517.47円	21,852.79円

以上で切断工程におけるマテリアルフローの計算が終わった。なお先に述べたとおり、切断工程でも期首及び期末に在庫が存在するが、これは切断後のテープの形状での在庫であり、いずれも切断工程のアウトプット後に関わるものである。これらの在庫は単に検品待ちのものであり、ロスには関係しない。よって、この計算はここでは省略する。

(4) 検品・包装工程
検品工程では先に述べたとおり、今回のモデル製品では不良品は存在しなか

った。したがって、この工程でのロスはゼロである。また、包装工程におけるロスもない。つまり、この工程では投入資材がそのまま製品原価に付加されるだけである。包装資材の種類は実際にはかなり多いが、ここでは合計金額のみを記し内訳は省略する。

包装資材合計金額	¥172,900.70

(5) 投入エネルギー（参考）

今回、塗工機及び切断機にかかわる燃料費と動力費のみ、使用時間を基準に按分して試算した。以下にその結果を示す。なお、計算過程は省略する。

	動力費	燃料費
塗工機	¥27,619.2	¥44,496
切断機	¥ 5,364.9	¥0

(6) 計算結果のまとめと検討

上記のような手続きの結果算定されたコストデータを**フローチャート**に反映させたのが、図3-12の**コストデータ付フローチャート**である。このフローチャートはコストデータであるが、そのコスト計算の基礎となるマテリアルの物量データ付フローチャートが作成されていることはいうまでもない。

図3-12 コストデータ付フローチャート

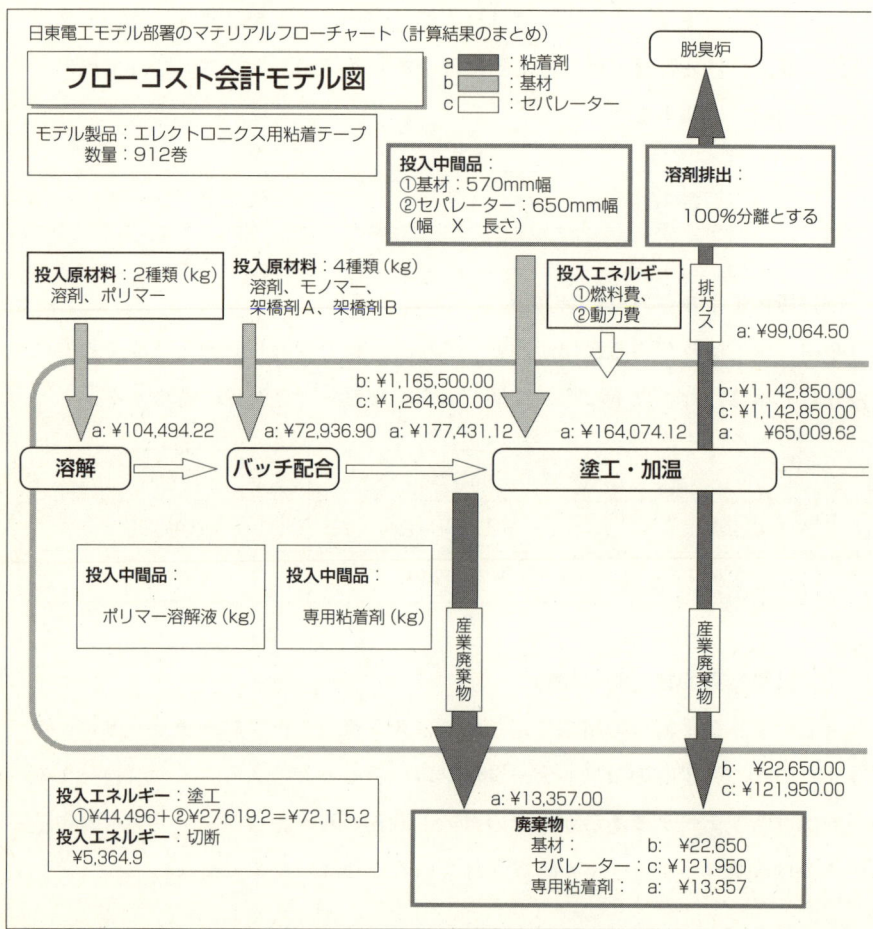

日東電工モデル部署のマテリアルフローチャート（計算結果のまとめ）

フローコスト会計モデル図

a ■ ：粘着剤
b ▨ ：基材
c □ ：セパレーター

モデル製品：エレクトロニクス用粘着テープ
数量：912巻

投入中間品：
①基材：570mm幅
②セパレーター：650mm幅
（幅 × 長さ）

脱臭炉

溶剤排出：
100％分離とする

排ガス
a: ¥99,064.50

投入原材料：2種類（kg）
溶剤、ポリマー

投入原材料：4種類（kg）
溶剤、モノマー、
架橋剤A、架橋剤B

投入エネルギー
①燃料費、
②動力費

b: ¥1,165,500.00
c: ¥1,264,800.00

b: ¥1,142,850.00
c: ¥1,142,850.00
a: ¥65,009.62

a: ¥104,494.22　　a: ¥72,936.90　a: ¥177,431.12　　a: ¥164,074.12

溶解 → バッチ配合 → 塗工・加温

投入中間品：
ポリマー溶解液（kg）

投入中間品：
専用粘着剤（kg）

産業廃棄物

産業廃棄物

投入エネルギー：塗工
①¥44,496+②¥27,619.2＝¥72,115.2
投入エネルギー：切断
¥5,364.9

a: ¥13,357.00

b: ¥22,650.00
c: ¥121,950.00

廃棄物：
基材：　　　　　b: ¥22,650
セパレーター：c: ¥121,950
専用粘着剤：　a: ¥13,357

出典：経済産業省（2002）p.94

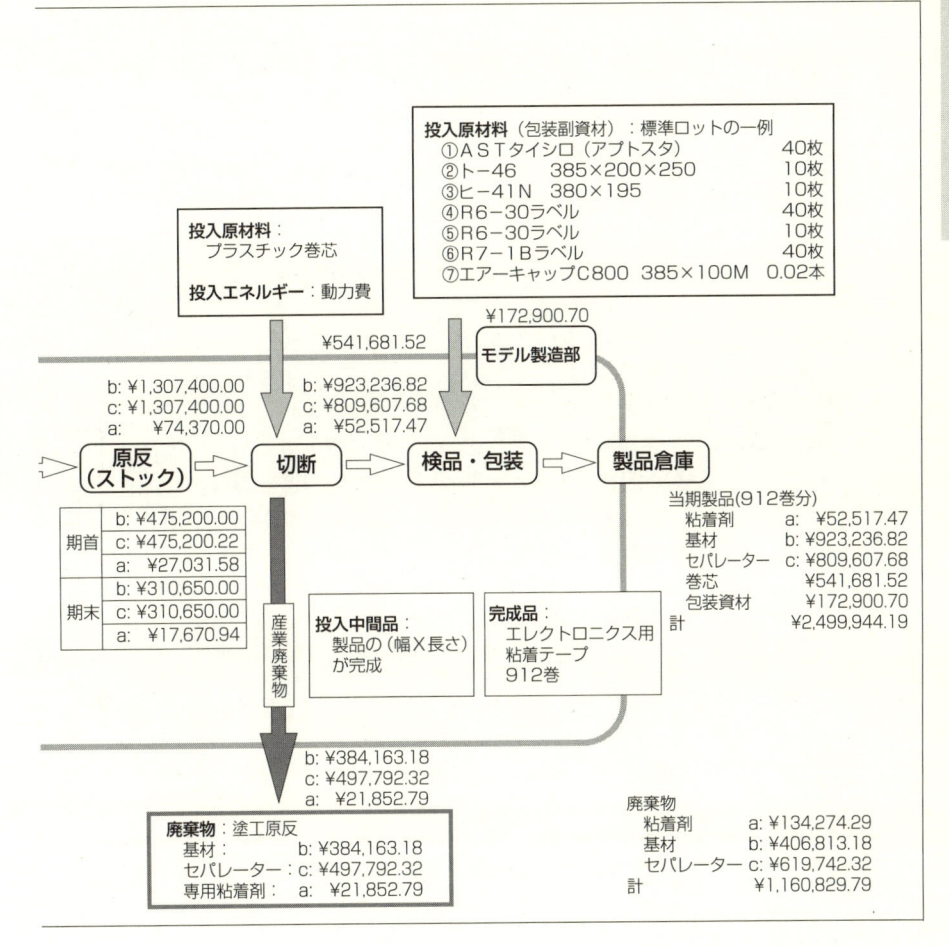

第3章 マテリアルフローコスト会計

投入原材料（包装副資材）：標準ロットの一例
- ①ＡＳＴタイシロ（アプトスタ）　　　　40枚
- ②トー46　　385×200×250　　　10枚
- ③ヒー41Ｎ　380×195　　　　　　10枚
- ④R6-30ラベル　　　　　　　　　　40枚
- ⑤R6-30ラベル　　　　　　　　　　10枚
- ⑥R7-1Bラベル　　　　　　　　　　40枚
- ⑦エアーキャップC800　385×100M　0.02本

投入原材料：プラスチック巻芯
投入エネルギー：動力費

¥172,900.70
¥541,681.52

モデル製造部

b: ¥1,307,400.00　　b: ¥923,236.82
c: ¥1,307,400.00　　c: ¥809,607.68
a: ¥74,370.00　　　a: ¥52,517.47

原反（ストック） → 切断 → 検品・包装 → 製品倉庫

期首
- b: ¥475,200.00
- c: ¥475,200.22
- a: ¥27,031.58

期末
- b: ¥310,650.00
- c: ¥310,650.00
- a: ¥17,670.94

産業廃棄物

投入中間品：製品の（幅×長さ）が完成

完成品：エレクトロニクス用粘着テープ　912巻

当期製品（912巻分）
粘着剤	a: ¥52,517.47
基材	b: ¥923,236.82
セパレーター	c: ¥809,607.68
巻芯	¥541,681.52
包装資材	¥172,900.70
計	¥2,499,944.19

b: ¥384,163.18
c: ¥497,792.32
a: ¥21,852.79

廃棄物：塗工原反
- 基材：　　　b: ¥384,163.18
- セパレーター：c: ¥497,792.32
- 専用粘着剤：　a: ¥21,852.79

廃棄物
粘着剤	a: ¥134,274.29
基材	b: ¥406,813.18
セパレーター	c: ¥619,742.32
計	¥1,160,829.79

下記の図3-13は基本的なフローチャートの種類の一覧である。常に物量とコストのフローチャートが作成される。このフローチャートはMFCAのソースを示しており、改善分析・活動を実施する上で、管理範囲や管理レベルに応じて加工される。このひと目で全体を見渡すことができるフローチャートを企業スタッフ全員の共通情報基盤として、より環境負荷を削減し、かつコストを削減する改善活動が見出され、実施されるのである。

図3-13　フローチャートの種類

フローチャート図／データ群
- 物量データ付フローチャート（マテリアル）
- 金額データ付フローチャート（マテリアルコスト）
- 物量データ付フローチャート（システム）
- 金額データ付フローチャート（システムコスト）
- 物量データ付フローチャート（配送／廃棄物処理）
- 金額データ付フローチャート（配送／廃棄物処理コスト）
- 物量データ付フローチャート（エネルギー及びユーティリティ関連）
- 金額データ付フローチャート（エネルギー及びユーティリティ関連コスト）
- など

一般的な作成の順序

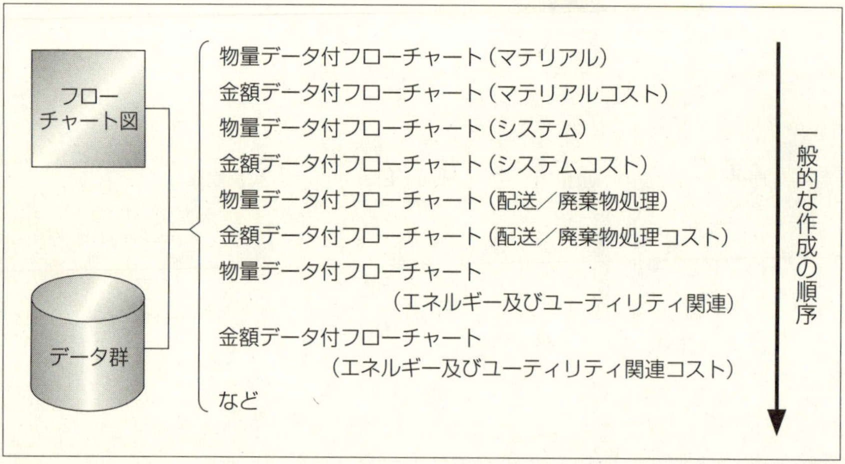

出典：中嶌・國部、(2002) p.119

5　マテリアルフローコスト会計と他の環境管理会計手法との関係

● MFCAの拡張性

　MFCAの計算構造についてみてきたが、MFCAから得られる情報をもとに経営改善を行うためには他の環境管理会計手法との連携が重要となる。本書で解説する主要手法との関係を経営意思決定面での利用という側面から検討しよう。

　まず、MFCAと設備投資決定手法の関係については、現在の環境配慮型設

備投資決定は、MFCAを前提とするものではないが、両者が有機的に関連付けられれば大きな効果が期待できる。なぜなら、MFCAから提供されるマテリアルロスに関する金額情報は、それを削減するために許容可能な設備投資の額を決定する際の基準を提供するからである。実際に、MFCA導入企業では、マテリアルロス削減のための設備投資決定において、マテリアルロスの金額情報を活用している。

従来、廃棄物の削減は重要な課題であることは分かっていても、それが重量で把握されるだけであれば、その削減のためいくら投資すべきかは明らかではなかった。MFCAはそのための重要な情報を提供することができ、環境設備投資を促進することができる。

MFCAは、環境予算マトリックス、環境配慮型原価企画、環境配慮型業績評価に関しても、情報提供システムとして機能することが可能である。

例えば、環境予算マトリックスでは、第1部第7章で述べるように内部負担環境ロスと外部負担環境ロスを算出することが必要になるが、その重要な構成要素である廃棄部材費の算出に、MFCAは活用できる。さらに、マテリアルロスの金額情報は、製品の設計・開発段階での原価見積もりに有効な情報となり、環境配慮の促進とマテリアルロスの関係は、環境配慮型の製品設計のキーポイントとなろう。

また、業績評価に関しては、MFCAに基づく生産管理が業績評価につながるだけでなく、物量センターごとのマテリアルの物量情報と金額情報は工程管理者の業績評価指標としても活用可能なものである。

MFCAとライフサイクルコスティングの関係については、MFCAは製造プロセス全体の原価計算を指向し、ライフサイクルコスティングは製品原価計算を指向するという意味で、相互補完的な関係にある。また、MFCAは本来、一企業の枠内にとどまるものではなく、サプライチェーン全体に拡張可能であるし、コスト範囲も社会的コストにまで拡充できる。したがって、MFCAとライフサイクルコスティングは、共通する対象を異なる角度からアプローチす

る手法として理解することも可能である。ただし、MFCAとライフサイクルコスティングの関係については、まだ十分な究明は行われておらず、今後の課題であるが、発展の可能性としては極めて大きなものがある

　繰り返しになるが、MFCAの目的は、マテリアルロスを発生場所別に物量と金額で評価することによってその金額的大きさを明らかにするほか、マテリアルロスを減少させる行動を引き起こすことによってコストと環境負荷の同時削減を目指す手法である。したがって、MFCAに求められる計算上の精度は、MFCAに対する企業の要求水準に依存することになる。そして、MFCAから得られる情報を活用するためには、他の環境管理会計手法との連携が重要となる。

（中嶌道靖）

第4章 ライフサイクルコスティング

1 はじめに

　企業が製品を開発するに際しては、企業内部でかかるコスト（企業コスト）のほかに、その製品が使用及び廃棄される際にかかる費用があり、これらを合わせた費用を製品のライフサイクルコストという。さらに、製造・使用・廃棄の各段階でのエネルギー・資源の使用に伴って生じる環境負荷を金銭的に評価し（外部不経済としての社会的コスト）、製品企画を行う場合に社会的コストを可能な限りライフサイクルコストの中に内部化することが、企業イメージの向上ひいては事業の拡大につながる。

　本章では、このようなライフサイクルコスト評価の目的並びに手法を解説するとともにケーススタディ例として、冷媒に特定フロンを用いた冷蔵庫と代替フロンを用いたものを対象に、ライフサイクルコストと社会的コストを比較した結果を示す。このケーススタディでは、代替フロンを用いたものではライフサイクルコストは増加するものの、社会的コストの低減がそれ以上に大きいため、総合的費用は代替フロン使用冷蔵庫の方が低く、優位であることが示された。

2 ライフサイクルコスティングの方法

● 製品のライフサイクルの意味

　製品開発において「ライフサイクル」は、製品の企画・設計・製造・販売・廃棄を意味する。企画・設計の段階から製品の使用・廃棄を考慮する行動をライフ

サイクル評価と呼ぶことがある。これは、ISO/TR 14062で議論されている**環境適合設計**（DfE：Design for Environment）の概念に近い。

一方、製品の環境影響評価手法であるライフサイクルアセスメント（LCA：Life Cycle Assessment）では、製品に使用される素材の製造やその上流にある資源の採掘、及び製品製造の下流にある使用・廃棄の段階を考慮することを「ライフサイクル」と呼ぶ。

本章では、後者に経済的視点を加えることを**ライフサイクルコスティング**（LCC：Life Cycle Costing）と定義する。

● ライフサイクルコスティングの目的

企業の製品企画に際して、製品の価格を決定するのに製品製造を通じてかかるコストを算定することが行われている。これには素材、エネルギー、固定費、環境対策費などが計上されており、通常これらのコストは企業内部でクローズドしている。これをここでは、**企業コスト**と呼ぶ。また、循環型社会においては、企業内部のコストにとどまらず、資源の採掘、素材の製造、使用、廃棄まで含めた製品のライフサイクルを通したコストも考慮して製品を製造することが今後重要となろう。製品のライフサイクルを考慮したコストを、ここでは**ライフサイクルコスト**と呼ぶ。

一方、ライフサイクルでみた場合、素材製造の段階、製品製造時、製品使用時、及び廃棄時の環境への排出があり、これらは何らかの形で社会が負担しなければならないコストとなる。これをここでは、**外部不経済**としての**社会的コスト**と呼ぶ。図4-1に、ライフサイクルコストと社会的コストとの関係を示す。

本章では、製品のライフサイクルコストを算出する具体的な手法について検討することを目的とする。ここで検討する手法は、同一性能・機能を持つ代替製品と比較する際に、ライフサイクルコストの削減に対する投資効果の評価をおこなう有効なツールとなることが期待される。

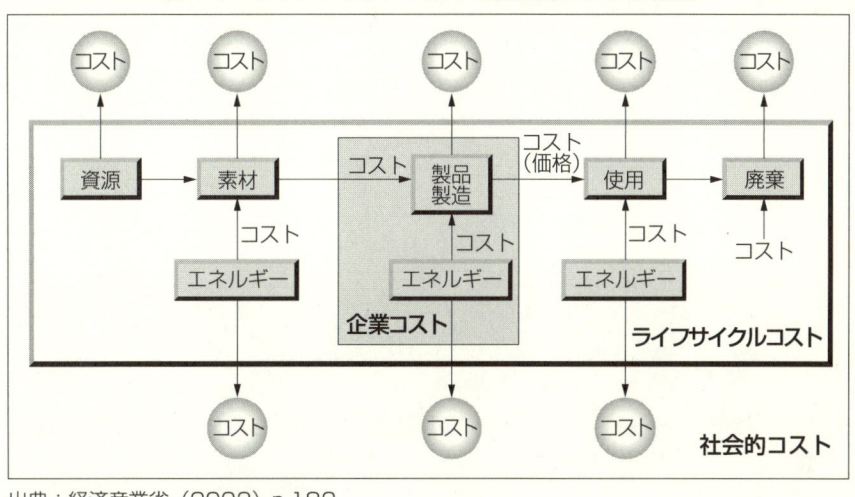

図4-1　ライフサイクルコストと社会的コストの概念

出典：経済産業省（2002）p.182

● ライフサイクルコスティングの計算

　上述のライフサイクルコストの定義に従えば、製品製造に使用される素材の製造及びその上流にある資源採掘に要する費用を算出することが望ましい。しかし、製品製造の企業にとって、これらを算定することは非常に困難である。また、製品製造の企業が購入する素材の「価格」は、それより上流のコストが集計されたものであるとみることができる。

　そこで、本章では製品製造の工程を主体とし、それより下流にある使用・廃棄の段階を考慮したコストをライフサイクルコストと考え、それを算定するライフサイクルコスティング（LCC）を検討する。この概念は、**フルコスト**もしくは**トータルコスト**とも呼ばれる。

　製品の製造コストは企業の財務会計データにより算定する。企業が購入する素材の価格はここに含まれ、LCAの物量データに価格を乗ずることにより材料費が算定される。複数の製品を生産する企業では、製品製造にかかわる費用をそれぞれの製品に配分する製品原価計算の手法が必要となる。

製品の使用及び廃棄の段階のコストは、それぞれの段階での消費財の消費量に価格を乗じることにより算定される。製品の寿命が長く、使用・廃棄と時間的な隔たりが大きい時には、割引率の考え方を導入する必要がある。

図 4-2　LCC 実施方法の概念

製造	鉄 ──── kg ──── 円	素材のCO_2
	プラスチック ──── kg ──── 円	
	… ──── 円	
	電力 ──── kWh ──── 円	ユーティリティーのCO_2
	… ──── 円	
	固定費 ──── 円	
	環境対策費 ──── 円	
使用	電力 ──── kWh ──── 円	使用のCO_2
	…	
廃棄	…	廃棄のCO_2

← ライフサイクルコスト →　← 社会的コストインパクト →

出典：経済産業省（2002）p.183

さらに、社会的コストはLCAによって算定される排出物による環境インパクトを貨幣価値に換算することにより算定される。図4-2に上述したライフサイクルコスティングの実施方法の概念図を示す。社会的コストの算出については、CO_2の場合を例として示した。排出物による環境影響を推定する被害算定型の環境影響評価手法と、被害を経済的価値に換算する手法の開発が必要である。

3　LCC ケーススタディ

●冷蔵庫の冷媒変更がトータルコストに及ぼす効果

LCCの簡単な例として、冷蔵庫を対象に、特に冷媒として特定フロン（CFC-11、-12）を使用した場合と、オゾン層保護のため代替フロン（HFC134a, HCFC-

22)に転換した場合とで比較を行った。今回の評価はフルコストの試算目的で実施されたものあり、特定企業の内部意思決定や外部公表を目的としたものではない。フルコストはライフサイクルコストと社会的コストで構成されるが、前者の算定にLCC、後者の算定にLCIA（Life Cycle Impact Assessment）の統合化手法を利用した。以下それぞれの算定方法について簡単に説明しよう。

（1）ライフサイクルコスティング

　LCCを実施するに当たって、調査範囲の設定を行うとともに、使用される原材料名とその使用量に関する情報が必要となる。これらはLCAを行う上での基礎情報と共通するので、これまでに実施されたLCAのケーススタディを参考にして設定した。調査範囲は資源採取、材料生産、製品製造、流通、使用、処理・廃棄とした。

　次に、これらのプロセスにおいて投入される原材料名とその消費量に関する情報を得た。続いて、これら原材料の単価に関する情報を収集した。製品製造までは、対象製品に利用される部材を抽出するとともに、これらの単価について既存統計資料をもとに推定し、各部材の購入費を算定した。価格変動があることを考慮して、最近2年間における毎月の平均価格から単価の代表値を求めるとともに、最大・最小値も得た。価格推移に関する情報を得ることができない材料等については、工業統計表より年間の取引額等を参考にして代表値のみを求めた。

　使用段階における購入電力分のコストは、現状における1世帯あたりの1か月分の電力量消費（298kWh、従量電灯B電力量料金）から代表値（20.58円/kWh）を得た。

　冷蔵庫のような長期使用目的の製品の場合は、割引率を考慮するか否かによって結果が大きく異なる可能性がある。通常は割引率を導入して現在価値で表すものと考えられるが、環境負荷の算定を行うLCAではこのような考えは定着していない。そこで、ここでは年率5％の割引を行った場合と行わない場合の2種類で試算した。回収・処理では、家電リサイクル法の施行に伴い運送と処理の費用は

表4-1 代替フロン使用時の冷蔵庫と特定フロン使用時の冷蔵庫1台のLCCまとめ

プロセス	名前	使用量、消費量		単位	単位	
		代替フロン使用	特定フロン使用		代表値	最大値
製造	アルミシート	1.07	0.98	kg	207.8	232.8
	銅シート	3.24	3.18	kg	550.8	565.0
	ガラス	0.24	0.24	kg	0.0	0.0
	HCFC141b	0.69		kg	471.2	―
	HFC134a	0.18		kg	471.2	
	CFC11		0.69	kg	471.2	
	CFC12		0.18	kg	471.2	
	PET	0.01	0.01	kg	143.9	―
	PP	8.66	8.55	kg	63.3	71.5
	PUR	8.02	7.18	kg	244.4	―
	PVC	2.20	2.20	kg	70.2	89.8
	ABS	6.19	6.27	kg	113.7	131.7
	PS	10.05	0.00	kg	83.0	112.3
	冷延鋼板	12.83	12.21	kg	49.9	54.5
	溶融めっき鋼板	5.54	5.59	kg	82.6	―
	電気めっき鋼板	5.54	5.59	kg	110.7	―
	塗装鋼板	10.82	10.31	kg	110.7	―
	電磁鋼板	2.95	2.96	kg	110.7	―
	ステンレス鋼板	0.56	0.24	kg	247.8	255.0
	段ボール	6.76	6.76	kg	2.3	3.8
	重油	1.67	1.67	kg	18.0	19.5
	軽油	0.33	0.33	kg	21.8	26.4
	LNG	5.46	5.46	kg	29.0	30.3
	購入電力	70.76	70.76	kWH	20.6	―
使用	購入電力	9604.80	9129.60	kWH	20.6	―
回収		1	1	process	2,400.0	―
廃棄		1	1	process	4,600.0	―
合計						

(注) PET：Polyethyleneterephthalate　PP：Polypropylene　PUR：Polyurethane
PVC：Polyvinylchloride　ABS：Acrylonitrile/butadiene/stylene　PS：Polystyrene
出典：経済産業省（2002）p.190

最小値	コスト（割引なし）		コスト（割引5%/年）		備考
	代替フロン使用	特定フロン使用	代替フロン使用	特定フロン使用	
188.2	222.3	203.6	222.3	203.6	地金として
535.0	1,784.7	1,751.7	1,784.7	1,751.7	
0.0	0.0	0.0	0.0	0.0	
－	325.1		325.1	325.1	工業統計203312
－	84.8		84.8	84.8	工業統計203312
		325.1		325.1	工業統計203312
		84.8		84.8	工業統計203312
－	1.4	1.4	1.4	1.4	工業統計203726
51.8	548.2	548.2	548.2	541.2	
－	1,959.8	1,754.5	1,959.8	1,754.5	工業統計203711
49.4	154.5	154.5	154.5	154.5	
95.2	703.7	712.8	703.7	712.8	
57.8	834.2	0.0	834.2	0.0	
45.0	639.7	608.8	639.7	608.8	
－	456.9	461.5	456.9	461.5	工業統計265211
－	612.5	618.5	612.5	618.6	工業統計269919
－	1,197.2	1,140.8	1,197.2	1,140.8	工業統計269919
－	326.4	327.5	326.4	327.5	工業統計269919
228.0	138.7	59.5	138.7	59.5	
0.3	15.6	15.6	15.6	15.6	
14.5	30.0	30.0	30.0	30.0	C重油として
19.4	7.1	7.1	7.1	7.1	
28.1	158.5	158.5	158.5	158.5	
－	1,456.2	1,456.2	1,075.6	1,456.2	
－	197,666.8	187,887.2	145,997.5	138,774.3	
－	2,400.0	2,400.0	1,336.4	1,336.4	
－	4,600.0	4,600.0	2,561.5	2,561.5	
	216,324.4	205,300.8	161,172.3	153,495.7	

消費者が負担することとなっている。この費用がすべての処理費をまかなうことができるとはいえないが、情報が限られているため、ここでは回収・処理の消費者負担分を当該プロセスに必要なコストと仮定した。

これらの調査結果をもとに調査範囲に含まれるプロセスコストを積算することでライフサイクルコストを求めた。その結果を表4-1に示す。これによれば、両製品のライフサイクルコストは割引率を考慮しない場合で20～22万円、考慮した場合で15～16万円であり、新旧製品間では5％程度新製品の方が高かった。また、全体の約9割の費用が使用時における電力代であったため、省エネ化がライフサイクルコストを最も効果的に削減する手段であるものと考えられる。今回の分析では、製造までの費用には冷蔵庫に使用される材料費が示されているが、生産に利用する設備費(投入と運用)、人件費は情報不足のため含まれていない。したがって、今回のライフサイクルコストは実際の総費用より少なく算定されている。

(2) LCIAによる社会的コストの評価

LCIAによる社会的コストを算定するための入力データとして、**ライフサイクルインベントリー分析**による環境負荷を算定する必要がある。ライフサイクルインベントリー分析はLCAソフトウェアJEMAI-LCA（NIRE-LCAver.3）を利用した。LCIAは特性化や正規化等、いくつかのステップで構成される。

ここではフルコストアカウンティングを行うという目的から経済指標による統合化を実施し、また、経済産業省の**LCAプロジェクト**におけるこれまでの検討を通じて得られた知見を利用して、社会的コストを試算した。

インベントリ分析はCH_4、CO_2、NOx、SOx、PM、CO、NMVOC、As、Cd、Cr、Ni、フロン類（CFC-11、-12、HCFC-141b、HFC143a）を対象物質とした。これらの中から、CO_2、NOx、SO_2、PMのインベントリ分析結果を図4-3に示した。どの物質についても旧製品よりも新製品が及ぼす環境負荷の方が1割程度大きかった。これは代替材料の冷媒としての効率や製造技術の成熟度の違いによるものと考えられる。

図4-3 インベントリ分析結果（CO_2、NO_x、SO_2、PM）

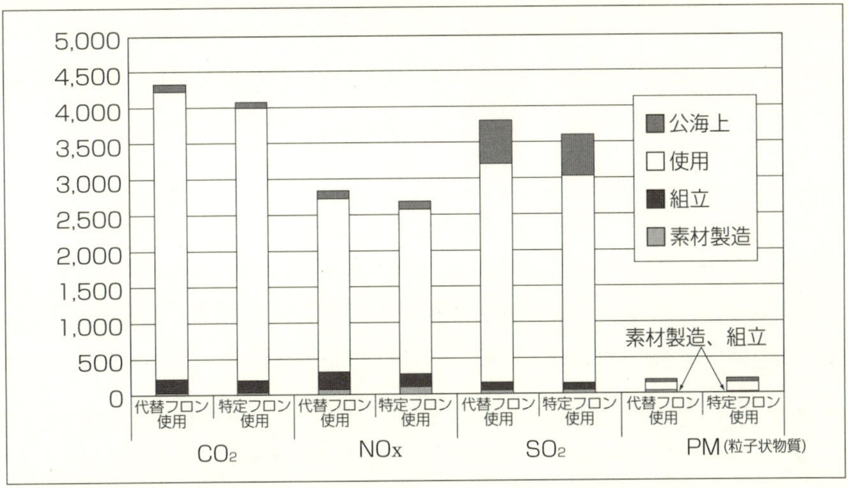

(注) 縦軸：NO_x、SO_2、PM（g/冷蔵庫1台）、CO_2（kg/冷蔵庫1台）
出典：経済産業省（2002）p.192

　さらに、これらの物質が関連する**インパクトカテゴリー**として、地球温暖化、オゾン層破壊、都市域大気汚染、有害化学物質による影響を対象とし、ライフサイクルインベントリー分析の結果に被害量係数と統合化係数を適用して社会的コストを算定した。この結果は次項において示す。

　ここでは、健康影響に関する被害量とそれに伴う経済的影響に限定して評価したので、そのほかの保護対象（生物多様性、社会資産、一次生産）への影響による社会的コストは含まれていないことに注意する必要がある。被害量評価は、自然科学的知見に基づき健康影響の態様ごとに分類した被害件数の分析と、それに伴う損失年数の評価から構成されている。したがって、被害量評価は一般人による環境思想に基づく選好を除外して評価することができるので、統合化の結果に比べて信頼性は高いものと推定できる。他の評価手法（Eco-indicator'99）との比較等を通じて、被害量の算定についてはある程度整合する結果を得ている。健康被害量の経済価値換算は、CVM（Contingent Valuation Method：仮想評価法）

等の環境経済学の手法による検討がある程度進んでいるものの、まだ合意はない。今回はコンジョイント分析によるプレテストの結果から、暫定的に1,100万円/1DALY（DALY: Disability Adjusted Life Years：障害調整生存年）として評価したが、今後の研究の進行に伴って適時修正される予定である。

(3) フルコストアカウンティング（FCA）

上述のようにLCCは、保護対象への影響による経済損失を評価に含めるものではない。そこで製品が及ぼす環境影響が経済指標として反映させることができる手法の開発が求められる。**フルコストアカウンティング**（FCA：Full Cost Accounting）は、LCCによるライフサイクルコストと環境影響によって社会が負担しなくてはならない費用（社会的コスト）を統合する手法である。

環境負荷を低減するために開発された製品が、製造規模や技術の未確立を理由として従来製品より費用が高い場合がある。FCAの実施は環境指向型製品のメリットである環境影響の低減を経済指標として盛り込むことで、コスト上昇のデメリットとのトレードオフの関係について議論することができるという長所がある。

LCCがLCAの分野において十分浸透していないこと、社会的コスト算定の研究水準が実用に耐える段階に到達していないことを理由に、FCAの事例研究は極めて少ない。しかし、近年注目されている**LCM**（Life Cycle Management：**ライフサイクルマネジメント**）の構成要素としてLCAやLCCが挙げられるとともに、それらを包括する手法を開発する必要性が叫ばれており、これに応えるべくFCA手法確立に向けた研究が進められている。

図4-3で示した計算結果を集約して算定した、特定フロン使用時（旧製品）と代替フロン使用時（新製品）における冷蔵庫のトータルコストを図4-4に示した。いずれもライフサイクルコストの方が社会的コストよりも4倍程度高かった。新製品と旧製品との間で比較すると、ライフサイクルコストは新製品の方が高いが、社会的コストは旧製品の方が高かった。これは従来製品の方が製造技術の完成度が高いこと、特定フロンの環境中への放出による環境影響が大きいことが双方の

要因であるといえる。今回の結果によれば、代替フロンの転換による社会的コストの低減効果の方が内部コストの増加よりも大きいことが示された。

また、この傾向は割引率の有無によらなかった。割引率を考慮することで、フルコストは考慮しなかったときの約80％になった。これはフルコストに対して最も寄与が大きかった使用時の電力代が割り引かれた結果、低く見積もられたためである。冷蔵庫のように長期間使用する製品については、割引の考慮の有無は結果に重大な影響を及ぼし得る。

図4-4 特定フロン使用時、代替フロン使用時におけるトータルコスト算定結果
（縦軸：円/冷蔵庫1ライフサイクル）

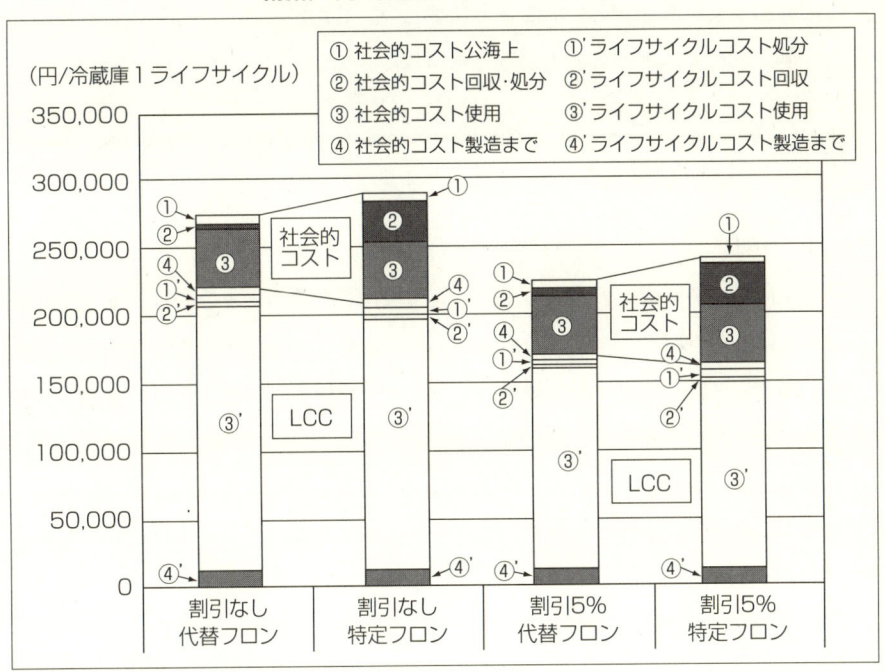

凡例：
① 社会的コスト公海上　①' ライフサイクルコスト処分
② 社会的コスト回収・処分　②' ライフサイクルコスト回収
③ 社会的コスト使用　③' ライフサイクルコスト使用
④ 社会的コスト製造まで　④' ライフサイクルコスト製造まで

横軸区分：割引なし代替フロン／割引なし特定フロン／割引5%代替フロン／割引5%特定フロン

出典：経済産業省（2002）p.193

今回紹介した研究事例は内部コストの中では組み立て時の人件費や設備費が含まれていない。さらに、社会的コストの算定では人間の健康以外の保護対象が受

ける経済的影響は含まれていない。いずれもLCCやLCIAにおいて、まだ十分に議論されていない部分であるため、今後の研究水準の向上が望まれる。

図4-4に示したLCCの実施方法は、製品が使用され、廃棄される方法が明確な最終消費財の製品に適用が可能である。換言すれば、素材産業に適用することが困難であるという難点を持つ。LCAの一般的な実施においても、その製品の使用方法を明確にすることが困難である素材産業は、「ゆりかごから製品製造まで」のLCAを実施することが通常となっている。

ここに示したLCCの実施手法は、企業が購入する物資の価格でその上流の費用を代表させるので、素材産業で製品製造までのLCCを実施する場合、その企業の製品原価計算を示していることに等しい。したがって、製品単位での環境会計の手法として活用が可能であると思われる。

4 今後の課題

本章では、LCCの具体的な実施方法についての提案を行った。今後、最終消費財を生産している企業の協力を得て、製造段階の企業コストを製品に配分する製品原価計算のケーススタデイを実施することが必要である。そこで得られた製造段階のデータに、使用・廃棄段階のデータを付け加え、製造・使用・廃棄を含むライフサイクルコストの具体的例示を蓄積することが必要である。

LCCを簡便に行うためには、企業が購入する素材に対して、従来のライフサイクルインベントリ分析のデータに価格を付け加えたデータベースを整備することが必要となる。

さらに、LCAのインパクト評価による社会コスト算定の具体的例示を行い、ライフサイクルコストと社会的コストを合わせた総合的なケーススタデイが実施されることが望まれる。これにより、企業の環境投資の妥当性を判断することが初めて可能になると思われる。

(稲葉　敦、嵐　紀夫)

第5章 環境配慮型設備投資決定

1 はじめに

　企業活動に伴って発生する環境負荷物質をコントロールし、環境を保護するという環境マネジメントの目的を達成するためには、環境に配慮した設備投資が果たす役割は重要である。設備の新設、取り替え、追加などを伴わない改善努力だけで環境負荷の引き下げを実現できる範囲には、限界があるからである。

　しかし、設備投資が環境負荷の引き下げに効果があるからといって、無制限に**環境設備投資**を実行する余力が企業にあるわけでもない。限られた財源の中で環境設備に資金を出すとすれば、環境目標の優先度や緊急性を考えて投資対象設備を選択しなければならない。また、同じ環境目標に役立つ設備（例えば水質浄化装置）に複数の代替案があるときには、目標とする環境負荷削減効果を最も経済的に実現できる方法を選ぶことになる。

　このように、環境設備投資とは、**環境負荷削減効果**と**経済性**との二つの側面を常に考えながら代替案の選択を考えなければならない複雑な問題なのである。しかしながら、2002年に行った質問紙調査によれば、環境設備投資の意思決定の際に、環境負荷削減効果と経済性の両者を考慮していると答えた事業所は、5％にも満たなかった。ほとんどの事業所では、環境負荷削減効果と経済性の少なくとも片方は考慮するが、他方については公式の意思決定プロセスには乗せないままで、環境設備の選択を行っていたのである。

表5-1　環境設備投資代替案の順序づけ基準

	事業所数	百分率
① 環境目標の改善度	83	45.4%
② 投資案の経済性	79	43.2%
③ 環境目標と経済性の両者を考慮	8	4.4%
④ その他	13	7.1%
合　　計	183	100%

（注）2002年8月に実施した筑波大学小倉研究室による環境設備投資に関する調査より。環境報告書を公表している製造業においてISO 14001取得済み事業所約600か所に質問紙を送付。236事業所から有効回答を得た。

　このような事情の背景には、設備投資の経済性計算の技術が十分に理解されていないこと、特に、環境設備投資の場合には、現場の事情に詳しい事業所の主導で代替案の検討が行われることが多いが、事業所レベルには設備投資の経済性計算を行う能力を持った人材を十分に配置できていないという理由が考えられる。環境設備投資は、ただ単に多元的目標を追求する複雑な意思決定を行うというのではなく、分権化された組織において実行しなければならないという課題ももつ。
　この章では、環境設備投資の意思決定を行うために考慮しなければならない環境効果の側面と経済性の側面の関係を説明した上で、それらを満足させる意思決定を行うためには、環境マネジメントシステムの支援が不可欠であることを説明し、さらに環境設備投資の手順と支援ツールについて紹介したい。

2　環境設備投資の性質

● 環境負荷低減の手段としての設備投資

　企業活動に伴う副産物として発生する、排気ガス、廃液、廃棄物、あるいは廃熱などの環境負荷物質を適切に管理して、そのまま地球環境に放出しないことは

環境マネジメントの基本である。このような環境負荷物質のコントロールには、それぞれの目的に合わせた設備投資が必要である。

環境負荷物質を管理するための設備というと、業務用の設備から排出される排気や排水から有害物質を取り除く設備を想定することが多い。この種の環境設備は、しばしば**エンド・オブ・パイプ型環境設備投資**と呼ばれる。しかし、そもそも環境負荷物質を含んだ原料や燃料を消費しないことが大切であるので、従来の業務用設備を環境負荷物質の消費量が少ない設備に取り替えることが、環境マネジメントにとって重要な手段となる場合がある。このように、環境負荷物質を消費しないものにプロセス全体（または一部）を替えてゆく場合を、**インプロセス型環境設備投資**と呼ぶ。

エンド・オブ・パイプ型の環境設備投資では、生産設備や物流設備など直接業務を遂行する設備とは独立しての意思決定が可能なので環境対応部門の担当者に設備の導入可否や選択の意思決定が任されるケースが多かったのに対して、インプロセス型環境設備投資では、その業務に責任を持つ生産技術部門や物流部門の担当者が中心的な役割を果たし、環境対応部門の人間は間接的な支援に回る例が多かった。その結果、設備導入の意思決定や導入後の設備管理に、環境対応部門が主導的な役割を果たすエンド・オブ・パイプ型の設備投資のみが環境配慮型設備投資と考えられることがあったように思われる。

しかし、エンド・オブ・パイプ型にしろ、インプロセス型にしろ、経営意思決定の視点からは、環境負荷物質の排出量に一定の削減目標を設定し、それを達成するためには、どれだけの資金を使って、どのような設備を導入するかという判断を行うことになる。このような観点からは、両者は、環境目標の達成と経済性の追求という方向性の違う目標を同時に考慮しなければならないという2面性をともに持っており、エンド・オブ・パイプ型環境設備と、インプロセス型環境設備は同じ意思決定基準を用いて選択される。

したがって、本章では、エンド・オブ・パイプ型とインプロセス型という区別にかかわらず、広義に環境配慮型設備投資を捉え、環境に配慮した設備投資の意

思決定に際して考慮しなければならない問題を体系的に整理するとともに、意思決定に必要な情報について考えることにする。

3　多目標の意思決定としての環境設備投資決定

● 環境設備投資決定の複雑さ

　環境投資決定は、一般の投資決定と異なる二つの特徴を持つ。その一つは、環境設備投資が多目標の意思決定であるという点であり、もう一つは、環境負荷物質が排出される現場に近いレベルで行われねばならない意思決定であるという点である。まず、**多目標意思決定**としての特性から説明しよう。

　環境設備投資に関する意思決定は、**環境目標**と**経済性目標**を同時に追求する多目標の意思決定であるという点で一般の設備投資意思決定とは異なる。ところが、環境設備投資の際に考えなければならない要素は、環境目標と経済性目標の2面にとどまらない複雑さを持っている。第一の複雑さは、環境目標がしばしば時間軸上の制約を持ち、時間的な制約を考慮した手段の選択を考えなければならないことである。第二に、経済性の評価基準も状況によって変えねばならない。例えば、コストミニマム基準を適用すべき場合と、経済価値の最大化を求めるべき場合がある。そして、第三番目に、環境目標の多様性に対応した環境効率性を考えなければならないことが挙げられる。

（1）環境配慮型設備の効果性と経済性

　環境負荷を削減するための方法には、大きく分類して環境改善活動と環境設備投資の二つが考えられる。前者は、組織の中で改善努力を積み重ねる方法であり、後者は新しい設備を導入して抜本的に改善する方法である。一般に、改善活動による場合に比べ、環境設備投資は短期に大幅な環境負荷の削減を実行できるというメリットを持つ。また、環境設備投資が初年度にかなりの規模のキャッシュアウトフローが必要なのに対して、環境改善活動は初期の費用負担はそれほど大き

な金額にはならない。

　実際の環境マネジメントは、環境設備投資にするか環境改善活動にするかという選択をするのではなく、両者を組み合わせて、環境目標達成のプロセスを考えることになる（図5-1参照）。

　しかしながら、法的な規制が新たに設定されるときなど、与えられた環境目標をある時点までに達成しなければならないという時間軸上の制約が課されることがある。このように、緊急に相当程度の環境負荷削減を行わねばならない場合には、大きな金額の初期投資コストを負担してでも規模の大きな環境設備投資を実行せねばならない。

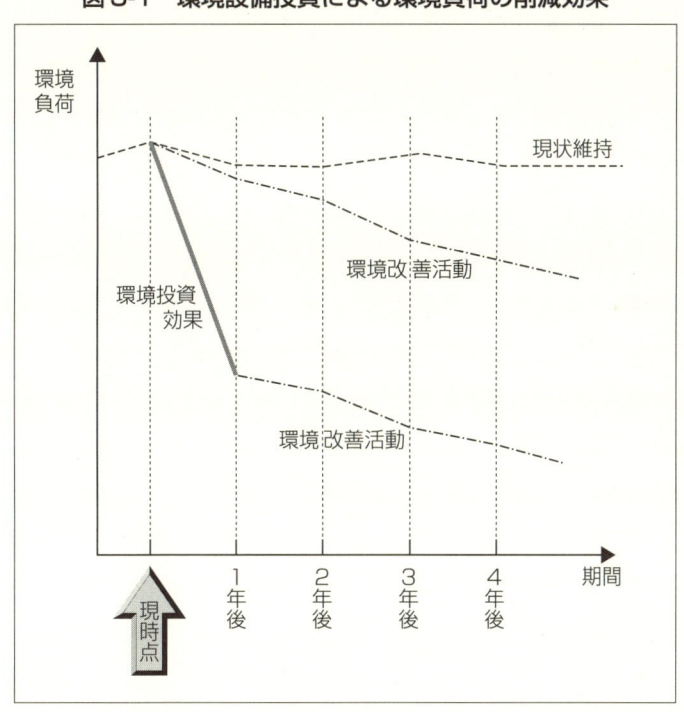

図5-1　環境設備投資による環境負荷の削減効果

例えば、数棟の建物からなる工場を持つ事業所に、省エネタイプの空調装置を導入することを考えよう。その地域全体をカバーするコジェネシステムを一挙に導入するというプランと、建物ごとに順番に省エネタイプの空調装置を導入して3年間で完成させるというプランが考えられる。この場合も、省エネ目標のレベルや経済性に加えて、設備の選択の際には、目標の緊急度が考慮されねばならない。

(2) 経済性基準の多様性

環境側面の中には、法規制あるいは業界での標準（例えば自主規制目標など）を満たすために一定の目標水準を達成することを義務づけられる場合がある。このような状況では、最も安いコストで必要な環境対策を実施できる設備投資プロジェクトを選択するのが、一つの解と考えられる。環境設備の初期投資額のみを考慮して設備の意思決定が行われることも多いようであるが、初期投資額に稼働後の運転費用も加えた総費用（total cost of ownership）を最小化するような考え方が必要である。

ところが、経営者が自発的な環境対策活動を企業活動の一環として認識し、組織として環境マネジメントに取り組むという合意が形成されると、企業活動のさまざまな局面で環境負荷を減少させる可能性が検討される。とはいえ、環境負荷の削減を最優先の企業目標と位置づけているわけではないので、他の企業目標、とりわけ利益目標を犠牲にしないという条件のもとで、環境設備投資プロジェクトの採否が決められる。この段階での環境設備投資プロジェクトの評価は、初期の環境投資額とその投資によって節約される将来のコスト低減との比較に基づいて、長期的な視点で投資が回収可能なものを優先することが基本となる。例えば、省エネ投資の場合には、省エネ設備を導入するための初期投資額に対して、将来節約可能な電力料を対比することによって、その投資プロジェクトの採算がとれるかどうかを判断する。

このように、環境設備投資の経済性を評価する考え方には、コストミニマムを

目標と考える場合と、採算性を目標とする場合が存在する。

(3) 環境目標の多様性

環境マネジメントを実行している企業は、複数の環境目標を掲げている。例えば、大気汚染問題への対応、排水の水質管理、廃棄物管理、騒音対策など、少ない場合で3項目、多い企業では5項目以上の環境目標を環境報告書などに発表している。したがって、環境設備投資を決める際にも、これら異なる方向性を持つ複数の目標をバランスよく追求する配慮が必要となる。

多くの企業では、環境マネジメントにさける人的資源や資金は限りがあるので、まず、より少ない資源で高い環境負荷削減効果のある設備を選択する必要がある。さらに、特定の環境目標に資金が集中することがないように、設備投資全体としての環境目標への資金の配分を考慮する必要がある。

したがって、環境設備投資の決定は、異なる環境目標に対して、会社全体の観点から資源を最適に配分するという考え方も取り入れる必要がある。

4　設備投資の経済性計算

● 経済性評価の手法

環境に配慮した設備投資に限らず、設備投資プロジェクトの経済性を評価するための方法として下記のような方法が知られている。

a. 最小費用法（minimum-cost method）
b. 投資利益率法（ROI method）
c. 回収期間法（pay-back period method）
d. 正味現在価値法（net-present value method）
e. 内部利益率法（internal rate of return method）
f. 利益指数法（profitability index method）

これらの方法の中で、a.～c.は古くから実務でよく使われていた方法であるの

に対し、d.～f.は資金の時間価値の考え方に基づく**割引現在価値法**という計算を使って、設備の耐用年数全体にわたる経済価値を計算しようとした理論的な方法である。1980年代までの日本企業では、b.やc.が多く使われ、d.やe.はほとんど使われていないといわれていた。しかし、金融の分野で割引現在価値法がよく使われるようになると、他の分野でも割引現在価値法のメリットが理解されるようになった。1990年代の調査によれば、日本の大企業の30パーセント程度が、d.やe.を利用しているというデータをが得られている。

ただし、「設備投資計算」に代表されるような長期のプロジェクトの経済性を評価するための唯一の正しい方法はまだ見つかっていない。上記のように数種類の方法が並列的に教科書に書かれているのは、どの方法も長所もあれば短所もあり、一つの方法にだけ頼ることができないからである。投資計算の実務では、複数の方法を使って投資プロジェクトの経済性を計算しておき、状況によってどの方法を重視するかを決める場合が多い。

本節では、それぞれの経済性評価の方法について、計算方法のポイントと長所・短所を簡単に紹介し、複数の評価方法を使い分ける手掛かりを提供したい。

a. 最小費用法（minimum-cost method）

名前のとおり、投資コストが最小の投資案件を最適なプロジェクトとして選択する考え方である。法令による規制や達成目標などをクリアするために、投下資金が回収できない（つまり経営にとってコスト負担になる）と分かっていても実行しなければならない義務的設備投資の選択を考える場合に有効な考え方である。

実務では、しばしば設備の購入費用のみをみて、要求水準を満たす投資案の中で購入費用が最も安いものを選択する場合があるが、これは正しい選択方法とはいえない。設備の購入費用が安くても、設備の運転費用や保全費用が高くつくようでは最小費用の設備を選んだとはいえないからである。本当にコスト負担の最小化を追求するならば、設備の導入の際の費用以外に、設備利用期間に発生する運転費用、保全費用などに加えて、設備の利用を終わった後の設備廃棄費用なども含めて、設備のライフサイクル全般にわたる総費用（total cost of ownership）

の最小化することが重要だといわれている。

設備のライフサイクルコストの内容は、次の項目から構成される。
　①設備の購入費用（代価プラス据付費、検査費など）
　②運転開始前に必要な試運転、材料や消耗品の在庫の確保などの費用
　③運転費用（設備の運転に必要な材料費、人件費、エネルギー費など）
　④設備保全費用
　⑤設備利用終了後の廃棄費用（設備の売却によって収入がある場合には、それを控除する）

設備のライフサイクルコストを計算するときに、運転費用に減価償却費が含まれていないことを確認しなければならない。減価償却費は、設備の取得原価（購入費用）を設備利用期間に配分したものであるので、①で購入費用を計上した上に、③の運転費用にも減価償却費が含まれていると、①〜⑤のコストを合計した数値には、設備の購入費用が二重に含まれることになるからである。

b. 投資利益率法（ROI method）

新たに導入した設備を利用することによって何らかの利益を得る場合には、設備への投下資金の規模に対する利益の金額の割合である投資利益率（ROI：return on investment）を求め、投資利益率の高い設備投資プロジェクトを採用する考え方である。

$$投資利益率 = \frac{設備の利用による1年間の利益}{設備購入費用 + 運転に必要な材料・消耗品等} \quad (1)$$

設備投資の利用によって得られる利益には、収入を伴う通常の利益以外に、設備導入前と比べたコスト節約を含めることができる。また、設備の利用期間中に年度ごとの利益が変化する場合には、毎年の投資利益率を求めた上で、平均投資利益率によって設備投資プロジェクトの採算性を判断することが望ましい。

工場や事業部の財務成績を投資利益率でみる会社が多いので、設備投資プロジ

ェクトの投資利益率を求めることは、ある設備を導入すればその事業部（または工場）の資本利益率がどの程度変化するかという情報をもたらすことになる。したがって、利益計画にリンクしやすい指標として、投資利益率はよく使われる。

しかし、このような使い方をすると、投資利益率が高く業績が良い事業部（または工場）では、設備投資プロジェクトの投資利益率がかなり高い水準でも、事業部の投資利益率より低い場合には、事業部の利益率の引き下げ要因になると敬遠され、逆に、業績が悪い事業部では、ほんの少し投資利益率が高い設備投資プロジェクトでも喜んで採用したがる、という逆転現象が指摘されている。

c. 回収期間法（pay-back period method）

回収期間とは、設備の利用によって得られるキャッシュフローによって初期投資額を回収できる期間のことである。回収期間が短い設備投資プロジェクトが、採算性が高いプロジェクトであると考えるのであるが、実用では、あらかじめ基準となる回収期間を決めておき、その基準よりも回収期間が短い設備投資プロジェクトを採択し、回収期間が長いものを棄却するという方法を採ることが多い。

$$\text{回収期間} = \frac{\text{設備購入費＋運転に必要な材料・消耗品等}}{\text{設備の利用によるキャッシュフロー（年平均）}} \quad (2)$$

この方法も、日本企業で古くから使われてきた簡便法である。簡単に計算できることと、回収期間が短いプロジェクトはリスクが低い（安全性が高い）という理由で、比較的広く使われてきた。しかし、回収期間以後の設備の利用を反映していないので、回収期間直後に廃棄される設備も、回収期間の2倍も使用される設備も、採算性は同じと考えられる点が厳密さを欠くと批判されている。

d. 正味現在価値法（net-present value method）

これまでの三つの方法では、異なる時点で生じる収入や支出を単純に加算・減算していた。この項目からは資金の時間価値という考え方を採用した投資プロジェクトの評価方法を紹介する。「資金の時間価値」とは、例えば現時点で1万円

を投資して、1年後に1万円を回収したときに、損失も利益もなかったと考えるのではなく、1年間資金を拘束したのだから1万円を超える金額を回収しなければ、損失になるという考え方である。

　もし、今すぐ現金で払ってくれれば1万円でいいけれども、1年間支払を待つとすれば1万1千円受け取らないと割が合わないと、ある人が考えているとする。このとき、1年後に受け取る1万1千円の現在価値は1万円であるという。1年後の1万1千円と現在価値1万円との差を比率で表したものを資本コスト（cost of capital）と呼び、次のように計算される。

$$\text{資本コスト} = \frac{1\text{年後の収入（支出）} - \text{現在価値}}{\text{現在価値}} \tag{3}$$

　上記の(3)式を変換すれば、将来の収入や支出から現在価値を導く次の式が導かれる。

$$\text{現在価値} = \frac{1\text{年後の収入（支出）}}{1 + \text{資本コスト}} \tag{4}$$

　将来の収入や支出に対する現在価値の関係は収入や支出が実行されるまでの時間（t）に依存すると考えられている。つまり、2年後に受け取る1万1千円の現在価値は、1年後に受け取る同じ1万1千円の現在価値1万円より低い数値になるべきであると考える。このことから、(5)式が得られる。

$$\text{現在価値} = \frac{t\text{年後の収入（支出）}}{(1 + \text{資本コスト})^t} \tag{5}$$

　このように、将来の支出や収入を現在価値に換算する方法を割引現在価値法

(discounted cash flow method) と呼ぶ。割引現在価値法を、設備投資の経済性評価に応用したものが、正味現在価値法（NPV法）である。

例えば、ある機械を保有することによって、将来3年間にわたって毎年100万円の収入が期待できるとしよう。単純化のために、機械の運転に必要な諸費用の支払いはゼロ、収入は毎年度末に入金されるものと考える。この機械を保有することによる経済的利益は、1年目の収入100万円の現在価値と、2年目の収入100万円の現在価値、そして3年目の収入100万円の現在価値を合計したものであると考えることができる。したがって、この機械の現在価値は下の(6)式で表される。

$$現在価値 = \frac{1,000,000円}{1+資本コスト} + \frac{1,000,000円}{(1+資本コスト)^2} + \frac{1,000,000円}{(1+資本コスト)^3} \quad (6)$$

資本コストが5％であるとすれば、(6)式より機械の現在価値は約272万円となる。資本コストが正の値をとれば、現在価値は将来の収入の単純合計よりも小さいものとなるはずである。

いま、この機械を購入するための費用（購入代価に、購入者が負担しなければならない付随費用を加えた金額）が240万円かかるとすると、将来の収入を考えれば272万円の現在価値がある機械を、いま240万円の支払いをすることによって購入することができるのであるから、機械の購入は有利な投資ということになる。もし、購入費用が現在価値の272万円を超える場合には、この機械の購入は高すぎる投資ということになる。

このような投資の採算性を明確に示すために、初期投資額（機械の場合には購入費用）と将来の収入（キャッシュフロー）の現在価値の差額を、**正味現在価値**（NPV：net present value）と呼ぶ。NPVは投資の経済的利益を表すので、NPVが正の値をとる投資は有利な投資であり、負の値をとる投資は不利な投資であると考えられる。また、複数の投資プロジェクトを比較する場合には、ＮＰＶが大

きなプロジェクトが採算性が高いと考えられる。

$$NPV = \frac{CF_1}{(1+k)} + \frac{CF_2}{(1+k)^2} + \cdots + \frac{CF_n}{(1+k)^n} - I_0 \qquad (7)$$

　NPVを使う場合の課題は、将来のキャッシュフローの正確な予測と資本コストの水準の決定であるといわれている。これらの問題は、e. 内部利益率法やf. 利益指数法の計算にも共通する課題であるので、以下であらためて説明する。

e. 内部利益率法（internal rate of return method）

　内部利益率法は、正味現在価値法と同じ数式を使い、NPVがゼロになるような割引率を探索的に求める方法である。つまり、上記の（7）式の左辺をゼロと置き換え、右辺の各項の分母にある割引率を未知数と考える。一定の初期投資額I_0と将来のキャッシュフロー収入CF_iを前提に、それらのNPVがゼロとなるような割引率$\bar{k}$を**内部利益率**（**IRR**：internal rate of return）と呼ぶ。

$$0 = \frac{CF_1}{(1+\bar{k})} + \frac{CF_2}{(1+\bar{k})^2} + \cdots + \frac{CF_n}{(1+\bar{k})^n} - I_0 \qquad (8)$$

　正味現在価値法は、資金の時間価値の考え方に基づく割引現在価値法を投資プロジェクトの経済性計算に、そのままの形で適用した方法なので、比較的理解しやすい方法であると考えられている。しかし、投資プロジェクトのNPVは投資規模に依存することが知られている。

　つまり、初期投資額10億円の投資プロジェクトAのNPVが1億円であったとする。これに対して、初期投資額3億円の投資プロジェクトBのNPVが5千万円であったとすれば、NPVが大きいからという理由でプロジェクトAを選択することが正しい解であるとは限らない。正味現在価値だけを見ていたのでは、大規模で必ずしも効率的でない設備を採用する可能性を排除できない。そこで投資規模による影響を排するために投資プロジェクトの利益率を計算しようとする試みが出てきた。これが、内部利益率法や利益指数法である。

内部利益率法は、(7)式の左辺(NPV)がゼロになるような資本コストを探索的に求めたものである。同じ投資規模ならば、将来キャッシュフローが大きくなればIRRも高くなる。しかし、初期投資額と将来キャッシュフローが同じ比率で大きくなったとしても、IRRは変化しないが、NPVは比率に比例して大きくなる。

また、内部利益率法の計算は、事前に資本コストを決める必要がないという利点を持つ。投資プロジェクトの意思決定に利害の対立する関係者が関与する場合に、資本コストの決定は複雑で困難な課題となる。例えば、銀行から融資を受けて設備投資を行う場合、投資を実行する企業側が考える資本コストと、融資を行う銀行側が考える資本コストが大きく食い違う場合がある。このようなときに、資本コストを決めなくてもプロジェクトの経済性について一応の指標を計算できるIRRは、議論の出発点として都合がいいわけである。

IRRは、一つの数式では表現できず、探索的に求める計算手続きが、他の方法に比べて難しいと思われてきた。しかし、欧米では、100ドル前後の財務計算用電卓がよく使われており、ほとんどの財務計算用電卓はIRRを計算する関数がついている。また、最近のパソコン用表計算ソフトにも、IRRを計算する関数が標準で組み込まれており、計算上の難しさはほとんど問題にならなくなっている。

f. 利益指数法(profitability index method)

利益指数法は、初期投資額に対するNPVの割合を示す**利益指数**(**PI**：profitability index)を使って投資プロジェクトの経済性を比較する方法である。PIは、次の式で求められる。

$$利益指数 = \frac{正味現在価値(NPV)}{初期投資額} \tag{9}$$

利益指数法も、投資規模が大きく異なる投資プロジェクトを比較できる点が長所である。通常の会社では、設備投資予算が設定され、1年間の投資額に上限が

設けられる例がよく見られる。そのような場合に、決められた投資額の枠内で最大のNPVを得るための投資プロジェクトの組み合わせを求めるには、PIの大きな順に投資プロジェクトを採用すればいいのである。

　上述のように、投資プロジェクトの経済性評価の方法は複数の手法が提案されているが、それぞれは、異なる特徴を持っている。紹介した六つの手法の中で、内部利益率法が最も理論的に緻密な計算方法であると考えられるが、採算のとれない投資プロジェクトに対してはIRRの計算ができないことがある。また、たとえ計算上の答えが求められても、負値のIRRは実際的な意味はない。

　環境設備投資には、採算がとれなくても実行しなければならない種類のものがある。例えば、投資プロジェクトの代替案が、A、B、C、と三つある。どれも赤字のプロジェクトであることが分かっているが、それらの中で経済的に最も有利なものを選んで実行しなければならないとき、内部利益率法は使えない。その場合には最小費用法が最も適切な経済性評価の方法である。

　先に紹介した日本企業の投資意思決定に関する実態調査においても、投資意思決定に際して、複数の経済性評価方法を併用する企業が最も多かったことが報告されている。

5　経済性計算に必要なデータの収集

●キャッシュフローと資本コスト

　前節で紹介した方法の多くは、割引現在価値法を応用した計算を行っている。したがって、これらの方法を実行するためには、将来の**キャッシュフローの予測**を行うとともに、**資本コスト**の水準を決めなければならない。

　まず、資本コストの水準の決定については、資本の調達形態別に考えるのが標準的な方法である。借入金の資本コストや社債の資本コストの計算は比較的簡単にできるが、株式市場で調達される自己資本については、自己資本コストを計算

する合理的な方法はまだ開発されていない。実務上は、それぞれの企業の資本調達の状態を考えて、会社ごとに決めているのが実状である。

将来のキャッシュフローの予測については、設備の稼動状況が予測できれば、それに伴う運転費用（キャッシュアウトフロー）の予測は比較的正確にできるといわれている。問題は、稼動水準を予測することの困難さである。企業の将来の

表5-2 経済性評価入力シート

①初期投資額		設備取得原価	設備関連支出	運転資本	旧設備処分額
②各期業務キャッシュフロー					
収益（直接的に認識できる金額）					
直接材料費	原材料費			その他	
直接労務費	直接工賃金			その他	
間接費	設備消費光熱費			有害物質処分費	
	環境基準認可・保証業務コスト	環境基準達成監視コスト	環境関連試験コスト	環境関連業務担当者訓練コスト	
③投資終了時キャッシュフロー	運転資本回収額	設備売却キャッシュフロー	売却の税金への影響額		
④資本コスト		⑤設備耐用年数			

出典：産業環境管理協会（2003）p.191

売上高や生産高、取り扱い製品の種類などが計画されていれば、環境設備がどの程度の稼動水準になるのかを予測することができるが、現状では、多くの前提条件を固定して単純化している場合が多い。

　また、外部からのキャッシュインフローだけではなく、コストの削減も利益になることに注意すべきである。例えば、省エネ投資により会社で消費する電力料が月当たり500万円から300万円に節約できることが分かったとしよう。今まで、毎月500万円ずつ電力会社に支払っていたコストのうち、毎月200万円を支払わなくてよくなるのであるから、このコスト低減は、毎月200万円の収入が増えたのと同じ効果を持つ。特に、環境配慮型設備の場合には、その設備の運用によって収入が発生したり、増加することは少ない。多くの場合、消費エネルギーの節約や廃棄物の削減による廃棄費用の節約など、コスト削減による利益向上の効果が大きいので、コスト削減の大きさを金額で把握することが大切である。

　環境設備投資の経済性評価を最小費用法で行う場合も、正味現在価値法や内部利益率法を使う場合も、計算の基礎となる入力データには共通部分が多い。必要なデータのリストを予め準備しておくと、データの取りこぼしや二重集計を避けることができる。表5-2は、経済性評価に必要な入力データを整理した入力シートの一例である。

6　環境設備投資による環境目標の達成

●環境効果性指標

　環境設備投資は、特定の環境目標を達成するために行われるものである。一方で、1年間に環境設備への投資に回せる資金の量は限られていて、多くの企業では設備投資予算の中で投資資金の予算枠を決めている。また、他方では、企業が掲げている環境目標も、地球温暖化ガス排出の削減、排水の水質改善、廃棄物の削減やリサイクルなど、さまざまなものがある。このような状況のもとで、限られた投資資金を多様な目標に有効に割り当てることが、環境設備投資の意思決定

には求められている。

多くの企業では、環境設備投資プロジェクトは、その設備がどのような環境目標を主たる対象としているかという観点から、目標の種類別にグループ化され、その中で設備投資プロジェクトの順位付けが行われる。このとき、設備投資プロジェクトの経済性も順位付けの重要な観点になるが、限られた予算の中で、どこまで環境目標を達成できるかという観点も必要である。このとき、投資規模に対する環境負荷の改善量の割合が投資プロジェクト選択の一つの指標となる。この指標を**環境効果性指標**と呼び、次の式で表される。

$$環境効果性指標 = \frac{環境負荷低減効果}{設備の初期投資額} \quad (10)$$

環境効果性指標の分母には、設備の購入費用だけでなく、設備の運転開始までに必要なすべての付随費用も含めるべきである。

環境効果性指標を用いることは、限られた設備投資予算の中で高い環境目標の達成度を実現するための一つの方法である。しかし、経済的観点からみて採算性が高い投資プロジェクトや、環境負荷改善効果が高い投資プロジェクトを優先して採用すれば、特定の環境目標に関連するプロジェクトに集中して環境設備投資が行われ、効果を出しにくい環境目標への設備投資がおろそかになる心配がある。したがって、複数の環境目標のそれぞれについて目標達成度を計画し、特定の環境目標に設備投資が偏らないように配慮すべきである。

(2) 環境設備投資の対象となる環境目標

環境効果性指標の分子にくる環境負荷削減量は、環境目標の種類ごとに異なる尺度で測定されるので、環境目標に対応して環境効果性指標も複数の指標が準備されなければならない。環境パフォーマンス評価区分に従えば、地球的な広がりで課題になる環境目標として次のような項目を挙げることができる。

①再生不能エネルギー使用量　　②清水取水量

③温室効果ガス排出量　　　　④オゾン層破壊物質排出量
　　⑤廃棄物の総排出量　　　　　⑥有害化学物質使用量

　これ以外に、地域的な環境目標として、騒音、臭気の排出、廃熱などの抑制が課題となることがある。

　環境への効果面、すなわち、環境負荷削減効果に関しても、評価シートを作成することが有効である。その一例を表5-3として示した。そこでは、目標水準のみならず、設備投資の耐用年数全体での環境への効果性を明示することができれば、設備投資決定の質は一層向上するであろう。

表5-3　効果性評価入力シート

投資案件コード		環境設備投資案件名					
設備投資案の概要							
投資優先度ランク	A・B・C	投資優先度の根拠					
目標水準の計算期間		計算で用いる運用期間					
環境負荷項目	目標水準	①初期投資時	②設備運用時	③運用終了時	ライフサイクル全体 ①+②+③	1年当たりへの換算量/年
再生不能エネルギー使用削減量						
清水取水削減量						
温室効果ガス排出削減量						
オゾン層破壊物質排出削減量						
廃棄物等排出削減量						
有害化学物質使用削減量						
※投資規模						

出典：産業環境管理協会（2003）p.191

7 環境設備投資決定の総合的プロセス

● 組織内コミュニケーションの役割

ここまで、説明してきたように、環境設備投資の意思決定は、投資プロジェクトの経済性と環境効果性を同時に考える必要があることや、複数の環境目標の間で目標達成度に大きな不均衡が出ないように配慮する必要があることなど、多面的な評価が必要な問題である。このような複合問題を一挙に決める合理的な手法は、まだ開発されていない。多くの企業では、多段階の意思決定プロセスを準備し、その中で探索的にすべての観点を満足させる解をみつける方法をとっている。

図5-2 環境設備投資決定の総合的意思決定プロセス

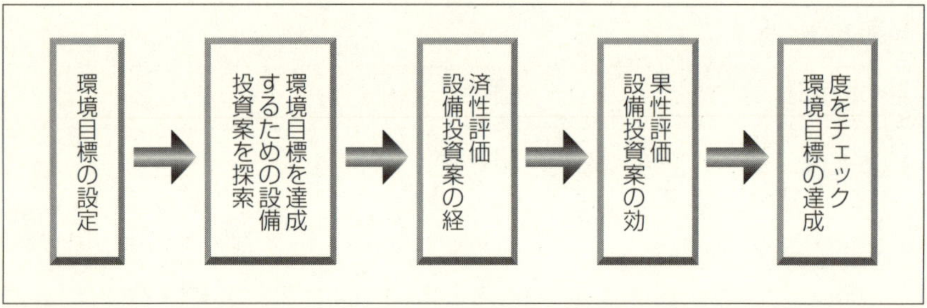

環境目標の設定 → 環境目標を達成するための設備投資案を探索 → 設備投資案の経済性評価 → 設備投資案の効果性評価 → 環境目標の達成度をチェック

設備投資の意思決定プロセスの中では、立場が異なる複数の人間が関与する。多くは、同じ会社の従業員であるが、ときには組織外の人間が関与することもある。設備投資の融資を行う銀行の担当者や、設備の運用をアウトソーシングする場合の委託先の会社が関与することもある。また、同じ会社の従業員であっても、財務部門の人間と生産部門の人間、環境対応部門の人間では、目的意識が違うので評価の基準が異なる。環境設備投資の決定は、一つの絶対的に正しい評価基準に基づいて行われるのではなく、多くの立場が違う利害関係者の評価を調整した結果としてたどりつく結論である。

このような複雑なプロセスを経て行われる設備投資意思決定に対して、前節で紹介した設備投資案の経済性評価指標や効果性評価指標は、ダイレクトに解を求

めるための手法ではなく、立場が異なる関係者が各自の視点からみた設備投資案への評価を他の関係者に伝えるためのコミュニケーションの手段として用いられることが多い。

　本章の冒頭で紹介したように、日本企業における環境設備投資の当面の問題は、投資案による環境目標の改善効果と経済性効果のどちらか一方しか、公式の意思決定プロセスに取り入れていない点である。経済性評価指標と環境効果性指標とを統合的に表示する報告書の一例を表5-4に示す。このような報告書を投資意思決定のための標準情報として利用することによって、環境設備投資に関する部門間のコミュニケーションを促すことが期待できる。

　組織内コミュニケーションの活性化が、環境設備投資のよりよい選択をもたらし、また、設備導入後の効率的な運用にも貢献すると仮定するならば、環境設備投資を支援する管理会計システムは、立場が異なる関係者の評価を表現できる豊富な測定尺度を持ち、目的に合わせてそれらを使い分けることができるものになる必要があるであろう。

　　　　　　　　　　　　　　　　　　　　　　　　　（小倉　昇）

第1部 環境管理会計の体系と手法

表5-4 環境設備投資プロジェクト比較表

事業所名 ○○○事業所　　年度 ___

			101	102	103	104	105	106	107	108	109	合計
投資家コード			101	102	103	104	105	106	107	108	109	合計
環境設備投資案			○○○設備	○○○設備	○○○設備	○○○設備	○○○設備	○○○設備	○○○設備	○○○設備	○○○設備	
環境投資優先度ランク			A	A	A	B	B	B	C	C	C	
経済性	初期投資額（百万円）											
	各年度のキャッシュフロー（百万円）											
	投資終了時のキャッシュフロー（百万円/年）											
	キャッシュフロー合計（百万円/年）											
	投資コスト（％）											
	設備耐用年数（年）											
経済性評価	回収期間	順位										
	投資利益率 ROI	順位										
	正味現在価値 NPV	順位										
	内部利益率 IRR	順位										
	投資効率指数 PI	順位										
効果性評価	再生不能エネルギー使用削減量	環境投資効率										
		1年当たりの環境負荷削減量											
	清水取水削減量	環境投資効率										
		1年当たりの環境負荷削減量											
	温室効果ガス排出削減量	環境投資効率										
		1年当たりの環境負荷削減量											
	オゾン層破壊物質排出削減量	環境投資効率										
		1年当たりの環境負荷削減量											
	廃棄物等排出削減量	環境投資効率										
		1年当たりの環境負荷削減量											
	有害化学物質使用削減量	環境投資効率										
		1年当たりの環境負荷削減量											

出典：産業環境管理協会（2003）p.192

第6章 環境配慮型原価企画

1 はじめに

　環境問題の深刻化に伴い、民間企業が支出する環境対策費及び環境関連費（以下、まとめて環境コスト）は今後ますます増加するものと予想される。そのせいであろうか、昨今では、環境問題はしばしば経済問題として議論されるようになってきた。

　もっとも、経営者の中には、環境問題は一過性のものという考え方も根強く残っている。他方では、ある程度コストを度外視しても環境保全活動に真剣に取り組むべきといった声も聞かれるが、景気低迷が続く中、企業自らが負担し得る支出額には限界がある。それだけに、企業の利益目標から導かれた一定のコスト制約下で、環境保全対策の推進や環境配慮型の製品設計・開発手法である**環境適合設計**（DfE：Deign for Environment）のあり方を展望することは重要と思われる。

　特に、製品設計・開発の仕方いかんで製品の**ライフサイクルコスト**の大半が決まってしまうことを考えるなら、この段階において環境負荷の低減に結びつく大胆な施策を打ち出すことが重要かつ効果的である。しかしながら、製品の設計・開発プロセスは同時にコスト削減の可能性を極限まで追及する場でもある。事実、我が国の加工組立型産業に属する多くの企業では、販売価格を所与とした上で、そこから目標利益を控除して求められる許容原価をもとに目標原価が決定され、これを実現すべく設計・開発段階で徹底的にコストを作り込む**原価企画**が実践されている。

　この原価企画は、決してDfEを阻害するものではないが、わずか1円にもみた

ないボルト1本あるいは抵抗器一つがコストダウンの対象とされるような激しい競争下にある我が国では、環境配慮に十分な資金や経営資源が当てられていないのが現状である。また、売価を上げるという選択肢なしに、環境コストの内部化を検討していくことも極めて困難である。そして、この困難さゆえに、DfEと原価企画との間にはさまざまな局面でトレードオフが生じてくるのである。

とはいえ、企業はコストを度外視してまで環境保全にまい進できないし、当然ながら原価企画を否定するわけにもいかない。そのため、この原価企画そのものを環境配慮型に転換させる可能性を検討することが、当面の最重点課題の一つとなっている。

特に、「再生資源の利用の促進に関する法律」における指定省資源化製品（自動車、パソコン、家電など）を製造する企業にあっては、待ったなしの対応が望まれる。

本章では、上記の課題にチャレンジすべく、**環境配慮型原価企画**の実現を図る上で、検討を要する課題を明らかにしていく。なお、ここで、「環境配慮型」と強調するのは、それが既往の活動を超えた取り組みを要求する反面、ある種特別なプロジェクトとして推進される性格のものではなく、あくまでも経常的なコストマネジメントの一環として実践され、当該活動自身の革新を迫るものであるからである。

2 環境配慮型原価企画の意義と課題

● ライフサイクルコストの決定要因

前述のように、製品のライフサイクルコストの低減は、製品の開発・設計段階を中心に実施しなければ大きな効果は期待できない。それだけに、この段階で原価の革新的な低減を目指す原価企画においても、製品の製造コストのみならず、広くライフサイクルコスト全般を視野に含めたプランニング・アンド・コントロールが求められる。

実際、原価企画の対象となるコストも、理想的には環境コストやその他の社会的コストを含むすべてのライフサイクルコストであるといわれている（田中、1992、p.2）。しかし、現実には、製造者の見地からのみライフサイクルコストをとらえているメーカーがまだまだ多いのが現状である。

　このように、原価企画においてライフサイクルコストの管理が遅々として進まない背景には、いくつかの原因が指摘できる。なによりも、まず製造コストに比べて、製品の購入後に顧客が支払う使用コストや廃棄コストは、使用条件や環境によって発生額が大きく異なってくるため、予測が困難であるということが挙げられよう。

　図6-1は、製品の設計・開発段階でライフサイクルコストに注目することの意義を強調するとともに、この段階における当該コストの予測と管理がいかに困難であるかを物語っている。

　すなわち、この図には四つの異なる曲線が示されている。最上段に位置するライフサイクルコストの確定割合を示す曲線は、文字どおり、製品のトータルコストがライフサイクルのどの段階でどれだけ確定するかを示すものである。そして、

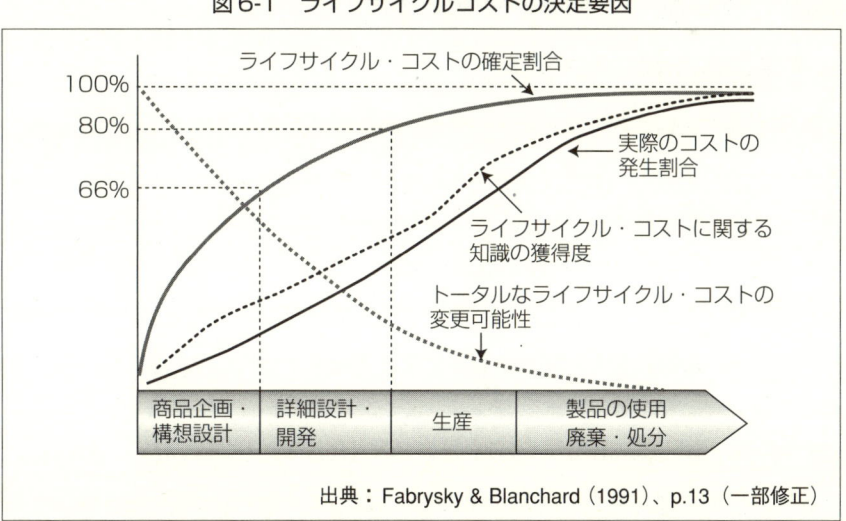

図6-1　ライフサイクルコストの決定要因

出典：Fabrysky & Blanchard（1991）、p.13（一部修正）

図から明らかなように、トータルコストは生産準備段階までに実に80％が確定してしまうのである。これに対し、実際のコストの80％の発生が認められるのは、製品販売後かなりの時間を経過してからである。したがって、両者の間には相当なタイムラグが存在する。

次に、点線で示した他の二つの曲線であるが、一つはトータルコストがいかほどの金額になるかを、どの時点で正確に把握できるかを示している。また、他のもう一つの曲線は、このトータルコストを、何らかの施策を通じてどの時点でどれだけ変更できるかを示すものである。そこで、この図から分かることは、第一に、製品開発の源流にさかのぼればさかのぼるほど、ライフサイクルコストの管理及び低減の効果は大きいということであり、第二に、それとは反対にその源流にさかのぼればさかのぼるほど、ライフサイクルコストの予測ないし見積りは困難さを増すということである。それゆえに、環境配慮型の原価企画を標榜するのであれば、このジレンマをいかに克服するかが最大の課題となるといってもよいであろう。

3 環境配慮型原価企画の実現可能性

● 原価企画の展開ステップ

原価企画においてライフサイクルコストの管理が困難とされるほかの背景としては、このアプローチ自体の基本的な性格が指摘できる。この点を明確にするために、原価企画の展開ステップを振り返ってみることにしよう。

図6-2は、原価企画の一般的な展開のステップを図示している。原価企画は商品企画段階からスタートする。この段階では、新製品の基本的なコンセプトが検討された後、目標とする品質水準と予定売価が提案され、この予定売価から目標利益を先取りして求めた許容原価をベースに、**目標原価**（若干の調整が行われる場合もある）が設定される。

また、この目標原価は、製品の機能別、部品別に細分され割り付けられてい

図6-2　原価企画のステップ

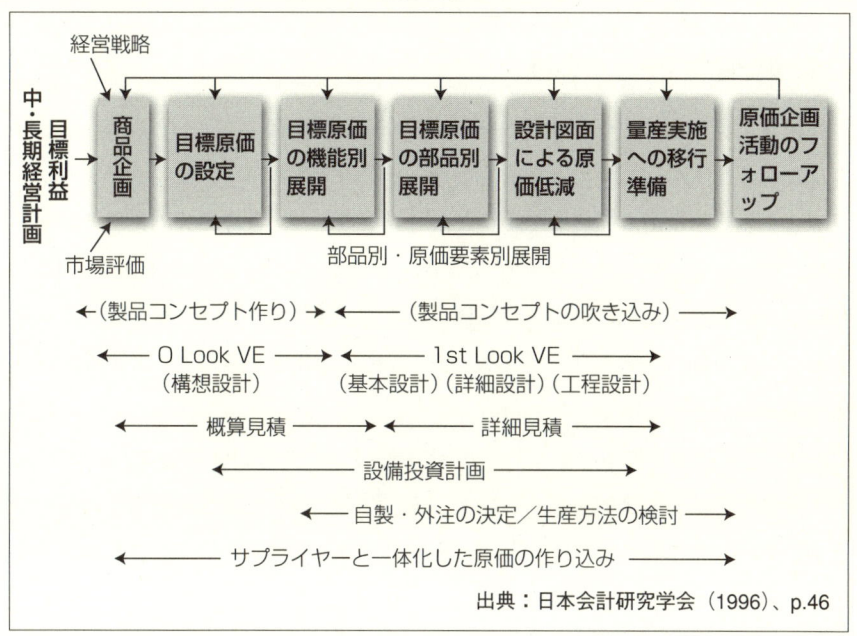

```
中・長期経営計画 ─┬─ 経営戦略 ─────────────────────────┐
                 │                                           │
                 ├→ 商品企画 → 目標原価の設定 → 目標原価の機能別展開 → 目標原価の部品別展開 → 設計図面による原価低減 → 量産実施への移行準備 → 原価企画活動のフォローアップ
                 │            ↑
  目標利益 ──────┘         市場評価
```

部品別・原価要素別展開

←（製品コンセプト作り）→　←（製品コンセプトの吹き込み）→

← 0 Look VE →　← 1st Look VE →
（構想設計）　　（基本設計）（詳細設計）（工程設計）

← 概算見積 →　← 詳細見積 →

← 設備投資計画 →

← 自製・外注の決定／生産方法の検討 →

← サプライヤーと一体化した原価の作り込み →

出典：日本会計研究学会（1996）、p.46

く。そして、この細分割り付けされた目標原価が、各設計者が設計・開発プロセスを通じて実現すべき達成水準となる。

　なお、この図では必ずしも明確ではないが、製品開発の各節目で、品質に関する評価・検証である **DR**（Design Review）とコストに関する評価・検証である **CR**（Cost Review）を通じて、マイルストーン管理が実践される点も、原価企画の特徴である。

　原価企画は、もともと低成長の時代をにらんで、限られた原資の中からいかにして利益を確保していくかという発想を基礎にしている。したがって、CRにウエイトが置かれることも少なくない。そのことから、原価企画は目標原価を制御基準とするコスト主導型の製品開発と特徴づけてきた。したがって、環境配慮型の原価企画へと脱皮するためには、まずはこうしたイメージを払拭するとともに、設計者はもちろんのこと、当該活動にかかわるすべての人々の意識をも変えてい

く必要があろう。

● 環境配慮型VEへの転換

　組織構成員の意識改革だけで、原価企画が環境配慮型のそれへと変われるわけではない。当該活動を支える実践的なツール面の変革も不可欠な要素である。

　原価企画が伝統的な原価管理手法と最も異なる点は、目標原価の実現プロセスで**VE**（Value Engineering）などの工学的な手法が活用されることである。事実、機能別及び部品別に割り付けられた目標原価は、現行のパラメータをもとに算定された見積原価（成行原価）と比較され、VE的な分析を通じてその低減のための施策が検討されていく。

　ここでVEとは、製品やサービスが持つ**価値**を次のように**機能**と**コスト**に分け、この両者の関係から価値を高めるにはどうしたらよいかを検討するアプローチのことである。すなわち、機能を上げようと思えばコストがかかり、またコストを下げれば機能が低下するといったように、機能とコストは、一般にトレードオフの関係にある。しかし、VEでは機能とコストの両方を考慮して、結果において価値を高めるような改善の仕方を工夫していく。

$$価値（V）= \frac{機能（F）}{原価（C）}$$

　多くの企業で、このVEの対象とされているのは購入部品費や材料費、さらには外注加工費などの変動費で、設計や仕様、工法の変更はもちろん、製品の基本コンセプトの変更までも検討の対象とされる。なお、設計段階（基本設計、詳細設計、工程設計の各段階）において適用されるVEはファーストルックVE（1st Look VE）と呼ばれ、商品企画段階（商品コンセプトを検討する構想設計段階）で適用されるゼロルックVE（0 Look VE）と区別される。

　いずれにせよ、VEは単に原価の低減のみを目指すのではなく、製品の機能や

消費者にとっての価値（品質）をも同時に高めることを目指す。原価企画が、しばしば開発・設計段階における原価と品質の作り込み活動といわれるのも、まさにこのVE的な考え方や手法に裏づけされているがゆえである。いい換えれば、原価企画の実質的な検討プロセスはVEに負うところが大きいといえよう。そうであれば、VEそのものの考え方やアプローチのあり方が変わらないかぎり、環境配慮型原価企画の実現はおぼつかなくなるといえなくもない。それゆえ、いわば**環境配慮型VE**なるものの可能性も合わせて探究していく必要があろう。

　実際、一部の先進企業では環境問題に対するVEアプローチが大きな成果を挙げつつある。このアプローチの基本的な考え方は次のように表現される（環境VE研究会、1994、p.21）。

$$Vt：総合価値 = Vcs：顧客満足価値 + Vks：環境満足価値$$
$$= \frac{Fcs：顧客満足機能}{Ccs：使用コスト} + \frac{Fks：環境満足機能}{Cks：環境対策コスト}$$

　上式中、環境満足機能（Fks）は、実質的に環境負荷の大きさによって評価されるが、一般的なVE検討の場合と同様に、この機能部分を貨幣的なスケールで表現する必然性はなく、LCAの測定値をそのまま用いればよい。一方、この分析を意義あるものとするためにも、環境対策コスト（Cks）には関連する支出を長期的な視点から測定しておくことが重要である。そして、この環境VEでは、Fksの目標値あるいは一定値をいかに低コストで実現するか、あるいは特定のコスト制約のもとでFksを増大もしくは最大化するにはどうすればよいかを検討していく。これは、通常のVE検討と同じアプローチであるが、両者はときにまったく異なる方向性を示すこともあり得る。

　例えば、リサイクルコストを含む製品の廃棄コストを小さくするには、部品の加工度は一般に低い方が望ましいが、通常のVE的発想ではコストの低減や組付けの容易さを追求して逆に一つの部品に複合機能を持たせるような設計が支持さ

れる（國部、2000、p.58）。そこで、環境VEの実践場面では、環境満足価値（Vks）は顧客満足価値（Vcs）とのバランスを考慮しつつ総合価値（Vt）を向上させるべく、VcsとVksを同じ土俵の上でコンカレント・エンジニアリング的に追求していくのことが必要となる（環境VE研究会、1994、p.21）。

4 環境配慮型原価企画の展開

● 環境配慮型原価企画における検討事項

あらためて指摘するまでもなく、環境配慮型原価企画の目的はライフサイクルコストの最小化である。それだけに、環境配慮型原価企画の第一義的な課題は、まずもってこのライフサイクルコストをいかに正確に把握するかということにあると理解されるかもしれない。というのも、原価企画の対象となる市販製品のライフサイクルコストを正確に把握することは、ユーザーサイドでその使用状況や使用期間等が不確定なことから、通常は極めて困難とされてきたからである。

もっとも、優先されるべきはライフサイクルコストをいかに測定するかということではなく、環境負荷の少ない製品を開発するために、測定された結果をどう製品開発に活かすかということである。仮に、正確にライフサイクルコストを予測できても、それらをゼロにしようと考えるならば、唯一の解決策は製品を一切作らないこと以外にはない。これが、現実的な解決策でないことはいうまでもない。そうであれば、環境負荷の削減に相応のコスト負担が伴う限り、企業は自社の体力を見極めつつ、どこかで妥協点を見いだしていこうとするに違いない。かくして、ライフサイクルコストの正確な把握方法を探究する一方で、企業が一定の利益を確保しつつ、許容されるコストの範囲内で環境負荷の少ない製品をいかに設計・開発していくかが問われなければならない。

この場合、設計者が考慮しなければならないファクターは、分離可能設計、再資源化、原材料使用制限、梱包及び包装の合理化など、多岐にわたる。それだけに、環境配慮型原価企画の実施は設計者に過度の負担を強いることになろう。こ

れを回避するためには、環境に関連する費目については、目標原価の割り付けの対象外として、別途政策的に検討するという措置を考える必要があるかもしれない。いい換えれば、上記の評価項目については、これをどこまで実現するかは与件として設計者に伝えておき、原価企画それ自体の対象から除外するのである。実際、第2部第2章で紹介するIBMではそのようなアプローチがとられ、成果を挙げている。

　ただし、そのようなアプローチを徹底すると、実質的には環境配慮型原価企画そのものを断念ないし放棄せざるを得なくなってしまう。もちろん、コストアップになろうとも環境負荷の低減を優先しようとするなら、原価企画にこだわることはないであろう。しかしながら、これはコストアップ分を他の原価低減策を通じて吸収できるだけの技術力や体力を持つ企業にあっての話である。仮に、コストアップ分を価格に転嫁した場合、代替製品が存在する競争市場にあっては、それは他社製品へのシフトを招くだけで、社会全体からみれば必ずしもプラスの結果をもたらすとは限らない（Walley & Whitehead, 1994, p.49）。

　したがって、多くの企業にあってはこれまでと同様に、企業の利益目標から導かれた一定のコスト制約下で、環境保全対策の推進や環境配慮型の製品設計・開発を支援する測定システムの枠組みを展望していかざるを得ないのである。

● グリーン調達をめぐる論点

　原価企画にあっては、ときとして原材料や部品の調達あるいは購買部門が製品開発のリーダシップを握ることもある。俗に、これは「開発購買」と呼ばれ、安価に購入できる汎用部品をベースとして製品の設計・開発が可能となるように、設計担当エンジニアが購買担当者と一緒にサプライヤーを訪れたりもする。しかし、設計者が裏方に回る製品開発は環境負荷の影響を十分に考慮しないままに進められることも決して少なくはない。

　それだけではない。グリーン調達をめぐる問題も、環境配慮型原価企画のあり方を展望する上では避けて通ることはできない検討項目である。

DfEの必要性が声高に叫ばれるようになるにつれ、これと呼応するかのように、いわゆるグリーン調達が注目を集めるようになった。グリーン調達は、アセンブラーが独自に定めた環境基準をクリアーすることを条件にサプライヤーを選別する制度であり、我が国では、コンピュータや家電、自動車の業界を中心に急速に拡大してきた。これらの業界では、近年、部品の電子化やモジュール化が進み、どんな物質を使っているかが把握できないブラックボックスの部分が増加してきた。そのため、自社の抱えるリスクを最小化したいとの考えがグリーン調達を加速したと考えられる。

　一方、部品メーカーにすれば、完成品メーカー各社の要求基準は統一されておらず、複数の取引先を抱えてその対応に苦慮しているところも少なくない。加えてグリーン調達は、一面においていわば大手企業がガイドラインを守れない中小の部品メーカーを切り捨てることを意味する。我が国の最終消費財メーカー各社は、これまで、Q（品質）、C（価格）、D（納期）を3本柱にして部品メーカーとの取引基準を設定してきた。近年は、これにE（環境）が加わることになったため、従来の取引慣行のもとですでに疲弊しきっている部品メーカーにとっては、大きな負担となっているのである。

　そこで、強調しておきたいのは、グリーン調達が単に完成品メーカーが負担すべき環境リスクやコストを、サプライヤーないし下請部品メーカーに転嫁する手段であってはならないということである。そのためには、少なくとも、完成品メーカーは、サプライヤーとの間の情報の不均衡を是正するとともに、技術面や資金面でサプライヤーないし下請部品企業をサポートする必要があろう。というのも、アセンブラー及びサプライヤー双方にとってグリーン調達を有効かつ効率的なシステムへと仕立てあげることは、環境配慮型原価企画を成功に導くための重要なインフラストラクチャーであると考えるからである。

5 今後の展望

● 日本発の戦略的ツールとして

　原価企画は我が国で開発された管理会計システムであり、それは競争力のある製品を戦略的に創出することを可能にする。それゆえに、原価企画は我が国の工業製品の国際的競争力の源泉の一つであるとされ、さらに世界的にも**戦略的コストマネジメント・ツール**として注目されてきた。

　しかしながら、原価企画はまた、環境負荷を生む、もしくはこれを助長するファクターとしても作用してきた面も否めない。実際、目標原価の締めつけにより、設計現場では開発コストの割に売上増に結びつかないものは過剰品質とみなす傾向があり、こうしたコスト至上主義及び開発競争の激化が、環境対策の推進にも大きなブレーキとなってきたのである。

　こうした問題認識のもと、本章では原価企画が環境配慮型のそれへと脱皮する上で、検討を要する課題の抽出を試みてきた。今後は、こうした課題を一つひとつ詳細に検討した上で、実践的なガイドラインとなる環境配慮型フレームワークの構築へと向かう必要があろう。

　この点に関して付言すれば、DfEやLCCA（Life Cycle Cost Assessment：ライフサイクルコストアセスメント）の研究並びに実務において先行する欧州での取り組みの中に、あるいは参考となる事例が見いだされるかもしれない。しかしながら、できることなら、原価企画に関して長年にわたる経験と実績を持つ我が国においてこそ環境配慮型原価企画を実践するための基本的な雛形となる事例が現れてほしいものである。

（伊藤嘉博）

第7章 環境予算マトリックス

1 はじめに

　環境マネジメントシステムの国際規格であるISO 14001の認証取得事業所数においては、我が国は世界一を誇っている。それだけ、環境保全に熱心な企業が多いからともとれるが、その実、運用面での形骸化を指摘する声もある。ISOの認証取得は企業やその事業所のPRにはなったが、環境対策の体系的な整備や、なによりも環境負荷の効果的な低減にどれだけ貢献したかは評価の分かれるところであろう。そのせいか、昨今では認証の更新・継続をしぶる企業ないし事業所も出始めている。

　もちろん、ここでISO 14001の意義を否定するつもりは毛頭ない。問題は、その根底にある理念及びロジックを上手に形式化し、それを日常的・継続的な環境保全対策の立案及び実践のための諸活動に結びつける工夫あるいはインフラの整備が遅れている点にある。

　他方、不況が長引く中、各企業ともかつてのように、ある程度コストを度外視してでも環境保全を優先するといった体制を維持することが困難な状況となっている。これを受けて環境コストへの関心が高まりをみせているが、環境会計が普及しつつあることもあり、我が国企業も事業所単位で環境保全にかかわる活動経費をコストとして把握するようになってきた。

　ただし、現在の環境会計は外部報告が中心であり、コストを事後的に集計するだけで、次年度の支出計画や予算を編成している企業は決して多くはない。環境会計が環境マネジメントシステムの成果を表すものなら、当該マネジメントを実

践するためのガイドとなる行動計画並びにその実現を担保する**予算**があって然るべきである。それがないのは、マネジメントシステムが十分に機能していないことの証左とみることもできよう。

いい換えるなら、一部の先進企業を除けば、我が国企業の環境対策はまだ外面を整えるだけで、実質的な環境マネジメントシステムには到達していない。必要なことは、環境マネジメントシステムのあるべき姿を戦略的に思考し、これを日常的な対策を通じて実現できるように企業諸活動を体系的・有機的に連携するように整備していくことであり、それこそがISO 14001の基本的な理念でもある。

実は、本章で検討する**環境予算マトリックス**は、上記の体系的・有機的連携を具現化するサポートツールとして考案されたものである。それは、環境保全計画並びにその予算案を合理的に導き出す手法であり、環境コストの低減に寄与するのはもちろんのこと、利益業績の改善にも大きな効果が期待できる。同時に、環境予算マトリックスは、企業が全社的もしくは事業所単位で推進する環境保全対策が環境負荷の低減に効果的に結びつくように、これをサポートする各種の情報を産出する。そのことから、ISO 14001に準拠した環境マネジメントシステムを構築している企業ないし事業所にとっては、その定着と効果的な運用のための具体的な手段を環境予算マトリックスを通じて入手にすることができると期待される。

なお、環境予算マトリックスに関する数社の適用事例については、第2部第3章に譲ることにして、本章では、この手法を理解する上での基本知識となる関連事項並びに、マトリックスの作成手順を中心に解説していくことにする。

2 環境予算マトリックスの意義

● 環境マネジメントシステムの費用対効果

(1) 環境予算マトリックス登場の背景

環境予算マトリックスについて検討するに先立って、当該手法が登場してくる

背景について若干解説しておくことにしたい。それは、環境予算マトリックスの基本的な性格を理解する上での手がかりとなるにちがいない。

　環境マネジメントシステムを効果的に運用していくには、まずもって個々の環境対策ごとに実施計画を立案し、当該活動によって期待される効果についてもなんらかのパフォーマンス指標を用いてその目標値を設定するとともに、実行に必要なコスト（予算額）を見積もることが重要である。また活動実施後にあっては、パフォーマンス指標並びに予算のそれぞれに対して実績を測定し、その差異を検出することによって、その後の是正活動や次年度の計画設定の参考とすべきである。特に、目標値ないし予算と実績値が大きくかい離するような場合には、人員配置や経営資源の配分を見直すなどの措置を講ずる必要があることはいうまでもない。そして、これらのどれを欠いたとしても、環境マネジメントシステムの効果的な運用はおぼつかなくなるであろう。

　上記の一連の流れを要約するなら、環境マネジメントシステムの効果的な運用に不可欠な十分条件は、その費用対効果をしっかりと見極めるということに尽きる。そして、そのためには、まずもってどのような費目のコストがどこで発生しているかを把握することが必要である。

　環境コストの把握方法ついては、環境省の環境会計ガイドラインがなんらかの指針を提供するものと期待されるが、実際に、環境コストのマネジメントに関連する記述をほとんどそこから見いだすことはできない。そればかりか、環境コストそれ自体のとらえ方も、狭義の解釈がなされている。

　このガイドラインに限らず、我が国の民間企業では、一般に自社が実践する環境対策に付随する支出だけを環境コストと認識し、たとえ自社の責任に帰属しようとも、顧客や地域社会が負担するコストについては考慮外としているケースが多い。しかしながら、これらのコストをも含めて環境コストの大きさを正しく理解し、その効果的な低減を図っていくことは、企業が環境対策を継続的に推進し、そのことによって環境問題そのものが現実的な解決へと向かうために、是非とも必要と考える。

(2) 環境マネジメントと品質管理の類似性

　環境保全と企業活動は時として相反するベクトルを有する。だからといって、利益を犠牲にしてでも環境保全にまい進すべきという議論は現実的ではない。また、環境保全をある種特別な経営課題と位置づけて、プロジェクト的に対策を講じている企業も少なくはない。はたして、それは懸命な試みと評価することができるであろうか。

　環境問題は、今日決して一過性の経営課題ではない。その企業が継続的かつ日常的に取り組まなくてはならないものである。このように環境問題を現実的に、あるいは日常的かつ身近な経営問題として組織構成員に認識させ、その効果的なマネジメントのあり方を展望しようと考えるなら、あらゆる企業にとって不可避な経営課題である**品質管理**の延長線上に環境問題を位置づけてみるのがよいであろう。同時に、品質管理手法の適用可能性を検討することも一計である。事実、これまで多くの論者によって、品質管理手法の多くは環境保全品質の確保を図る環境マネジメントにも有効であると論じられてきた。特に、環境コストと品質コストとは多くの点で共通な属性を有することから、**品質原価計算**（quality costing）のフレームワークを環境問題へと拡張することが有用なアプローチと近年考えられるようになってきた。

　品質原価計算は、品質管理あるいは品質保証活動の費用対効果を分析することを基本的な使命としている。その点においても、当該手法は環境マネジメントシステムの効果的な運用のあり方を検討する上で、大いに参考となるに違いない。

● 環境品質原価計算

(1) PAF法に基づく環境コストの分類

　品質原価計算は、**品質コストをPAF法**（Prevention-Appraisal-Failure approach）と呼ばれる分類法に従って、**予防コスト**（Prevention Cost）、**評価コスト**（Appraisal Cost）、**内部失敗コスト**（Internal Failure Cost）及び**外部失敗コスト**（External Failure Cost）に体系化する。品質原価計算は、1960年代以降

米国を中心に導入・適用され、1980年後半から我が国の企業においても実践されるようになった。

この品質原価計算の枠組みを環境コストの把握と分析のために援用しようする試みを「**環境品質原価計算**」と呼ぶなら、それはPAF法を環境コストの分類に応用し、環境要因を考慮した経営意思決定に資する情報の提供を目指すものといえよう。ただし、論者によって、環境コストの分類は細部においては異なっている。

例えば、Diependaal & de Walle (1994) は、PAF法を基礎としながらも、環境コストを、予防コスト、プロセス統合修正コスト (Process Integrated Correction costs)、影響緩和修正コスト (Effect Mitigating Correction costs)、内部失敗コスト及び外部失敗コストに分類する。この分類の特徴は、PAF法における評価コストに代えて、「プロセス統合修正コスト」と「影響緩和修正コスト」を体系に組み込んだところにある。前者は、環境負荷を低減するために生産工程の修正や変更を行うことにより発生するコストであり、後者は、環境負荷の低減を目的とした末端処理設備にかかわるコストである。

プロセス統合修正コストも影響緩和修正コストも、ともに予防的性格を有する。これをあえて予防コストと分けているのは、後者が計画的な支出であるのに対し、前者は対症療法的に支出されるものだからである。また、影響緩和修正コストに至っては、事前の予防は困難なことから、事後的に損失を最小限に食い止めるための処理にかかわる支出に限定されている。すなわち、環境事故や失敗そのものの予防にはならないが損失の予防あるいは回避には貢献することから、それは失敗コストとは区別されているのである。

他方、Hughes & Wills (1995) にあっては、ほぼPAF法に準拠した分類がなされているが、環境コストの性格に配慮してか、内部失敗コストは環境に及ぼす影響を評価する過程で発見された環境損傷の是正にかかわるコストであり、また、外部失敗コストは企業の管理が及ばない外部において問題解決や是正のために払われたコストである、と定義している点が注目される。Hughesらは、主として、外部失敗コストのうち、法規制違反などに起因する罰金などによって内部化され

たコストに焦点を当てている。また、当該訴訟等に伴うブランドの失墜により企業が被る売上の減少についても、外部失敗コストを構成するものとして考えている。

(2) コストとロスの関係

　前述したDiependaal & de WalleやHughes & WillsがPAF法の枠組みに注目したのはどういう理由からであろうか。

　品質コストのうち、予防コストと評価コストは品質管理や品質保証活動の実践にともなって不可避的に発生するが、内部失敗コストや外部失敗コストは、それらの活動が万全であれば回避されるという意味において、予防コストや評価コストとは全く性格を異にしている。すなわち、予防コストと評価コストは文字どおりコスト（原価）といえるが、失敗コストは、内部・外部にかかわらず品質管理ないし品質保証活動が不備であったために企業が被るロス（損失）である。

　実は、品質原価計算は、このコストとロスの性質の違いをその成立の基盤としている。コストとは本来、ある経営目的を達成するために支出された経営資源を貨幣価値的に測定したものである。営利企業であれば、その基本的な目的は利益を獲得することにあるので、コストは利益を生むための犠牲といっていい。コストと損失はしばしば同じものと考えられがちだが、損失は全く利益に貢献することなく終わった無駄な支出であり、原価性を持たないそのような支出をコストと同一視すべきではない。

　加えて、ロスには別の側面もある。例えば、品質上の欠陥防止や不良製品の発見率を向上させるために検査設備などに対して追加投資（予防コストないし評価コストの増額）を行った結果、失敗コストが大幅に減少したとすれば、それは品質改善の成果を表すものであると同時に、当該減少額は利益業績の改善効果をも表示することになる。というのも、損失額の減少は、間違いなく同額の利益の増大をもたらすことになるからである。ゆえに、損失は利益の負の代理変数であるといえる。

かくして、品質原価計算では、本来の意味での品質コスト（予防コストと評価コスト）と、実質的には損失に当たる失敗コストとのトレードオフ関係に着目し、品質管理活動に投下される経営資源が失敗コストの低減、ひいては利益業績の改善に効果的に結びつくように、品質改善計画の策定をサポートする。そして、同様な関係性がおそらくは環境コストと環境ロスとの間にも存在するものと考えられる。少なくとも、前述の環境品質原価計算の提唱者たちはそのように思考したに違いない。

　ただし、品質コストと環境コストとの間には必ずしも同一には論じ得ない側面もある。事実、環境予算マトリックスでは、以下に示すように環境コストについて独自の視点から分類・体系化を試みている。

● 環境コストの分類

（1）内部負担環境ロスと外部負担環境ロス

　表7-1に示す**環境コスト**の体系は、基本的には環境品質原価計算におけるPAF法の考え方に準拠している。ただし、PAF法の枠組みをベースとしながらも、内部・外部の失敗コストに相当する部分をそれぞれ「**内部負担環境ロス**」及び「**外部負担環境ロス**」とするなど、個々の支出の名称をより実態に近いように配慮した。

　さらに、より重要な相違点は、その内部負担環境ロス及び外部負担環境ロスの性格づけにある。すなわち、外部負担環境ロスは、地域社会や消費者、さらには現時点では負担者そのものが特定できない損失（いわゆる環境負荷）を意味する。品質コストにおいては、内部失敗コストも、また外部失敗コストもともに、製造者側が負担する損失を意味するものであった。したがって、その低減は企業の利益業績の改善をもたらすことになるが、外部負担環境ロスの低減は直接には企業の利益に結びつくことはない。

　そのせいであろうか、環境省のガイドラインにおいても、これらの損失については環境コストから除外している。しかし、法規制等の強化を背景として、企業

表7-1　PAF法に基づく環境コストの基本分類

分　類	定　義　及　び　事　例
環境保全コスト	環境問題の発生を予防し、将来の支出を減少させる目的で、事前に支出される費用。(環境マネジメントシステム運営費、公害対策費、環境関連投資プロジェクト、グリーン調達やDfE関連の差額原価、リサイクル対策費、環境関連保険など)。
環境評価コスト	企業活動が環境に及ぼす影響をモニターしたり、環境に重大な影響を及ぼす製品が設計・開発・出荷されることのないよう点検、検査するための費用。(LCA/EIA関連費用、毒性試験、その他点検、検査費など)。
内部負担環境ロス	環境保全対策や検査等が不十分であるために、企業が被る損失。(廃棄部材費もしくはその評価額、廃棄物処理費、汚染処理費、製品の回収・再資源化費用、賠償コスト、光熱水道・包装等のコストについて科学的・合理的に見積もられた目標金額からのかい離額など)。
外部負担環境ロス	環境保全対策や検査等の不備により、地域社会や住民が被る損失。(CO_2、NO_x、フロン等の環境有害物質の放出などによる大気汚染、土壌汚染、水質汚濁など現時点で負担者が特定できない環境負荷を含む)。

が推進する環境保全対策の多くが、社会的コストや環境負荷そのものの低減を目的としていることを想起するなら、当該損失部分を抜きにして、企業が推進する環境保全活動の成果を正しく評価することはできない。そのため、環境予算マトリックスでは外部負担環境ロスを環境コストの主要な構成要素として位置づけている。

品質コストの場合、失敗コストがどの段階（製品の出荷以前か以後か）で発生するかがコストマネジメント上の重要な論点とされ、Diependaal & de Walleらもこれを踏襲している。これは、市場での品質トラブルは、企業内部で品質不良や欠陥が発見された場合とは比較にならないほどの膨大な経済的損失を企業にもたらすことになるからである。

ただし、環境コストについては、企業の内部・外部のどこで発生しようと責任の大きさは、影響の程度は多少異なるとはいえ、基本的には変わりがない。また、

社会的なイメージの損傷についても同様である。それ以上に、品質問題の責任は原則としてすべてメーカーが負担することになるが、環境問題は企業だけではこれを完全にコントロールできないし、その責任については顧客や地域社会もともに負担すべきであろう。そのため、企業外部で問題が顕在化することをある程度許容した上で、製品を生産したり企業活動を実施していかざるを得ない。そこで、むしろどこまでの範囲で企業が責任を負うべきかが問われることになろう。もちろん、こうした相違点は両者のマネジメントの仕方にも影響してくる。

内部負担環境ロスと外部負担環境ロスの性格の違いはそれだけにはとどまらない。すなわち、内部負担環境ロスが貨幣的スケールで測定されるのに対し、外部負担環境ロスの多くはその発生額を貨幣的なスケールを用いて評価することが困難である。そのため、外部負担環境ロスに分類される環境負荷項目に限っては、必ずしも貨幣的スケールによる測定を要件とはしていない。かわって、各環境負荷項目はそれぞれの固有の物量単位でその発生額を測定するだけでよい。基本的には、それだけでマネジメントには有効であると考えられる。もちろん、貨幣的評価を否定するものではないが、環境予算マトリックスにおける分析・評価に際しては、外部負担環境ロスの貨幣換算の困難性はなんら障害とはならないことをここで強調しておきたい。

(2) 環境対策の費用対効果分析

環境コストの分類においては、論者によってそのとらえ方に差があるものの、体系的に集計されたコストデータをどう活用するかという点では、論者の展望はおおむね一致している。

例えば、Diependaal & de Walleは予防コストや計画的環境対策費により多くの経済的資源を投入することによって、事後的なコストがどのように削減可能かを明らかにすることが、先の枠組みを活用する基本的な目的としている。また、Hughes & Willsも費用対効果に関連する目標を、利益業績の向上と顧客満足の充足という目標に均衡させる最も効率的なアプローチが予防的投資であると主張

し、同様な分析の重要性を強調している。もっとも、PAF法に準拠して収集されるコスト情報の利用方法にまで言及してるのはDiependaalらだけで、しかもそこでの分析は平面的なものに終始している。

　実際のところ、収集されたコストデータの分布を調べたり、あるいは時系列的な推移を分析するだけでは、せっかくの情報を十分にいかしきったとはいいがたい。同様な問題点は品質原価計算にもあてはまるが、そこではこうした欠点を克服すべく、**品質コストマトリックス**（伊藤、2001参照）なるサポートツールが提案されている。実は、本章でとり上げる環境予算マトリックスはこの手法の枠組みを援用したものである。

　以下では、このマトリックスの具体的な構造とその作成手順を紹介することにする。

3　環境予算マトリックスの構造と作成手順

● 環境予算マトリックスの構造

　環境予算マトリックスは、環境マネジメントシステムの効果的な運用を支援する実践的な分析モデルである。そこでは、経常的な環境保全活動をいかに効率的に推進していくかを検討することが基本的な課題とされ、経営資源の有効活用を支援する。

　表7-2はこの環境予算マトリックスの基本構造を示したものであり、そこでは環境保全コスト（評価コストを含む）と内部負担及び外部負担環境ロスとの因果関係を行と列の対応関係を通じて俯瞰できるように工夫されている。

　まず、**環境保全コスト**（及び評価コスト）の細目はマトリックス上の「列」に展開される。この場合、環境会計ガイドライン（環境省）に従って、環境コストを分類・集計している企業にあっては、これを援用してもよいであろう。もちろん、独自の分類を行ってもかまわないが、その際には細目が環境保全活動の具体的な活動に対応していることが要件となる。

表7-2 環境予算マトリックスの基本構造

	現状のロス値	環境保全コスト（＋環境評価コスト）			重要度	ロスの次期目標値	難易度	絶対ウエイト	環境ロスウエイト
内部負担環境ロス	××× 例	○ 2/6	◎ 3/6	△ 1/6	3	×××	4	12	6
⋮	⋮	⋮	⋮	⋮	⋮	⋮	⋮	⋮	⋮
外部負担環境ロス									
⋮	⋮	⋮	⋮	⋮	⋮	⋮	⋮	⋮	⋮
環境予算ウエイト								200	100％
環境予算額									

（表中央に「対応関係の評価」を示す矢印）

　ただし、この環境保全コストは経常的な経費項目に限られ、設備投資金額は除外するのが原則である。これは、現実には環境単独目的の投資案件がほとんど存在しないことに加え、設備投資案件の評価は長期的な視点で検討されるべき問題であるのに対し、環境予算マトリックスが対象としているのは、経常的・継続的な環境マネジメントシステムにかかわる短期の活動予算であるからである。ただし、各環境関連設備の減価償却費については会計処理上も経常的な経費であることから、環境保全コストの構成要素と考え、例えば投資目的や設備の使用目的にかんがみて環境目的のウエイトを考慮して、その一部もしくは全額（簡便法）を計上する。

　次に、**内部**及び**外部負担環境ロス**の細目はマトリックス上の「行」に展開される。内部負担環境ロスの細目としては、まず環境省のガイドラインにおける環境損傷コストが挙げられる。しかし、これ以外にもさまざまなタイプのロス項目をとり上げる必要がある。

　例えば、環境関連の設備や活動に直接かかわっていなくとも、環境予算マトリ

ックスではすべてのエネルギーコストを内部負担環境ロスに計上する。これは、エネルギーコストを目的別に分離することが困難であることに加えて、省エネ対策の効果をみるのに総額計上でなんら問題はないとの判断によるものである。また、深刻な環境問題を引き起こした場合に予想されるブランド及び企業イメージの失墜についても、できるかぎりこれを評価し環境予算マトリックスに計上すべきであろう。こうした機会損失を正確に把握することは困難というより不可能に近いが、実はその正確な測定は実は環境予算マトリックスの主眼ではない。

　というのも、当該マトリックスは、環境保全コストのフィードフォワード管理を指向するものであり、機会損失に限らず内部・外部のいかなる環境ロスの管理も直接その視野に置くものではないからである。かわって、これらの環境ロスは、環境保全対策を入念に計画し実行することによってはじめてその低減が可能となることを前提としているのである。したがって、環境予算マトリックスにあっては、環境ロスそのものの正確な測定は重要な要件とはならないのである。反対に、測定が困難であるという理由でこれらが無視されてしまうと、環境対策にその低減が盛り込まれなくなってしまい、むしろそちらの方が問題であろう。

● 環境予算マトリックスの作成手順

　それでは、環境予算マトリックスの作成手順をみてみよう。図7-3は、これをフローチャートで示したものである。以下、各ステップを順に解説していくことする。

(1) 内部負担環境ロス及び外部負担環境ロスの細目展開

　内部負担環境ロス及び外部環境負担ロスの各細目をマトリックス上の「行」に展開する。さらに、各ロス細目の現在の発生額ないし発生量も記入する。ただし、これを実施するには、両ロスについて体系的な分類と発生額ないし発生量が把握されていることが必要である。

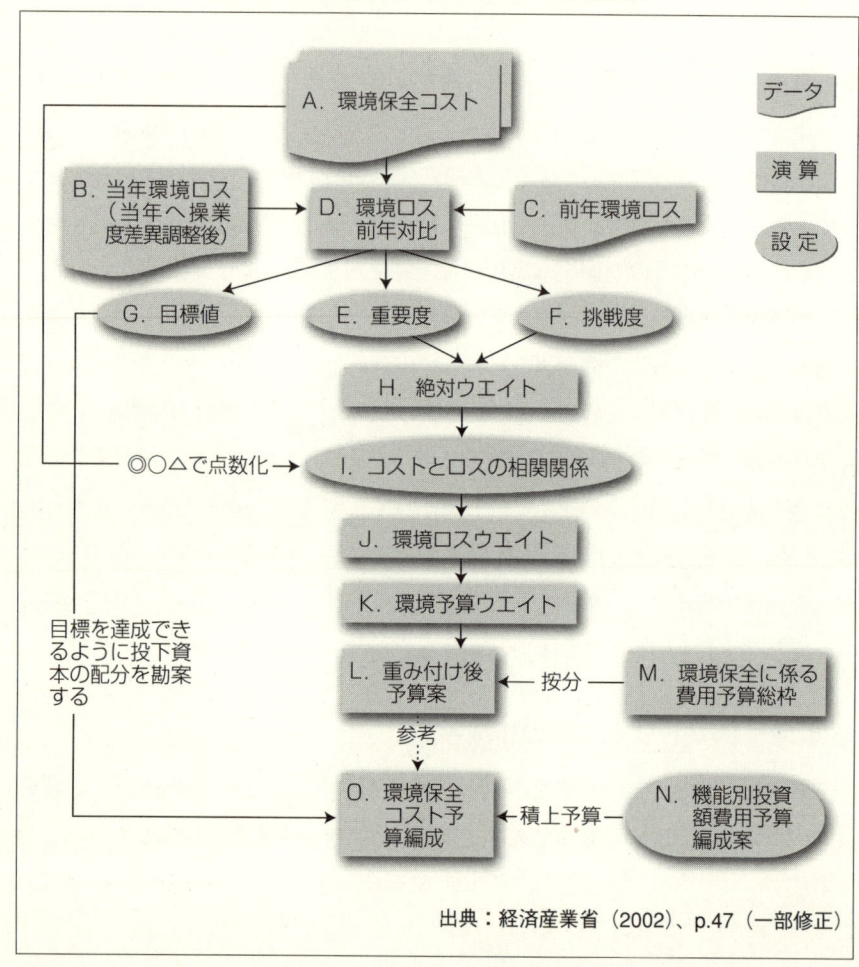

図7-3 環境予算マトリックスの作成手順

```
A. 環境保全コスト                                    [データ]

B. 当年環境ロス      D. 環境ロス      C. 前年環境ロス    [演算]
  （当年へ操業        前年対比
  度差異調整後）                                       [設定]

G. 目標値         E. 重要度         F. 挑戦度

                  H. 絶対ウエイト

◎○△で点数化 → I. コストとロスの相関関係

                  J. 環境ロスウエイト

                  K. 環境予算ウエイト

目標を達成でき
るように投下資   L. 重み付け後 ← 按分 ― M. 環境保全に係る
本の配分を勘案     予算案                   費用予算総枠
する
                    ↓ 参考

                  O. 環境保全      N. 機能別投資
                    コスト予 ← 積上予算 ―  額費用予算
                    算編成                 編成案
```

出典：経済産業省（2002）、p.47（一部修正）

(2) 各ロス細目の重要度の評価

ロスの各細目ごとに、現在の発生額ないし発生量をベースに重要度（発生額の深刻度や、諸般の事情から優先的にその削減に取り組むべき度合い）を5段階で評価する。この場合、単純に金額や発生量に応じてポイントをつけるのではなく、各細目ごとに他社の取り組み状況なども考慮してこれを決定することが望まれる。

(3) 各細目別の目標値の設定と難易度の評価

次に、ロスの各細目ごとに今期の目標値を決定し、さらにこれを達成するための難易度を、ふたたび5段階で評価する。

(4) 絶対ウエイト及び環境ロスウエイトの決定

各細目ごとに、優先度と難易度を掛け合わせて、絶対ウエイトを計算する。そして、これをすべてのロスの細目について集計し、その合計数値に対する各ロス細目の絶対ウエイトの値を百分率に換算し直すことによって、環境ロスウエイトが計算できる。

以上の結果を環境予算マトリックス上の記入例として示すと、表7-4のようになる。なお、ロスの項目としては、環境会計ガイドライン（環境省）における環境損傷コストのほか、一般的に想定される諸項目を例示した。

(5) 環境保全コストの細目展開

続いて、今度は環境保全コスト及び環境評価コストの細目をマトリックスの列に展開する。環境保全コストの各細目は、おおむね環境保全対策活動ごとに集計・把握されていると考えられるので、このプロセスは環境保全対策の活動ごとの展開とほぼ同義といってよいだろう。

これは環境評価コストについても同様であるが、実際には評価コストとして明確に分離して把握可能な活動ないし費目は少ない。また、環境保全コストと評価コストの区分はそれほど重要ではない。したがって、現実的な適用を考えると、評価コストは保全コストに含めて検討すればよいであろう。

(6) 各セル別の対応関係の強度の評価とウエイト付け

環境保全コストの細目を展開することによって、ワークシート上にマトリックス空間が出現する。そこで、行と列がクロスする各セルに対して、環境保全コストの各細目と環境ロスの細目との対応関係を識別し、その相関度（対応強度）を、

表7-4 絶対ウエイト及びロスウエイト

	費用細目	細目・活動 現状値	優先度	今期目標値	難易度	絶対ウエイト①	環境ロスウエイト②(%)
内部負担環境ロス（金額換算）	環境損傷コスト	土壌汚染、自然破壊等の修復コスト 1,200	5	500	4	20	7.8
		環境の損傷に対応する引当金繰入額及び保険料 3,000	3	2,000	3	9	3.5
		環境保全にかかわる和解金、補償金、罰金、訴訟費 200	5	0	5	25	9.7
	非効率コスト	廃棄部材費（社内評価額） 4,200	4	4,000	4	16	6.2
		用水使用量 500	3	480	4	12	4.7
		エネルギー費 1,200	3	1,000	5	15	5.8
		包装材等購入金額 800	4	700	4	16	6.2
	ブランド及び企業イメージの失墜（社内評価額） 1,000		5	800	5	25	9.7
外部負担環境ロス（質量換算）	公害原因子	大気汚染物質排出量ないし濃度（NOx等） 400t	5	200t	5	25	9.7
		水質汚濁物質排出量ないし濃度 6,200t	3	5,500t	3	9	3.5
		土壌汚染、自然破壊等の発生（件数） 4件	4	0件	5	20	7.8
		騒音レベル 80db	4	70db	3	12	4.7
		その他の公害因子の排出量ないし濃度 200t	4	200t	3	12	4.7
	温暖化原因物質排出量（CO_2換算） 650t		4	500t	4	16	6.2
	特定フロン等使用量 120t		3	100t	3	9	3.5
	産業・一般廃棄物排出量 540t		4	470t	4	16	6.2
				絶対ウエイト計		257	100%

◎強い対応、○対応あり、△弱い対応、と評価して、セルに記入していく。すなわち、どの環境保全活動がどの環境ロスの削減にどこまで貢献できるかを評価するわけである。

さらに、上記の対応強度について、例えば、◎は5点、○は3点、△は1点などと数値化し、この比をもって各環境ロスの細目（行）ごとに、先に計算した環境ロスウエイトの値を各セルに比例配分する。

(7) 環境予算ウエイトの計算

対応関係が識別されたすべてのセルがウエイト付けされたら、今度はセルの値を環境保全コストの細目（列）ごとにすべてを合計する。これにより、環境予算ウエイトが決定する。

(8) 環境予算の編成

環境予算マトリックスは、企業の予算執行単位ごとに作成するのが基本である。具体的には、各工場や事業所などのサイト別に作成されることになる。そこで、各サイトに割り当てられた、環境保全コスト並びに評価コストの予算総額を、先に計算した環境コストウエイトの比によって環境保全コスト並びに評価コストの各細目に比例配分（按分）する。これにより、環境保全並びに評価活動を実行する場合の目安となる目標原価が確定する。

ただし、企業によっては、サイト単位では特に予算を設定していない場合もあろう。そのようなケースでは、過年度の実績値にプラスアルファーして仮の予算額として利用することができる。そのほか、前年度の実績値を当てはめて評価・分析を行えば、過去の環境保全対策における人員配置などの経営資源の投入状況が適切であったかどうかを斟酌することもできる。

かくして、環境予算マトリックスは、内部負担環境ロスと外部負担環境ロスを明確に区分し、効果的な環境対策の計画立案と予算化を容易にする。この場合、内部負担環境ロスの削減は利益増に直結するため、費用対効果を意識した計画の

立案が可能となる。他方、外部負担環境ロスについては、企業が自らの負担能力に応じて対策費の予算額を決め、当該制約の中で最大の効果を発揮するように計画を立案していくようガイドするのである。

また、環境予算マトリックスには、予算と実績を比較する欄も設けることができる。そこで、予算執行後は両者の差の検証並びに差異原因を明らかにするデータベースとしても活用できる。

表7-5は、以上の結果をまとめた環境予算マトリックスの全体像を示す事例である。なお、この事例では環境評価コストと環境保全コストは区別せずに一本化し、各細目は環境省の環境会計ガイドラインに準拠した形で展開を行った。実際、多くの企業がこのガイドラインに従って環境コストの集計を行っているので、環境予算マトリックスの細目もほぼこれに近いものとなるであろう。

4　環境予算マトリックスの拡張

● 環境予算マトリックスの特徴の再確認

以上検討してきたように、環境予算マトリックスは、単にPAF法に基づいて環境コストを体系化して示すというだけでなく、企業が推進する環境マネジメントの展開のあり方についても、一つの明確な方向性を示したということができよう。

まず、環境予算マトリックスが対象とする環境コストのタイプは、実に多岐にわたっている。先に、マトリックス上に表示される環境コストは基本的に環境省のガイドラインに準拠する旨を述べたが、それだけに限定されるわけではない。環境省の環境会計ガイドラインによれば、環境コストは「環境保全対策の費用と投資額」だけである。しかし、環境予算マトリックスには、企業の生産及び消費活動が環境に及ぼす一切の負荷と、これを取り除くために負担する支出の合計（環境負債＋環境保全コスト）が表示される。

いい換えれば、このようなコストや負荷要因を無視しては、環境保全計画の立

案に向けて実行力のある分析を行うことはできない。同時に、投資額に関しても、環境予算マトリックスでは、初期及び追加投資の総額を検討の対象とすることもあれば、毎年の減価償却費など期間発生額だけを集計・分析の対象とする場合もある。すなわち、分析に盛り込まれる支出の範囲は、個々の組織の検討目的に応じて柔軟に選択されることになろう。

● 環境予算マトリックス拡張の方向性

以上の記述から、環境予算マトリックスの基本的な性格と期待される役割が明らかになったと思うが、これまでの論点に加えて、以下では当該マトリックスのさらなる拡張の方向性について触れておきたい。

(1) 外部負担環境ロスの貨幣換算

環境予算マトリックスは、環境保全コストの適正な負担額を決定することが目的であり、内部負担環境ロス及び外部負担環境ロスの予算化を意図するものではない。たしかに、これらのロス項目の発生額（量）並びに予測値をマトリックス上に記入はするが、あくまでもそれは、環境保全コストを論理的に決定するために必要となるファクターである。それでも、ロスの発生額（量）ないし予測値が不正確であっては、マトリックス上で検討される環境保全コストの予算としての有効性も必然的に低いものとなってしまうであろう。

前述のように、環境予算マトリックスにおいては、外部負担環境ロスはこれを構成するそれぞれの環境負荷物質に固有なスケールによって評価すればよく、金額換算は特に必要とはされていない。しかし、各ロス項目の重要度や難易度を評価するに当たって、やはり統一的なスケールがあったほうが便利であるとか、組織構成員のモチベーションを高める上からも金額換算は有効との考えもある。

仮に、こうしたニーズにこたえようとすれば、どのようなアプローチが考えられるであろうか。一つには、**LCA**研究に基づく**被害算定型影響評価手法**の活用が挙げられるであろう。また、類似のアプローチとして損失関数の活用も考えられ

表7-5 環境予算

費用細目	細目・活動	現状値	環境保全コスト												
			公害防止コスト				地球環境保全			資源循環コスト						
			水質汚濁防止	土壌汚染防止	騒音防止	その他の公害防止	温暖化防止	オゾン層保護	省資源対策	効率的資源利用	節水・雨水利用	産業廃棄物減量化・リサイクル	事業系廃棄物減量化・リサイクル	廃棄物の処理・処分のためのコスト	その他の資源循環のためのコスト
内部負担環境ロス（金額換算） 環境損傷コスト	土壌汚染、自然破壊等の修復コスト	1,200		◎4.3/7.8									○2.6/7.8		
	環境の損傷に対応する引当金繰入額及び保険料	3,000													
	環境保全にかかわる和解金、保証金、罰金、訴訟費	200		○3.2/9.7											
非効率コスト	廃棄部材費(社内評価額)	4,200							1.0/6.2				○1.0/6.2		
	用水使用量	500								◎2.9/4.7	○1.8/4.7				
	エネルギー費	1,200							◎1.9/5.8						◎1.9/5.8
	包装材等購入金額	800													
	ブランド及び企業イメージの失墜(社内評価額)	1,000					△0.3/9.7	△0.3/9.7					△0.3/9.7	△0.3/9.7	
外部負担環境ロス（質量換算） 公害原因子	大気汚染物質排出量ないし濃度（NOx等）	400t				○1.5/9.7	◎2.6/9.7	◎1.6/9.7							
	水質汚濁物質排出量ないし濃度	6,200t	○1.9/3.5												
	土壌汚染、自然破壊等の発生(件数)	4件		○4.3/7.8											
	騒音レベル	80dB			○3.9/4.7										
	その他の公害因子の排出量ないし濃度	200t													
	温暖化原因物質排出量（CO_2換算）	650t					◎3.1/6.2		△0.6/6.2						
	特定フロン等使用量	120t						◎2.9/3.5							
	産業・一般廃棄物排出量	540t								△0.2/6.2		◎1.0/6.2	◎1.0/6.2	○0.6/6.2	
環境予算ウエイト [*4]			1.9	11.9	3.9	1.5	6.0	4.8	3.7	2.9	1.8	3.9	1.3	1.6	1.9
今期予算			903	5653	1853	713	2850	2280	1758	1378	855	1853	617.5	760	903
今期実績			850	5990	2010	699	3060	1410	1730	1240	943	1830	715	770	1030

(注) *1 絶対ウエイト：環境ロスの各細目の重要度×難易度（目標達成の難易度）
　　 *2 環境ロスウエイト：すべての環境ロスの細目について計算した*1を縦に合計した値を100として、細目ごとに*1の百分比を計算する。
　　 *3 環境保全コストの各細目（対策・活動）と環境ロスの細目との相関を◎○△で評価後、5、3、1などで点数化し、この点数比で*2を各セルに配分する。
　　 *4 環境予算ウエイト：環境保全コストの細目（対策・活動）ごとに*3を縦に合計する。

出典：経済産業省(2002) p.40

第7章 環境予算マトリックス

マトリックスの全体像

		環境保全コスト													重要度	今期目標値	難易度	絶対ウエイト *1	環境ロスウエイト% *2
					管理活動コスト				研究開発コスト			社会活動							
グリーン購入と通常購入との差額コスト	生産・販売製品等のリサイクル等	環境保全対応製品・サービスの提供	容器包装の低環境負荷のための追加コスト	社員への環境教育等	環境マネジメントシステムの構築・運用等	環境負荷の監視・測定	環境適合製品の研究開発	製造段階での環境負荷の抑制	物流・販売段階での環境負荷低減	自然保護、緑化等の環境改善対策	地域住民の環境活動に対する寄付、支援	環境保全推進団体への寄付、支援	環境情報の公表、環境広告						
						△0.9/7.8								5	500	4	20	7.8
					○1.3/3.5	◎2.2/3.5								3	2,000	3	9	3.5
					△1.1/9.7	◎5.4/9.7								5	0	5	25	9.7
	◎1.6/6.2						◎1.6/6.2	○1.0/6.2						4	4,000	4	16	6.2
														3	480	4	12	4.7
				○1.2/5.8	△0.4/5.8	△0.4/5.8								3	1,000	5	15	5.8
					◎6.2/6.2									4	700	4	16	6.2
○1.0/9.7	○1.0/9.7	○1.0/9.7					◎1.6/9.7		◎1.6/9.7	○1.0/9.7	△0.3/9.7	◎1.0/9.7		5	800	5	25	9.7
						△0.5/9.7	◎1.5/9.7	○1.5/9.7	△0.5/9.7					5	200t	5	25	9.7
						△0.4/3.5	○1.2/3.5							3	5,500t	3	9	3.5
						△0.9/7.8		◎2.6/7.8						4	0件	5	20	7.8
									△0.8/4.7					4	70db	3	12	4.7
					△0.8/4.7	◎3.9/4.7								4	200t	3	12	4.7
△0.6/6.2									○1.9/6.2					4	500t	4	16	6.2
△0.6/3.5														3	100t	3	9	3.5
	○0.6/6.2			◎1.0/6.2		◎1.0/6.2	○0.6/6.2							4	470t	4	16	6.2
2.2	2.2	1.0	8.4	1.4	3.6	15.4	5.3	6.3	3.2	1.6	1.0	0.3	1.0		絶対ウエイト計		257	100%
1045	1045	475	3990	665	1710	7345	2518	2993	1520	760	475	143	475	合計	47,500千円			
997	1098	675	2760	779	1850	8054	2610	3690	1440	760	475	143	475		48,083千円			

る（伊藤、2001、pp.159-161）。ただし、外部負担環境ロスの金額換算はあくまでもオプションであり、環境予算マトリックスを活用する上での必須の条件ではないことをくり返し強調しておきたい。

(2) 収益的要素の評価

環境予算マトリックスは、環境コストを広範に認識する。その反面、先に例示した環境予算マトリックスでは、環境保全対策によってもたらされる効果については、仮にそれが売上げの増大や企業のイメージアップに結びつくなどのプラスの効果を持つとしても、集計・分析の対象とはしていなかった。ただし、必要ならこれらの収益的要素を検討の俎上に乗せることは簡単である。

具体的には、収益的要素は内部負担環境ロスや外部負担環境ロスと同様にマトリックス上の「行」に配置し、ロス項目と同様な手続で検討すればよいだけである。収益的要素を積極的に生み出すために環境マネジメントシステムを運用している場合はもちろん、これらの項目を検討に加えることで、組織構成員のモチベーションが高まると予想されるようであれば、マトリックス上で環境保全コストとの相関を分析すべきである。

(3) リスク回避効果の分析

また、収益的要素の評価は別の観点からもその効果が指摘され得るかもしれない。すなわち、内部負担環境ロスには、工場や製品が環境問題を引き起こした際に発生する、操業停止損失、売上げの減少、ブランドや企業評価の失墜などの、いわゆる機会損失も含まれる。しかしながら、実際に環境問題が発生していなければ、これを評価することはできない。それでも、こうした問題を引き起こさないために環境マネジメントシステムが機能しているわけであるから、こうした機会損失の回避効果を分析に反映させたいとのニーズはある。

とはいえ、この種の効果を内部環境ロスの項目の中で評価することはできない。かわって、収益的要素項目の一つとして分析の対象にするのが有効である。実際、

多くの先進企業がリスク回避効果を、過去の環境事故の経験値をもとに金銭換算しているので、こうしたデータを活用すれば、よりきめ細かい分析が可能となる。

　このように、環境予算マトリックスはさまざまな拡張が可能であり、また種々の応用も考えられる。さらに、潜在的には外部環境会計のデータベースとしての活用も考えられる。第2部第3章では、環境予算マトリックスを実務に適用した結果について2社の事例を紹介するが、上記の拡張の可能性の一端はそこにおいて垣間みることができるであろう。

（伊藤嘉博）

第8章 環境配慮型業績評価

1 はじめに

環境配慮型業績評価とは、事業部門などの**業績評価システム**の中に、**環境パフォーマンス指標**を組み込むことである。業績評価制度という企業の基幹システムに環境の要素を取り込むことによって、事業部のトップの環境に対する意識は高まり、部門全体で環境保全活動が進展することが期待される。我が国では90年代末より、環境配慮型業績評価システムを導入する企業が増加傾向にある。また、エコ・エフィシェンシー指標に代表される企業の環境保全活動の総合的な指標の開発も進んでいる。これらの指標は多くの場合まだ業績評価制度に組み入れられる段階には至っていないが、環境経営に関する総合的な指標として、将来的には、企業の業績評価とリンクすることが望まれる。

2 環境パフォーマンスと業績評価

● インセンティブシステムとしての機能

環境経営とは第1章で定義したように「環境の視点を企業活動の隅々にまで浸透させた経営」である。しかし、環境と経営は簡単に結びつくものではなく、そのための手段やシステムの構築が不可欠である。

環境と経営を連携させることが環境管理会計の目的であり、本書で解説しているように、そのためには多くの手法がある。その中で、企業経営全体のレベルで、環境と経営を結びつける手段が環境配慮型業績評価である。

環境配慮型業績評価とは、企業の**業績評価システム**（通常は事業部門単位）に環境パフォーマンス指標を導入することである。導入される**環境パフォーマンス指標**の種類や程度は多様であるが、業績評価システムという企業の根幹を成すマネジメント制度の中に、環境の要素が加えられることは重要である。なぜなら、環境保全活動の巧拙が事業業績評価に反映され、それが報酬レベルにまで影響するからである（当然のことながら、事業部門の業績評価の結果が構成員の報酬にどのように影響するかは、企業によって異なる）。我が国では、1990年代末ごろから、環境配慮型業績評価システムを導入する企業が増加しつつある。

　環境保全活動を全社的に推進する手段としては、環境マネジメントシステムがある。周知のように、環境マネジメントシステム規格ISO 14001は、環境パフォーマンスについて各組織が目標を立てて、それをPlan→Do→Check→Actionのサイクルで管理するシステムである。たしかに、ISO 14001を導入することで、構成員の環境に対する認識は一変し、環境保全へ努力することになるが、ISOでは、環境保全への努力と企業の本来の目的である経済成果の関係が明確でないため、企業経営の根幹に環境を位置づけるための手法としては、それだけでは完全ではない。

　これに対して、事業部門の業績評価システムに環境パフォーマンス指標を導入すれば、環境保全活動の巧拙が事業部門の評価そのものに影響し、しかも構成員の報酬（多くの場合は賞与）に関係するのであるから、必然的に環境に対する意識を高める効果を持つ。特に、事業部門のトップに対する環境への意識づけには非常に大きな力を持つ。

　環境配慮型業績評価は、システムそのものが環境保全活動を促進させるものではない。むしろ、環境問題の重要性を事業部門トップに認識させ、環境パフォーマンスの改善に努力させ、その成果に報いるシステムである。したがって、環境配慮型業績評価は、企業が環境保全活動を促進するための**インセンティブシステム**として機能する。

3 業績評価システムへの環境パフォーマンス指標の組み込み方

● アドオン型とビルトイン型

　業績評価システムは企業によって多様であるため、環境パフォーマンス指標の組み込み方についても標準的な方法があるわけではない。むしろ、企業が採用している業績評価の方法とその企業における環境問題を考慮して、システム設計が図られるべきである。その場合、既存のシステムに環境項目を追加する方法（アドオン型）と、業績評価システムそのものを一新して、一項目として環境パフォーマンス指標を導入する場合（ビルトイン型）がある。

　既存の業績評価システムに環境の要素を組み入れる場合には、まずその組織における重要な環境問題を特定し、それを評価する方法を確立することが必要である。シャープやキヤノンのような電気機器、精密機器企業では、生産活動での環境負荷と製品の環境負荷を区別し、その両者をいかに削減できるかという観点から環境パフォーマンス指標が設定されている。

　一方、社内の業績評価システムを一新し、そこに環境指標を導入する場合もある。その場合、新しく導入される業績評価システムとしては、**バランス・スコアカード**が採用され、そこに環境項目が追加される場合が多い。本書で説明するコクヨ、リコーさらには宝酒造などにみられる。ただし、バランス・スコアカード導入時に環境の要素を取り入れる場合と、導入後一定期間を経てから環境の要素が取り入れられる場合がある。

　バランス・スコアカードは、アメリカのキャプランとノートンが開発した財務的業績評価指標と非財務的業績評価指標を組み合わせた業績評価手法で、財務的視点、顧客の視点、社内ビジネスプロセスの視点、学習と成長の視点という四つの視点で企業の業績をみるものである。

　バランス・スコアカードでは、各ビジネスユニットが全社的な戦略、ビジョンに基づいてコントロール可能な目標及び業績評価指標を設定するので、各ビジネ

スユニットが独自の目標を達成することに注力しても、それは全社的目標の達成につながる仕組みになっている。また、過去の成果を表す財務的業績評価指標と、将来の成果を出すための非財務的業績評価指標を組み合わせた業績評価によって、企業は戦略の実現に向けたプランの実行とその成果の評価を行うことができる

オリジナルのバランス・スコアカードには環境の視点が含まれていないが、新たな視点を追加することは可能であり、上記の企業はここに環境の視点を追加しているのである。その詳細については、次節のコクヨの事例及び第2部第4章でのリコーの事例のところで述べる。

●目標設定の重要性

さて、環境配慮型業績評価システムを分析する場合、ともすれば業績評価の方法や、採用される環境パフォーマンス指標の内容及び測定方法に関心が集中する傾向がある。しかし、実際には、指標そのものの選択と同じくらい、評価の基礎となる**目標値の設定**が重要である。目標値の設定が甘ければ、環境パフォーマンス指標の評価によって事業部門間の業績評価に差がつかないことになり、せっかく導入した環境業績評価制度がうまく機能しない。逆に目標値の設定が厳しすぎても、やる気をそいでしまうことになると、うまくいかない。

環境パフォーマンス指標の目標達成もしくは改善には、他の経済的な目標値の達成と同水準の難易度が求められる。ここがうまく設定されなければ、環境配慮型業績評価システムは、事業部門トップに対する環境保全活動を促進させるインセンティブシステムとして十分に機能しない。

この点を克服するためには、目標値を決定する際の方法を精緻化することもさることながら、経営トップによる強力な指導が不可欠である。実際に、環境配慮型業績評価がうまく機能している企業では、経営トップが環境に関する明確な目標を掲げて全社的に指導している場合が多い。

4 環境配慮型業績評価の実際

● 企業の取り組み

　環境パフォーマンス指標を実際に業績評価システムへ導入する点については、すでに我が国でも注目すべき事例が現れている。例えば、リコー、ソニー、コクヨ、シャープ、大阪ガス、キヤノン等が、分社や事業部の業績評価制度に環境パフォーマンス指標を取り入れ始めた。本節では、バランス・スコアカードを利用しているコクヨ、生産活動に加え製品開発での環境配慮についても評価しているシャープ、既存の業績評価制度の中に早くから環境指標を取り入れている大阪ガスの事例を紹介する。また、第2部第4章にてリコー、ソニー及びキヤノンの事例を解説しているので、合わせて参照されたい。

(1) コクヨの事例

　コクヨでは、ISO 14001に基づく環境保全活動のモチベーションをさらに高めようと、2002年10月にバランス・スコアカードを利用した環境業績評価制度を導入した。従来からバランス・スコアカードに基づいた業績評価制度を導入していたが、10月からはバランス・スコアカードを構成する四つの視点のうち、「顧客」、「社内ビジネスプロセス」、「学習と成長」の三つの視点の中に環境パフォーマンス指標を追加した。業績評価の対象は、コクヨ及び中期環境行動計画達成のために大きな役割を持つ各部門及びその部門に属する部である。図8-1でいえば、○○事業部や△△(株)が「部門」の評価単位で、商品開発部や設計開発部、□□工場等が「部」の評価単位となる。

　コクヨの全社評価では、CO_2排出量、廃棄物のリサイクル率、エコプロダクツの販売比率が評価指標として組み込まれる。生産や販売、物流、総務を担う部門・部については、CO_2排出量、廃棄物のリサイクル率、エコプロダクツの販売比率の三つの指標のすべてまたは一部が部門業績評価の必須評価指標として組み

込まれる。また全社評価指標以外に古紙使用率、再生樹脂使用率、塩ビ使用率が、関連部門・部の必須評価指標として設定されている。なお、各部門・部はこれら四つの指標以外の環境パフォーマンス指標を部門の特性に合わせて独自に設定することもできる。

バランス・スコアカードの三つの視点すべてに環境パフォーマンス指標を組み込む必要はなく、環境パフォーマンス指標と「顧客」、「社内ビジネスプロセス」、「学習と成長」の視点の対応関係も特定されていないので、各部門・部が必要な指標を適切と考える視点に組み入れることが認められている。例えば、先に挙げたCO_2排出量、廃棄物のリサイクル率、エコプロダクツの販売比率についていえば、社内ビジネスプロセスの視点に組み込む部門もあれば、顧客の視点に組み込んでいる部門もある。学習と成長の視点では、ISOの認証取得やその支援を評価指標に挙げている部門もある。

同社の業績評価制度は目標管理制度に基づいており、各部門・部は事業計画を

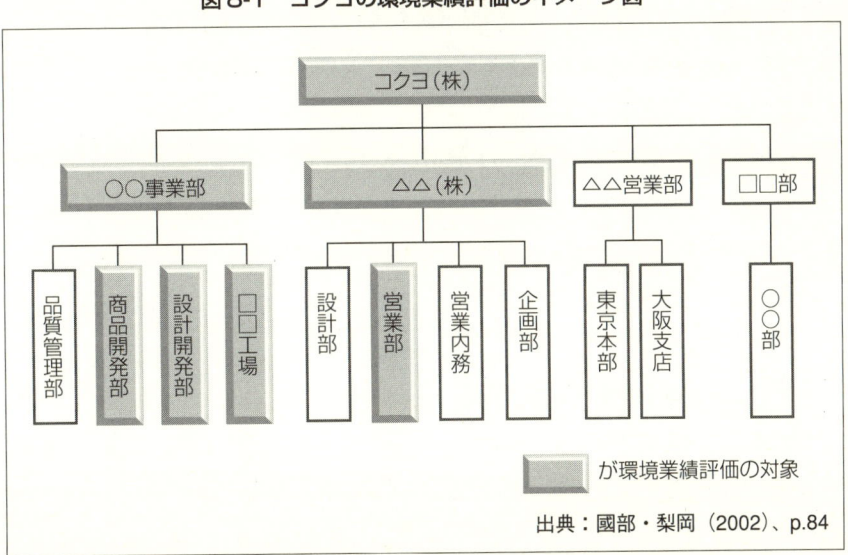

図8-1 コクヨの環境業績評価のイメージ図

出典：國部・梨岡（2002）、p.84

作成する段階で、環境に関する評価指標を組み込んで、目標値を設定する。環境に関する評価指標は可能な限り定量化されるが、一部定性的に記述される場合もある。業績は目標達成率によって評価されるが、評価項目間の評価点のウエイトは一律ではなく、各部門・部で任意に決めることができる。業績評価項目における環境項目の割合は部門によって異なることになるが、これによって、従来から環境保全活動のウエイトが高い部門は、通常の業績評価の中で環境保全活動の成果が正当に評価されることができる。

なお、評価の対象は部門・部単位だが、各部門・部の評価結果は各部門・部の長と所属する全従業員の評価に反映されるため、結果的に関連するすべての従業員の報酬に影響を与えることになる。コクヨでは、ISO 14001に基づく環境保全活動が環境業績評価制度を通じて通常業務の業績評価と同じ枠内に取り込まれることで、環境保全活動への取り組み動機が高まった。

(2) シャープ

シャープの事業部業績貢献度評価制度は、各事業部のシャープ全体に対する貢献度を評価する制度である。この結果は、一般社員の賞与にも反映される。シャープでは2000年度からこの事業部業績貢献度評価制度に環境評価項目を追加導入した。

その配点は、現時点では全体の1割弱であり高いとはいえないが、項目の追加は環境活動を評価する第一ステップであり、今後環境活動評価が定着すれば配点も上がると見込まれる。なお、評価レベルは、年度ごとに見直されている。

環境活動の評価対象は、以下に示すグリーンプロダクト（GP）評価及びグリーンファクトリー（GF）評価の二つからなる。

①グリーンプロダクト（GP）評価

グリーンプロダクト（GP）評価は、シャープが商品事業部を対象に、独自に制定したグリーンプロダクトガイドラインの遵守状況とグリーンシール商品の開発状況を評価するものであり、全商品事業部が対象となる。GP評価には

次のGP達成率とグリーンシール取得率が指標として用いられている。

GP達成率＝GP宣言機種構成比×GP実施項目平均達成度
グリーンシール取得率＝グリーンシール取得機種数÷GP宣言機種数

　GP宣言機種構成比とは、新規発売機種数の中に占めるGP宣言機種数の割合であり、GP実施項目平均達成度は、GP宣言商品について、グリーンプロダクトガイドラインで定める項目（2003年：47項目）を平均してどれだけ達成したか、その質的な評価を行うものである。

　また、グリーンシール取得機種は、別途定める独自のグリーンシール認定基準を満たした商品で、カタログにグリーンシールを添付しユーザーに推奨している。グリーンプロダクトガイドラインは、国内向け海外向け商品を問わずグローバルに運用されている。またグリーンプロダクトガイドラインは適切な時期に見直されている。

②グリーンファクトリー（GF）評価

　グリーンファクトリー（GF）評価は、全事業本部を対象に実施される。用いられる指標はCO_2達成率、ゼロエミッション達成率、及び化学物質管理の三つである。

　CO_2達成率は、CO_2生産高原単位が前年比でどれだけ改善されたかで評価され、ゼロエミッション達成率は、最終埋立処分量が廃棄物総発生量に占める割合で評価する（廃棄物は産業廃棄物プラス一般廃棄物の合計）。また、化学物質管理は、PRTR（Pollutant Release and Transfer Register）第1種指定化学物質の排出量削減自主計画に対する達成度を評価している。

　CO_2、ゼロエミッション及び化学物質を指標として採用したのは、これらが世界的にも環境保全活動の重要な項目であることによる。目標は、商品とデバイスなど事業部ごとの特殊性を配慮して策定されている。

　以上のように業績評価制度に「環境」を導入した結果、従業員の環境に対す

る意識が向上し、取り組みに対するモチベーションが与えられたという効果は大きい。特に商品のグリーン化への取り組み、及びゼロエミッションへの取り組みが大きく進展した。今後の課題としては、結果の評価に加え、プロセスの評価がある。

(3) 大阪ガスの事例

大阪ガスでは1999年度から所属部署の業績評価制度に環境面での評価を加えている。それまでの業績評価制度では、当該所属部署の成長性、収益性等により100点満点で評価していたが、1999年度からは所属部署内で使用したエネルギー使用量（ガス、電気、燃料）及び紙の使用量を評価項目に加え、特別加減点として±1点を追加した。

さらに、2003年度から環境経営指標を全社的に導入したことに伴い、指標の一つである環境負荷抑制量金額を環境面での業績評価の柱として位置づけ、特別加減点も－2.5～＋3.0点の範囲で配点するよう拡大した。

環境負荷抑制量金額は、エネルギー使用に伴うCO_2排出の抑制量、廃棄物最終処分量の抑制量（以上の二つは社内の各組織共通項目）、ガス工事掘削土の抑制量、お客さま先でのCO_2発生抑制量、ガス製造に伴うCO_2、NO_x、CODの発生抑制量（以上の三つは該当する組織にのみ当てはまる項目）をそれぞれ金額換算した合計値である。各環境負荷抑制量を単一尺度である金額で表しているため、全体での把握が容易になった。具体的な運用の仕方としては、年度初めに各組織が本指標の年度目標を定め、期末に達成率に応じて特別加減点が配分される。

この指標の導入により、エネルギーと紙の使用量だけを環境面での評価ポイントとしていた従来の制度と比べて、評価分野を拡大し総合的に判断できるようになったため、幅広く環境行動を推進することが可能になった。

業績評価結果については社長から表彰され、また、その結果は組織長クラスの評価にも影響する。従来の業績評価制度では、結果として各組織の評点は僅差になることが多かったため、－2.5～＋3.0点とはいえ環境面での評価を導入したイ

ンパクトは大きく、社員の環境への取り組みの士気が高まるという効果をもたらしている。

5 エコ・エフィシェンシー指標の展開

● 世界レベルでの展開

　これまでの事例で採用されてきた環境パフォーマンス指標は、特定の環境負荷量の削減もしくは環境マネジメントの成果であり、個々の環境保全活動を評価することを主眼としたものであった。しかし、企業活動全体（部門や製品も含む）の環境への影響をみるためには、事業量と環境負荷の関係に着目する必要がある。そのための指標が**エコ・エフィシェンシー指標**である。

　現時点での実務レベルでは、エコ・エフィシェンシー指標は業績評価システムとうまく連携しているということはできないが、環境配慮型業績評価の発展方向を考えるならば、このような指標をどのように組み込むかが重要な課題として浮上してくる。なぜなら、エコ・エフィシェンシーの向上こそ、企業全体の環境効率を示し得る総合的な環境経営の目標であり、そうであれば、最終的には業績評価システムに組み込まれることで、いっそうの効果を発揮すると期待されるからである。

　エコ・エフィシェンシーとは一般的に、より少ない投入でより多くを産出することと、環境への影響を強めることなく、あるいは軽減しながら、消費者価値を高めた新しい製品とサービスを創り出すことを意味する。

　WBCSD（World Business Council for Sustainable Development：世界環境経済人協議会）では、エコ・エフィシェンシーを測定するための具体的な指標の開発とケース・スタディに取り組み、報告書を公表している。また、**UNCTAD**（United Nations Conference on Trade and Development：国連貿易開発会議）の国際会計・報告基準専門家政府間作業部会でも、企業間のエコ・エフィシェンシーの比較可能性確保を目的に、指標の標準化に取り組んでいる。

WBCSDでは、エコ・エフィシェンシーを以下の等式で定義している。

$$エコ・エフィシェンシー = \frac{製品またはサービスの価値}{環境影響}$$

　上記以外にも、生産量／エネルギー消費量、純売上高／温室効果ガス排出量などの指標が考えられるが、WBCSDではほかにも事業のタイプを問わず一般的に利用可能な指標や事業特有の指標など、多くの指標を例示している。
　一方、UNCTADはエコ・エフィシェンシー＝環境パフォーマンス／財務パフォーマンスの等式で定義しているが、我が国の環境省はWBCSDの等式で表される指標を環境効率（エコ・エフィシェンシー）指標、UNCTADの等式で定義される指標を環境負荷集約度指標と定義している。

6　日本企業における環境経営指標の開発

● 各社での活発な取り組み

　実務においても、エコ・エフィシェンシー指標を含む**環境経営指標**を開発し、環境報告書上で開示している企業が増えている。環境経営指標は製品単位でも、事業単位でも算出可能であるが、業績評価制度との関係では、事業単位の指標が重要である。ただし、環境経営指標が業績評価制度に取り入れられるまでには、まだ時間がかかると思われるが、以下では、日本企業の環境報告書で展開されている環境経営指導の代表的な事例を解説しよう。
　富士通は、環境保全費用当たりの環境負荷低減効果を示す環境負荷改善率（EI値）と、環境負荷量当たりの売上高を表す環境負荷利用効率（EE値）の二つの指標を導入している。前者は環境保全活動の効率性の評価指標として、後者は事業活動における環境負荷の利用効率の評価指標として利用されている。環境負荷は、エネルギー使用量と可燃性廃棄物の削減によるCO_2によって表される。

田辺製薬は付加価値（営業利益＋研究開発費）を環境負荷項目ごとの環境負荷量と対比させた環境効率指標（付加価値／環境負荷量）を導入している。環境負荷項目としては、CO_2排出量、エネルギー使用量、大気排出量、廃棄物排出量、廃棄物最終埋立処分量が取り上げられている。これら企業の指標は生産工程での環境負荷量を基礎として算出されている。

　それに対して、ソニーは売上高と対比させる環境負荷項目ごとの環境指標には生産工程だけでなく製品使用時に発生する負荷量も含めている。例えば、環境指標の一つである温室効果ガス指標は「事業所のCO_2総排出量＋製品使用時のCO_2総排出量－CO_2排出削減貢献量」を分母とし、売上高を分子として算出される。さらに、環境指標のうち、温室効果ガス指標、資源投入指標、資源排出指標については、2005年度までに2000年度の1.5倍、2010年度までに2000年度の2倍にすることが中期目標の中で掲げられている。

　また、NECは2000年度からNECの事業活動全体におけるCO_2排出量として、資源の調達、生産活動、顧客の使用、使用済み製品のリサイクルの各段階で排出されるCO_2の総計と、CO_2排出総量を売上高で除した指標（CO_2排出原単位）を開示している。2001年度からは、CO_2排出原単位とは別に、環境経営指標として売上高／環境負荷量の比率で示す指標を導入している。環境負荷量としては、資源投入量、エネルギー使用に伴うCO_2排出量、化学物質購入量、廃棄物発生量がとり上げられている。

　このように現段階では、環境負荷項目ごとに指標を構成する企業が多いが、異なる環境負荷項目をなんらかの環境負荷もしくは独自の単位に換算・統合し、企業全体の環境パフォーマンスを一つの評価指標で把握していこうとしている企業もある。

　その代表格はリコーである。同社はNO_x、SO_x、CO_2、BOD等の環境負荷量をELU（Environmental Load Unit）という単位で統合している。ELUで表される環境負荷総量で売上総利益を除した指標は環境負荷利益指数と呼ばれ、事業規模に見合う範囲内の環境負荷となっているかを評価するための指標である。また、

環境負荷量を金額換算し、社会的コスト（外部不経済）の大きさを算定している。売上総利益を社会コスト総額で除した指標が社会的利益率であり、環境負荷利益指数とともにリコーの環境経営指標として設定されている。

これら指標のほか、環境収益率（経済効果総額／環境保全コスト総額）と環境効果率（[経済効果総額＋社会コスト削減額]／環境保全コスト総額）の指標が環境経営指標として設定されている。さらに、リコーでは事業所で発生もしくは削減される環境負荷量のみならず、部品調達から製造、流通・販売、製品使用、回収・リサイクルを通じて発生する環境負荷量もELUで統合し、売上高との比率で表す指標や環境負荷利益指数も取り入れている。

横河電機では2000年度から、全社的な環境負荷をエコポイント（EP：Eco Point）という統合指標で把握・評価している。エネルギー投入、投入・排出物質（部材・製品除く）に係る環境影響にエコファクターという重み付け係数を掛けてEPという指標に統合し、売上総利益をエコポイントで除した指標を環境経営指標（環境負荷効率）として、また、削減エコポイントを環境保全費用で除した指標を環境改善効率として設定している。環境負荷効率については、2005年度までに2000年度の1.5倍にするという定量的目標も設定されている。

以上で概観してきたように、会社全体の環境パフォーマンスについて、代表的な環境負荷のパフォーマンス指標や統合指標を財務指標と組み合わせることによって経済活動と環境パフォーマンスの効率性を評価していく動きが実務においても活発になってきている。エコ・エフィシェンシー指標を含む環境経営指標について具体的な目標値を設定している企業もあるものの、現段階ではこうした指標は環境保全活動の評価の目安として利用される企業が多い。

環境経営指標を業績評価制度と連携させるためには、指標算出の精度を上げると同時に、指標を上昇させるための具体的な活動を特定することが重要であり、これらは今後の大きな課題といえよう。

7 今後の展望

● 企業内部の評価と外部からの評価の統合へ

　我が国はISO 14001の認証取得事業所数が世界トップレベルである。しかしながら、ISOは、環境管理のためのシステムを審査して認証を出すのであり、環境パフォーマンスの改善を保証するわけではない。また、環境保全活動を続けるうちに、コストに対する効果の比率が小さくなってくる。そこで環境保全活動を企業活動の中に位置づけるためには、企業の基幹システムの中へ環境の要素をとり入れることが不可欠であり、業績評価システムはその最も重要なシステムの一つである。

　本章で紹介してきたように、我が国企業の導入事例では、環境パフォーマンス指標は部門評価もしくは分社評価に取り入れられ、業績評価では主に環境負荷項目別のパフォーマンス指標が利用されている。実務においては、パフォーマンス指標の設定方法を含めて、いろいろな改善の余地を残しているが、環境保全活動を促進するインセンティブシステムとして十分に機能していると評価することができる。

　また、環境配慮型業績評価をさらに発展させるためには、エコ・エフィシェンシー指標を含む環境経営指標の導入可能性を探ることが重要である。環境経営指標については、すでに多くの指標が理論面のみならず企業実務面でも開発されている。しかし、環境経営指標を企業評価の指標として活用するためには、一企業の努力だけでは達成できないことも同時に理解しておく必要がある。なぜなら、企業の最終的な評価指標が、環境重視にならないかぎり、経営者は環境経営指標を最高目標として設定することはできないからである。

　そのためには資本市場を中心とする市場システムの中で、エコ・エフィシェンシーの高い企業もしくは製品が評価されることが重要である。この時点に至って初めて、環境配慮型業績評価は完結するのである。それまでの道程は平坦ではな

いが、すでにエコファンドや環境格付機関を中心に、環境配慮型企業に対する企業外部からの評価手法も発展してきている。次に期待されるのは、企業の環境パフォーマンスに関する企業内部と外部の評価制度の連携を図っていくことであろう。

(國部克彦・品部友美)

第9章 企業会計と環境会計から見た環境管理会計

1 はじめに

　環境管理会計の体系と具体的な手法について、前章までで詳しく解説してきた。本章では環境省の環境会計ガイドラインや管理会計・財務会計という企業会計と環境管理会計の関係について解説する。例えば、すでに環境省ガイドラインに沿って環境会計を実施している場合には、その環境省型の環境会計と、本書で紹介する諸ツールとの関係が疑問になるであろう。また伝統的な意味での企業会計と、本書でいう環境管理会計との関係も疑問になるのではないか。これらの点を理解しておくことは、環境管理会計に実際に取り組む上でも有用であろう。それはまた、環境管理会計の体系を別の角度から考えることにもつながる。

　本章が示すのは、これらの問題に対する一つの見方であって、絶対的な解答というわけではない。しかし環境管理会計とは何かを理解する上で一つのヒントを提供し得るものと思う。

2 環境省ガイドラインと環境管理会計

●論点の確認

　もし読者がすでに環境会計に取り組んでいるとすれば、本書が提唱する環境管理会計への最初の疑問は、「環境省の環境会計ガイドラインとどのような関係にあるのか」ということではないだろうか。もっと率直にいえば「両方やる必要があるのか」ということであろう。

日本企業の環境会計は環境省のガイドラインを契機に発展してきたし、現在でもガイドラインに強く影響されている。しかし、本書で紹介している環境管理会計の手法は、ガイドラインとは大きく異なっている。一方でガイドラインに対しては、批判もよく耳にするようになった。批判にはさまざまなレベルがあるが、最も代表的なものは、評価に使えないというものと、内部管理に使えないというものである。

そこで上で述べたような疑問に行き着くのである。すなわち、同じ「環境会計」といいながら、異なる手法を二つも実施する意味があるのか、ガイドラインへの批判が真実ならそちらを廃止して環境管理会計に置き換えるべきではないか、本書がガイドラインと異なる手法を提唱しているのもアンチテーゼを示したということではないのか、などの疑問である。

これらの疑問がこの節で解明すべき論点ということになるが、誤解がないようにあらかじめ基本的な結論を述べておこう。本書はガイドラインへのアンチテーゼではなく、環境省型の環境会計からこちらに移行すべきだと主張しているわけではない。環境省ガイドラインと本書の提唱する諸手法は基本的な目的や機能を異にする別々の環境会計であり、一方が他方を代替するという関係ではない。目的や機能が違うということは、経営への役立ち方が違うということである。したがって、複数の方法を同時に行うことも不自然ではない。一方、目的が違ってもデータや計算構造に共通性があれば作業量が軽減されるが、現状ではそのような関連は多くない。

しかし、この結論だけでは説明として不十分であろう。そこで次に、①目的や機能が違うというが、それではガイドラインはどのような役立ち方を想定しているのか、②ガイドラインは内部管理とは全く無関係なのか、③本書の諸手法とはどのように連携し得るのか、の順に若干詳しくみていくことにしたい。

● ガイドラインに対する二つの理解

環境省のガイドラインは**環境保全コスト**の把握を中心にし、**環境報告書**での開

示に主眼を置いている点に特徴がある。なぜこのようなガイドラインとなったのであろうか。これについては大きく分けて二つの見方が可能である。

　第一の見方は、環境報告書による開示の延長線上に位置づけるものである。環境省（当時、環境庁）がガイドラインの中間とりまとめを公表したのは1999年だが、その少し前からISO 14001の影響もあり、環境報告書を作成し公表する企業が増えつつあった。なんら法規制がないにもかかわらず環境報告書を作成・公表する論理は、**環境アカウンタビリティ**と理解されている。自然環境には所有者や占有者がいないので、明示的な委託と受託の関係も存在しないが、「宇宙船地球号」という言葉が象徴するように環境の有限性が認識されると、その利用には節度が求められるようになる。その意味で自然環境はいわば社会の共有財産であり、企業活動はそれを消費するものであるがゆえに、社会に対して説明責任を持つと考えられるのである。

　当初の環境報告書は記述的な部分が多かったので、環境問題にどの程度力を入れているかを金額で示す意味もあって環境保全コストを記載する試みが出始めた。しかし企業によって環境保全コストに含める範囲が異なったので、定義を共通化する必要が生じた。また単にコストが大きければ熱心ともいえないので、効果を対比して示す方向へと発展した。このように環境報告書によるアカウンタビリティを拡充するものというのが、ガイドラインに対する一つの理解である（水口、2002、p.67）。

　環境省ガイドラインに対するもう一つの見方は、環境保全コストの増大に起源を求めるものである。環境マネジメントシステムの導入が進み、環境問題への取り組みが活発化するに従い、関連するコストも増大した。すると管理上の目的から環境保全上コストを把握する必要が生まれた。しかもこのコストは単に小さければよいのではなく、効果との見合いで評価すべきものである。こうして現在のガイドラインの枠組みができあがったと考えるのである。では、なぜそれを外部にも公表するのか。その理由は、企業はコストの最終的な負担者ではないため、株主や消費者など最終的な負担者となるステークホルダーに説明して彼らの支持

を得なければならないからである（國部、2003）。

この二つの見方は、どちらかが正しくて、どちらかが誤りということではなく、両方の側面があったと理解すべきだと思われる。いずれにしても環境省型の環境会計にはアカウンタビリティを果たすという意味がある。それは一つの役立ち方というべきであろう。社会からの信頼や支持を得ることにつながるからである。

たしかに、コスト分類や効果との対応関係、環境負荷情報との関連などの点で、現状のガイドラインへの内容的な批判はある。環境省型の環境会計も未完成ということである。しかしアカウンタビリティを果たすことの意義は否定されないであろう。往々にして、コスト削減や売上増に直接結びつかないと「経営に役立たない」と思われがちだが、現代のように信頼が揺らいでいる時代にあって、環境会計の役立ち方はいろいろなのである。

● 会計は経営の羅針盤

会計は企業経営における羅針盤であるという。今自分がどこにいて、どのくらいの速度で、どの方角に進んでいるのかといったことが分からなければ、船を進めることはできない。会計数値にも本来、企業という大きな船の現状をひと目で示すという役割がある。ある程度以上の規模の企業で、もし貸借対照表や損益計算書などがなければ、経営状況を的確に判断することはできないであろう。それだけでは企業の管理はできないので、多くのより具体的な管理会計手法が発展しているが、現状把握の第一歩として損益計算書を読まない経営者はいないし、コストの削減に直接役立たなくても財務諸表を無意味だと考える人はいない。

環境会計はどうであろうか。環境省のガイドラインは、環境保全コストを網羅的に把握することを求めた。それは本来、環境保全活動の羅針盤になり得るのではないか。企業全体で環境保全コストがどの程度あり、それがどのような効果を生んでいるのかというデータは、それらを管理するための第一歩である。先に述べたガイドラインに対する第二の見方はこれであり、ガイドラインで「環境会計の内部機能」と呼ばれているものも同様である。環境管理会計と呼ぶかどうかは

別にして、本来は、環境省型の環境会計も内部管理と無関係ではない。

問題は、それが羅針盤として十分に機能しているかということである。その意味で、評価に使えないという批判は深刻である。この批判には、厳密な基準でないために比較可能なデータになっていないという側面もあるが、コスト分類や効果の対応関係などのフレームワークにかかわる問題もある。内部管理に使えないという批判もこの後者の点と重なっている。

それでは本書が提示する環境管理会計は、そのような問題を補うものであろうか。前章まででみてきたように、本書の諸手法はより個別的で具体的な管理目的に焦点を絞っている。船の運航に羅針盤だけでなく速度計や燃料計などさまざまな計器が必要なように、本書の諸手法はいずれも管理に役立つものである。しかし環境省の環境会計ガイドラインに代替するものではない。もしガイドラインに問題があるとすれば、それはガイドラインの改善によって対応するしかないのである。

● 連携の可能性

環境管理会計が環境省ガイドラインと異なる手法であっても、データに共通性があれば導入しやすいというメリットがある。このような面で、本書で解説している六つの環境管理会計手法とガイドラインが連携する可能性はあるだろうか。

ガイドラインは基本的に企業全体を対象とし、すでに発生した環境保全コストと効果を集計するものである。これに対して環境配慮型設備投資決定（第5章）は個々の投資案件を、環境配慮型原価企画（第6章）とライフサイクルコスティング（第4章）は製品を、それぞれ対象とする。しかも、これらの計算で中心になるのは過去の環境保全コストではなく、将来情報や外部コストも問題になる。したがって、基本的にはガイドラインとのデータ上の関連は存在しない。逆に、環境省型の環境会計を実施していなくても、これらの手法は実施できるということである。ただ、実際に環境配慮型設備投資を行えば、その投資額がガイドラインでいう環境保全コストの一部を構成することになる。

環境配慮型業績評価（第8章）も現在までのところ、ガイドラインとは無関係に行われている。マテリアルフローコスト会計（第3章）も現在のガイドラインと直接の関係はなく、環境省型の環境会計を実施していなくても導入できる。ただ、この二つは将来情報よりも結果情報を中心とするので、原理的には先に述べた三つよりガイドラインとの親和性が高い。例えば、国連持続可能開発部（UNDSD）の専門家会合によるワークブック（UNDSD、2001）では、環境管理会計の対象となる環境コストの体系を示しているが、そこでは廃棄物及び排出物処理のコスト、汚染防止と環境マネジメントのコスト、非製品産出物の資材原価、非製品産出物の加工コストの4類型が挙げられている（第2章参照）。このうち前二者はガイドラインにおける環境保全コストに相当し、後二者はマテリアルフローコスト会計によって計算されるマテリアルロスに相当する。これにならえば、羅針盤の拡充という意味で、現行のガイドラインとマテリアルフローコスト会計とを連携させる方向性も考えられる。

環境予算マトリックス（第7章）は本書の中では唯一、ガイドラインとの連携も考慮された手法であり、マトリックスの横軸の項目はガイドラインの環境保全コストと共通している。一方、縦軸の内部負担環境ロスと外部負担環境ロスは、その改善が経済効果や環境保全効果と関連し、内部負担環境ロスの一部はガイドラインの環境損傷対応コストに対応している。したがって、ガイドラインを利用していれば本手法も理解しやすく、予算に実績を対比する場合、実績数値はガイドラインのデータと連動する。また環境保全コストと効果の対応関係に着目している点で、ガイドラインを補う分析ツールとしてもヒントになるのではないだろうか。

3　管理会計と環境管理会計

● 論点の確認

伝統的な意味での**企業会計**は、管理会計と財務会計に分けられる。そこで本章

でも両者を順にとり上げることにしたい。まず**管理会計**に着目した場合、それが本書でいう環境管理会計とどのような関係にあるのかが疑問となるであろう。

　環境管理会計とは管理会計における新しい手法の追加なのか、それとも管理会計の目的やコンセプトをも拡張するものなのか。従来の管理会計とどこが同じで、どこが違うのか。このような疑問を検討しておくことは、環境部門よりも会計部門に近い読者にとって、環境管理会計を理解する上で助けとなるであろう。

　もっとも、これらの点についてここで厳密な議論を行うことは難しい。その理由は、環境管理会計と呼ばれるものが多様であるだけでなく、比較対象となる管理会計を一律に定義することが難しいからである。そこで以下では「管理会計とは何か」という大問題に立ち入ることはせず、あくまでも環境管理会計の側に立ち、そこから管理会計という広大な世界に触れるという形で検討していくことにしたい。

　そのような前提で再び上述の問題意識に戻ると、同じ「環境管理会計」といっても本質的に従来の管理会計の枠内にあるものと、その目的やコンセプトを拡張しているものの両方が考えられる。そこで以下では、まず環境管理会計を管理会計との関係で二つのタイプに分けて検討し、その上でコンセプトを拡張することの意義について述べることにしたい。

● 環境「管理会計」と「環境管理」会計

　環境管理会計は、計算手法の点からみると従来の管理会計手法の応用ないし拡張であることが多い。例えば、設備投資の意思決定、品質原価計算、原価企画、業績評価などは代表的な管理会計手法であり、本書が提案する諸手法はそれらを基盤として発展させたものである。マテリアルフローコスト会計は、従来にない計算構造を提案するものだが、これも広い意味では原価計算の革新と位置づけることができる（中嶌、2003）。

　次に、意思決定の前提となる目的観に着目すると、環境管理会計は大きく二つのタイプに分けられる。一つは環境の視点を持ちつつも、企業の内部コストの範

囲で合理的意思決定を支援するタイプであり、もう一つは企業外部で生じる環境負荷の低減をも意思決定目的に含むタイプである。前者は「環境の視点を加味した管理会計」すなわち環境「管理会計」であり、後者は「環境管理の実践を支援する会計」すなわち「環境管理」会計であるといえよう。なお、第2章では、「環境＋管理会計」と「環境（管理）会計」に区分したが、これは手法の技術的側面から区分したものであり、本章での区分は目的の観点から区分したものである。

環境「管理会計」のタイプは、本質的には管理会計であり、それに環境問題の視点を加味したものである。その代表的な考え方は、1995年にアメリカ環境保護庁（USEPA）が公表した報告書（USEPA、1995）に表れている。USEPAの方法論の特徴は、「隠れた環境コスト」に着目することで、環境保全活動と利潤追求との両立を志向する点にある。隠れた環境コストとは、すでに発生していながら、その原因となった環境問題と結びつけて理解されていないために、間接費等の中に埋もれてしまい、環境コストとして明確に認識されていないコストを意味する。そのような隠れた環境コストをみつけて、製品原価の計算や設備投資の意思決定に適切に反映させれば、より経済合理的な意思決定が可能になる。そして多くの場合、より環境保全型の意思決定が経済面でも合理的になるというのである。

例えば、汚染の発生を源流で抑制するクリーナー・テクノロジーの投資は、一見、エンド・オブ・パイプ型の投資に比べて割高に見えるが、隠れた環境コストを加味すれば、むしろ合理的であるという。本書でとり上げるマテリアルフローコスト会計も、従来見過ごされてきた廃棄物のコストに目を向けさせるという点で、第一義的には「隠れたコスト」のアプローチをとっている。マテリアルロスという隠れたコストを顕在化することで、資源の有効利用とコスト削減を両立するのである。

これらの手法は環境と経済を両立させるという意味でWIN－WIN関係であり、企業が導入しやすいという利点がある。環境管理会計の導入をコスト削減や経済的な競争力の強化につなげようとする思考とも合致する。管理会計との関係とい

う点では、本質的には企業内部における意思決定の合理化であり、その意味で管理会計の枠内にあるといえよう。

●「環境管理」会計の意義

これに対して本書で述べる環境配慮型設備投資決定は、単に投資の経済性評価だけでなく、環境負荷低減効果も加味して意思決定することを提案している。また、環境予算マトリックスでは、企業外部で生じる外部負担環境ロスにも焦点を当て、予算制約の中で最大の効果をあげるような予算決定を支援する。ライフサイクルコスティングは、製造、使用、廃棄まで含めた製品のライフサイクルにわたるコストを測定することで、社会コストも視野に含めた意思決定を促す意図を持つ。これらの手法はいずれも、コスト削減を直接の目的とするのでなく、むしろ環境保全活動の実施を所与の前提としている。すなわち、環境「管理会計」ではなく、「環境管理」会計である。手法的には従来の管理会計を応用しながらも、意思決定の目的を拡張しているのである。では、そのことの意義は何であろうか。

我が国では、ISO 14001の認証取得は2003年7月時点で12,000件を超え、環境報告書を公表している企業は2002年度で650社にのぼる（環境省、2003）。このことは環境管理会計の浸透よりも先に、企業の環境への取り組みが進んでいることを示している。その理由は、先進企業が時代の変化を的確に認識していたからであろう。地球環境は有限であり、かつて先進工業国が享受してきた20世紀型経済は続けられないという認識である。そのような認識を背景に環境アカウンタビリティと、自然環境の節度ある利用を可能にするマネジメントが必要とされてきたのである。

それは企業の**社会的責任**（CSR：Corporate Social Responsibility）と呼ばれるものの重要な一部である。CSRを、かつての社会貢献活動のように、余裕があるときにだけ行う企業経営の単なる付属物として扱うことはできない。いまやCSRは企業の存続にとって不可欠の要件となりつつある（経済同友会、2003参照）。しかし、企業が経済的な主体であるという事実は変わらないため、コストを無視

した環境保全活動もできない。ここに、既存の管理会計が見過ごしてきたニーズがある。重要なことは、単なるコスト節約が必要なのではなく、製品の環境性能や企業としての環境品質の高さが競争力になる時代に、いかにそれらを高めていくかが課題であるということである。環境「管理会計」から「環境管理」会計へと、目的を拡張していくことの意義もこの点にある。

4 財務会計と環境管理会計

● 論点の確認

　財務会計と環境管理会計の関係で問題になることは何であろうか。財務会計とは株主や投資家などの外部の利害関係者に有用な情報を提供するための会計であり、それ自体の目的や計算体系が環境管理会計と異なるのは明らかである。むしろ両者の関係として問題になるのは、環境管理会計を実施することで財務会計の計算結果にどのようなインパクトを与えるかということではないだろうか。

　環境管理会計が環境保全コストやマテリアルロスの削減に貢献すれば、その結果として財務会計上の利益の改善にも寄与するが、これに関しては、それ以上議論すべきことは少ない。一方で近年は、環境関連の規制や制度が財務会計にインパクトを与え始めている。それは、従来**外部コスト**であった環境負荷（外部不経済としての社会的コスト）が企業に内部化されつつあるという潮流を示している。今後はそのような流れにいかに対応するかが、財務会計と環境管理会計の接点で問題になるであろう。そこで、以下ではまず外部コストの内部化の代表的な動きを概観し、さらに期間損益計算という財務会計の特質との関連について検討していこう。

● 外部コストの内部化

　アメリカでは土壌汚染の浄化を進めるために、1980年に包括的環境対策補償責任法（CERCLA：通称、スーパーファンド法）が制定された。同法により汚染

サイトに指定された土地の汚染当時及び現在の所有者など、潜在的責任当事者（PRP's：Potentially Responsible Parties）には浄化費用を負担する義務が課せられた。この浄化費用が多額にのぼることを一因として、支出額の一部を資産計上できないかという**「環境コストの資本化」**の問題や、将来の浄化費用に関する**「環境負債の計上」**が、財務会計の枠内での環境会計問題として議論されてきた。

　日本でも2002年5月に土壌汚染対策法が成立し、2003年2月に施行された。これによって鉛、ひ素、トリクロロエチレンなど25種の特定有害物質を使用、製造する施設を廃止した場合や、土壌の特定有害物質による汚染によって健康被害が生じるおそれがあるとして都道府県知事が命じた場合には、土地所有者は指定調査機関に調査を委託し、結果を都道府県知事に報告する義務を負うことになった。実際に土壌汚染が認められれば都道府県知事が指定区域として公示し、健康被害が生じるおそれがあるときには、汚染の除去や拡散防止を命じることができる。土壌汚染の浄化は、同法成立以前から企業実務では現実化していたが、今後は法的義務として浄化費用を負担する可能性が生じたことになる。

　一方で、2002年8月に企業会計審議会から「固定資産の減損会計に係る基準」が公表され、同審議会の意見書では2006年3月期決算からの適用が求められている。この基準によれば、固定資産ないしそのグループの帳簿価額が最大20年間の将来キャッシュフロー総額（割引前）を下回る場合には減損損失を認識することとし、帳簿価額を回収可能額まで減額して、差額を当期の損失に計上しなければならない。回収可能額とは正味売却価額と使用価値のいずれか高い方であり、使用価値とは将来キャッシュフローの割引現在価値を意味する。

　では、**土壌汚染**と**減損会計**との関係はどうか。土壌汚染が生じた場合でも工場等の操業を継続する場合、将来キャッシュフローが潤沢にあれば、当面、減損を認識する必要は生じない。ただし、「資産又は資産グループの市場価格が著しく下落したこと」は減損の兆候の一つとして例示されており、減損の認識が必要か否かの判定を行わなければならない。また、回収可能額として正味売却価額を算定する際には、処分費用を控除した時価が問題となるし、実際に売却の可能性が

ある場合には将来キャッシュフローの見積りにおいても時価が問題になる。

ここで興味深いのは国土交通省による「不動産鑑定評価基準」及び「不動産鑑定評価基準運用上の留意事項」も2002年7月に全面改正されていることである。不動産鑑定基準では、「不動産の価格を形成する要因」の地域要因の中に「騒音、大気の汚染、土壌汚染等の公害の発生の程度」が明記されており、改正後の「留意事項」では「土壌汚染が存在する場合には、汚染物質に係る除去等の費用の発生や土地利用上の制約により、価格形成に重大な影響を与える場合がある」として、土壌汚染対策法にかかわる調査項目を詳しく指示している。さらに、鑑定評価に関連して「汚染の除去等の措置が行われた後でも、心理的嫌悪感等による価格形成への影響を考慮しなければならない場合がある」と注意を促している。つまり、直接的な浄化費用分よりさらに時価が下落する可能性があることになる。

このようにみてくると、従来、企業にとっては外部化されていた土壌汚染にかかわるコストが、確実に内部化されつつあることが分かる。環境管理会計の観点からは、特定有害物質の管理に追加コストをかけることが、汚染リスクの低減を通じて財務会計にどの程度のインパクトを与えるかを分析するツールが必要ということになろう。ここでは土壌汚染対策法を例に挙げたが、外部コストの内部化の傾向は他の領域でもみることができる。

例えば、資源有効利用促進法、家電リサイクル法、自動車リサイクル法など種々のリサイクル法が制定され、製品の回収とリサイクルに関する事業者の責任が拡大している。これに伴って、回収製品のリサイクル性能を改善することで利益に対してどのくらいの影響があるか、といったことが問題になる。これは、環境配慮型原価企画やライフサイクルコスティングともかかわってくるであろう。また、温室効果ガスの排出権取引について2003年に環境省と経済産業省がそれぞれ試行事業を行っている。将来現実に排出枠が課されることになれば、許容量を超えた排出について事業者がコスト負担することになる。ここでも外部コストの内部化が着実に進んでいるといってよい。そのような意味では環境管理会計が、今後対象とすべき分野はますます増えており、同時に財務会計との接点も着実に

増えているといえるであろう。

● 期間損益計算と環境管理会計

　先に述べたように現在の企業は社会の変化を先取りし、環境保全に自主的に取り組んでいる。しかしそれは、上で述べたような外部コストの内部化の潮流と表裏の関係にあるはずである。厳しい競争にさらされている企業が環境上もよい行動をとり得るためには、その行動が競争上の優位につながるという仕組みの社会になっている必要がある。そのような社会であれば企業の取り組みは加速度的に進むであろう。法制度による外部コストの内部化は、原則として関係企業を平等に規制するという点で、そのような仕組み作りにとって重要である。

　ただし、財務会計の強い影響下で管理会計が適合性を失ったというかつての議論（Johnson & Koplan、1987）を思い起こせば、環境管理会計も過度に財務会計に結びつけて考えることには懸念もある。例えば、財務会計は1年間の期間利益を計算するものであるのに対して、環境管理会計が想定する期間の長さはさまざまであり、成果が長期にわたるという可能性もある。したがって、目先の財務会計にあまり縛られることは望ましくない。いい換えれば、将来の財務諸表も視野に含めた意思決定が求められるであろう。

5　環境管理会計の導入にあたって

● 意思決定目的への対応

　ここまで、環境管理会計の位置づけを環境省ガイドラインや企業会計と対比して検討してきた。最後にそれらを踏まえて、環境管理会計を導入するということの意味を再度確認しておこう。例えば、環境省型の環境会計の導入は、公表用フォーマットの作成という形で表れる。一方、貸借対照表や損益計算書を作らない企業はないので、設立時以外で、あらためて「財務会計を導入する」と考える人はいない。では環境管理会計を「導入する」とは何をすることか。それは、具体

的になんらかの手法を採用し、実際に計算を行い、あるいは意思決定に使ってみるということを意味する。

　現在、通常の管理会計については多くの標準的なテキストがあり、各手法に関する知識はかなり一般化したように思われる。それでも実際に企業が導入する際には、自社の事業構造の特性や管理目的等に応じてアレンジして導入するはずである。まして環境管理会計の手法は、現場に応じて変更したり、新たに構築すべき度合いが大きい。本書は代表的と思われる六つの領域の手法を紹介しているが、いずれもそのとおりに行えば自動的に成果があがるような「魔法の杖」ではない。重要なことは、環境管理会計が現場の問題を解決しているかということであり、「まず手法ありき」で導入しても大きな効果は期待できないであろう。一方で、手法は現場の実践なしには発展しないので、各企業が導入を進めることで手法の改善が進み、それが現場の問題解決につながることも考えられる。

　このように環境管理会計では現場のニーズに基づくことが非常に重要である。そのことを十分に認識した上で、しかし、その視点が短期に偏りがちであることにも注意したい。本章では、外部コストの内部化へと向かう現在の潮流について見てきた。そのような時代であればこそ、アカウンタビリティや経営の羅針盤としての環境会計の役割も重要になる。環境管理会計に関しても、コスト削減などの直接的なメリットに限定して考えたのでは十分でない。環境管理会計の表層的な技術に目を奪われて、それが登場してきた本質的な意味を見失ってはならないであろう。環境管理会計の登場は、利益優先思考の裏側で自然環境など多くのものを犠牲にしてきたという20世紀型経済への反省と無関係ではないと思われるからである。

（水口　剛）

第2部
環境管理会計の実践

第1章／マテリアルフローコスト会計の企業事例
第2章／環境配慮型原価企画の企業事例
第3章／環境予算マトリックスの企業事例
第4章／環境配慮型業績評価の企業事例

第1章 マテリアルフローコスト会計の企業事例

1 はじめに

　本章ではマテリアルフローコスト会計（MFCA）を導入した4社（日東電工、田辺製薬、タキロン、キヤノン）の事例について説明する。すでにMFCAに関してはその基礎概念や具体的な計算体系など、第1部第3章で説明しているので、本章では各企業がどのような対象にMFCAを導入し、どのような結果や成果をMFCAにより見いだし、さらには新たなロスの発見をしたかについて解説するとともに、各社がその後どのような改善分析や改善活動を実施しているかを説明する。

　ただ、MFCAの実務では企業の製造工程やコストデータなど本来公表する必要がなく、または公表できない内容を多く含んでいるので、本章のケース・スタディの目的はMFCAの有用性を読み取っていただくことにあり、各社の製造工程など機密部分を正確に説明することは当然ながら目的としていない。フローチャートやコストなどの数値データの記述は実際のものではなく、加工している。ただ、あまりにも現状とかけ離れることだけは避けていることから、現状や効果など読み取れたことが全く絵空事ではないように工夫している。

　また、MFCAの導入に際し、単に新しい計算方法を導入し再計算するだけではなく、新たなデータ収集のために工数のかかるツールであることから、工数やコストに見合う効果がMFCAによってもたらされるのかという質問がよくある。この質問の答えとして、例えば、具体的なコスト削減額や利益向上額などを示すことができれば非常に説得力があるが、この点は企業にとって高度な機密事項で

ある。ただ、今日、MFCAを導入している全企業がその有用性を認め、社内的な環境管理会計ツールとして社内展開しようとしている事実をもって、その費用対効果の大きさと可能性に関する答えとすることはできるであろう。

MFCAは万能薬ではなく、現状分析のツールである。いわば、MFCAは健康診断で使われるCTスキャンのようなものである。ただ、単なる現状分析ツールではなく、CTスキャン同様にその結果から患部や改善の場所と程度が明らかとなり、患者（企業）に改善インセンティブを与えるとともに、その治療（改善）の優先順位までをも明らかにする。このようなことから、MFCAは経営改善や経営革新を具体的に導き出す改善（革新）プロジェクトマネジメント手段としての一役を担うツールでもある。

本章で説明される事例においては、MFCAの導入によって、これまでの社内での常識や習慣から見られていた状況とは違った新たな実像が映し出され、資源生産性という点から新しい姿が明らかとされる。これまで自らの製造工程を「乾いた雑巾（無駄は搾り尽くしたという意味）」状態と考えていたことが、MFCAという視点によって、導入企業が新たな水分（無駄）を搾り出すことができたことは特筆に値するであろう。また、何よりもその無駄の改善や製造革新によって、大きな効果を具体的なコスト削減や利益貢献として導き出している点は、企業努力の成果であることも認めるが、極めて重要である。

MFCAは今日環境管理会計ツールとしてますます発展・拡張している。このことはMFCAの持つ潜在能力が具体的に発揮されるとともに、その可能性が具体化されていることを意味している。今後、MFCAはより広範囲なマネジメント情報を提供するシステムとして展開すると予想される。

本章は、MFCAの基礎事例の解説であり、確固とした成果を達成したMFCAの基礎的導入時の典型的事例を説明することによって、MFCAを導入する上での参考事例とする。

2　日東電工

　日東電工は日本で初めて（2000年11月）MFCAを導入した企業である。また、導入した製造工程や製品製造に関する改善が最も進んでいる事例でもある。2000年秋にMFCAの導入実験を始め、2000年11月（1か月）データを収集分析し、その後、改善分析を実施する上で、さらにデータ収集を2001年3月まで（5か月）継続した。さらに今日までMFCA上のデータの継続的な確認や変動などの分析は実施され、小中規模の改善の実施や生産革新の検討などの基礎資料として使用されている。

　なお、ここでは、今日の改善活動の起点となった初期段階（上記の5か月）について説明することする。MFCAは段階を経て導入実施されることが一般的であり、またこの初期段階でのデータ収集とデータ処理がMFCAプロジェクトとその後の改善活動の基礎となることから重要であることはいうまでもない。また、導入対象となった工程並びに導入の過程は第1部第3章で紹介しているのでそちらも参考にしていただきたい。

(1) 日東電工でのマテリアルフローコスト会計の概要

1) MFCA導入の対象

　日東電工豊橋事業所のエレクトロニクス用粘着テープの一製品群一製造ラインがMFCAの対象である。MFCAの原価の範囲は、実験最初（2000年11月の1か月）はマテリアルだけを対象としたが、その後（2000年11月〜2001年3月の5か月）はマテリアルコスト、システムコスト、配送／廃棄物処理コストも含めたフルフローコストを集計した。最初の1か月の導入実験において、すでに端緒的な問題点は見いだされた感があったが、MFCAによるプロセス改善の意思決定をするために、5か月間の結果を検討し、その改善策を作成・決定することが必要であると考えた。さらにすでに説明したように、マテリアルロスのシステムコストと配送／廃棄物処理コストを含めた製造コスト全体における分析が試みられた。

製造ラインについては、第1部第3章に詳しく書かれているが、ここで簡単に説明すると、まず製品は粘着剤を2枚のフィルムではさんだ3層テープである。生産工程は、まず粘着剤を配合し、それを基材・セパレータに塗布することでテープの原反を作るところから始まる。この原反を数種類ある製品規格の幅と長さに合わせて切断する。原反の切断は長さ方向と幅方向の二通り行われ、プラスティック芯にロール状に巻き取られ、検品・包装工程を経て、製品倉庫に出荷され、余りの部分がロスになる。なお、粘着剤が基材・セパレータに均一かつクリーンな状態で塗布されていることが必要条件であり、この点での品質管理は徹底して行われ、不良品は排除されてロスになる。

また、この塗工・加温工程と切断工程の間に、原反の倉庫が実際に存在するわけではないが、「原反（ストック）」という物量センターを設定した。フローの物量センターとは違い、ストックの物量センターでは一定期間のインプット量・アウトプット量、そして期首・期末の在庫量及びロス量に関する情報が記録されている。

また、このような物量の測定ポイント（物量センターの設定）は実際に倉庫があるわけではないので、一般にその存在は前もしくは後工程に含めて記録されている。しかしながら、MFCAではマテリアルロスの生じる場所を物量センターとして顕在化する必要がある。これは、既存の生産管理情報には存在しない情報の一つである。

2）MFCA導入プロジェクトの実施体制

MFCAはすでに説明したように、部門・部署に対して横断的組織を必要とする。日東電工では、本プロジェクトを実施するため、次のプロジェクトチームが編成された。

工場：モデル製造部、生産管理・情報部、環境部、モデル製造部の経理担当及び資材購買担当、品質保証部、

本社：環境本部、経理部

(2) 日東電工におけるマテリアルコスト、システムコスト、配送／廃棄物処理コストの計算

　マテリアルコストは複数の原料からなる専用粘着剤と基材・セパレータ、そして一部補助材料である。システムコスト、エネルギーコスト、配送／廃棄物処理コストは、各種管理データを基礎として、次のように算定された。

表1-1　マテリアル以外のコスト項目

コスト項目	物量センター別システムコストの算出基準	備　考
〈システムコスト〉		
人件費	実際作業工数	実際の賃率により算出
減価償却費	機械設備ごと	一年間の減価償却費を月割りして算出
その他管理費	配賦	修繕・点検費及び消耗・治工具費等
〈エネルギー費〉		
電力費	使用電力量	実際の稼動時間より算出
燃料費	使用蒸気量	実際の稼動時間より算出
廃棄物処理費	発生額	重量を実測して算出

　なお、当該製造プロセスの修繕・点検費と消耗・治工具費等がその他管理費として集計された。ただし、物量センターごとには把握されていないので、その他システムコストとして表記だけした。

(3) データ付フローチャートの作成

1) マテリアルコスト・フローチャート（図1-1）

　図の上段の「原料・基材・セパレータ」は、新たな当該製造工程への投入分である。また、次段の「専用粘着剤・基材・セパレータ・補助材料」は、それぞれの物量変化を反映している。したがって、同段の右端の数字が完成品の構成を示

している。

　物量センターの下段はマテリアルロスを示している。物量センター「塗工・加温」の前に未投入ロス分とあるのは、その前工程で製造された専用粘着剤の塗り残し分である。なお、この塗り残し分は保存が利かない。また、この物量センターで専用粘着剤に含まれる溶剤は100％揮発すると仮定しているので、その部分が脱臭炉に表記されている。

2) システムコスト・フローチャート（図1-2）

　図の上段のシステムコストは、各物量センターでのシステムコストを、そしてその下に累計を表記している。

　物量センターの下段はシステムコストを良品とマテリアルロスにマテリアルの金額比で按分した額を表記している。ところで、前述したように物量センター「塗工・加温」での専用粘着剤のロスは、塗り残しである。したがって、システムロスを考えるとすれば、前の物量センターのシステムコスト（累計）に対してロス分を算定することが適当である。また、物量センター「塗工・加温」でのロス（133,453円）は、100％揮発する溶剤を除いた基材とセパレータの金額比をもとに按分した。

3) 用役関連及び廃棄物処理関連・フローチャート（図1-3）

　図の上段の金額は各物量センターに投入された用役費を表している。次いで物量センターの上段と下段はその用役費を良品とマテリアルロスにマテリアルの金額比で按分した額を記載している。なお、物量センター「塗工・加温」の扱いはシステムコストの計算と同じである。

　廃棄物処理コストは、まず塗り残しの専用粘着剤に対する重量当たり処理単価が設定されている。また、3層テープ状になった場合の専用粘着剤・基材・セパレータの重量当たり処理単価が設定されており、それぞれの重量を廃棄物全体の重量から割出し算定している。

4) フローコストマトリックス（図1-4）

これら3種類のコストをまとめて全体像を示したものがフローコストマトリックスである。

図の上段の投入とは当該製造ラインへの投入額で、物質のフローを表すものではない。また、マテリアルロスも各物量センターで生じたコストを記載している。なお、物量センター「原反（ストック）」では、期末在庫が期首在庫より少ない今期の場合、前期繰越の在庫分が一部新たに今期投入されたとみなす必要がある。したがって、その投入分が記載されている。

また、集計の結果を利用して、一例であるが次のような比率を算定した。マテリアルロス全体と最もマテリアルロスが生じている物量センター「切断」に関する分析である。

マテリアルロスコスト率（総コストに占めるロス総額の比率）　：29.8%
切断ロスコスト率（総コストに占める「切断」ロス総額の比率）　：23.6%
切断ロス率（ロス総額に占める「切断」ロス総額の比率）　：79.2%

この結果からも物量センター「切断」が最も重要な改善点であることが明らかで、そのロス額は約540万円である。

(4) 改善案の検討と実施

2000年11月からの5か月間のMFCAの集計によって、最初の導入実験（1か月間）のMFCAの結果が検証され、見いだされた改善点が一般化できることが分かった。したがって、まず物量センター「塗工・加温」において細部にわたるロス低減活動を実施した。次に、物量センター「切断」においてセパレータのロスを改善するために実験を重ね、その幅を最小限に変更した。これらのプロセス改善により、現在マテリアルロスが約7%改善されている。さらに、基材に起因するロスを改善するために、基材製造の新設設備を含めて基材の再検討を実施しているところである。

第2部：環境管理会計の実践

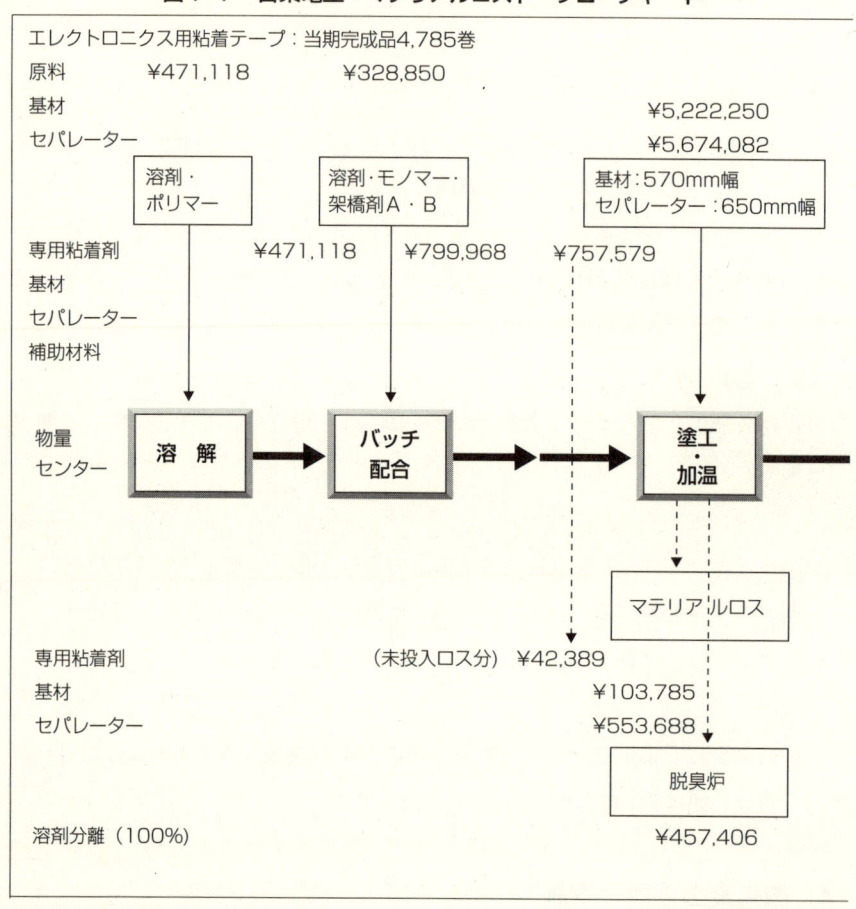

図1-1　日東電工　マテリアルコスト・フローチャート

```
エレクトロニクス用粘着テープ：当期完成品4,785巻
原料        ¥471,118      ¥328,850
基材                                              ¥5,222,250
セパレーター                                       ¥5,674,082

            ┌─────────┐  ┌─────────────┐   ┌──────────────────┐
            │溶剤・    │  │溶剤・モノマー・│   │基材：570mm幅     │
            │ポリマー  │  │架橋剤A・B     │   │セパレーター：650mm幅│
            └─────────┘  └─────────────┘   └──────────────────┘

専用粘着剤        ¥471,118    ¥799,968    ¥757,579
基材
セパレーター
補助材料

物量       ┌─────┐    ┌─────┐    ┌─────┐
センター    │溶 解 │──▶│バッチ│──▶│塗工・│──▶
            │      │    │配合  │    │加温  │
            └─────┘    └─────┘    └─────┘
                                          ┊
                                          ▼
                                       ┌──────────┐
                                       │マテリアルロス│
                                       └──────────┘

専用粘着剤       （未投入ロス分）¥42,389
基材                              ¥103,785
セパレーター                      ¥553,688
                                          ┊
                                          ▼
                                       ┌──────┐
                                       │脱臭炉 │
                                       └──────┘
溶剤分離（100%）                  ¥457,406
```

出典：経済産業省（2002）p.103

　このような新規設備の投資などの経営意思決定は、経営トップの会議によって判断される。したがって、MFCAの結果を経営トップへの報告用に作成することは改善策が採用されるためには必要である。例えば、日東電工の社内で使用された図1-5（一部公表用に変更）は、一枚の表に物量と金額が表記され、製造工程をある程度知っている経営トップに、どこが改善ポイントであるかを明瞭に報告する上で非常に有用な資料である。

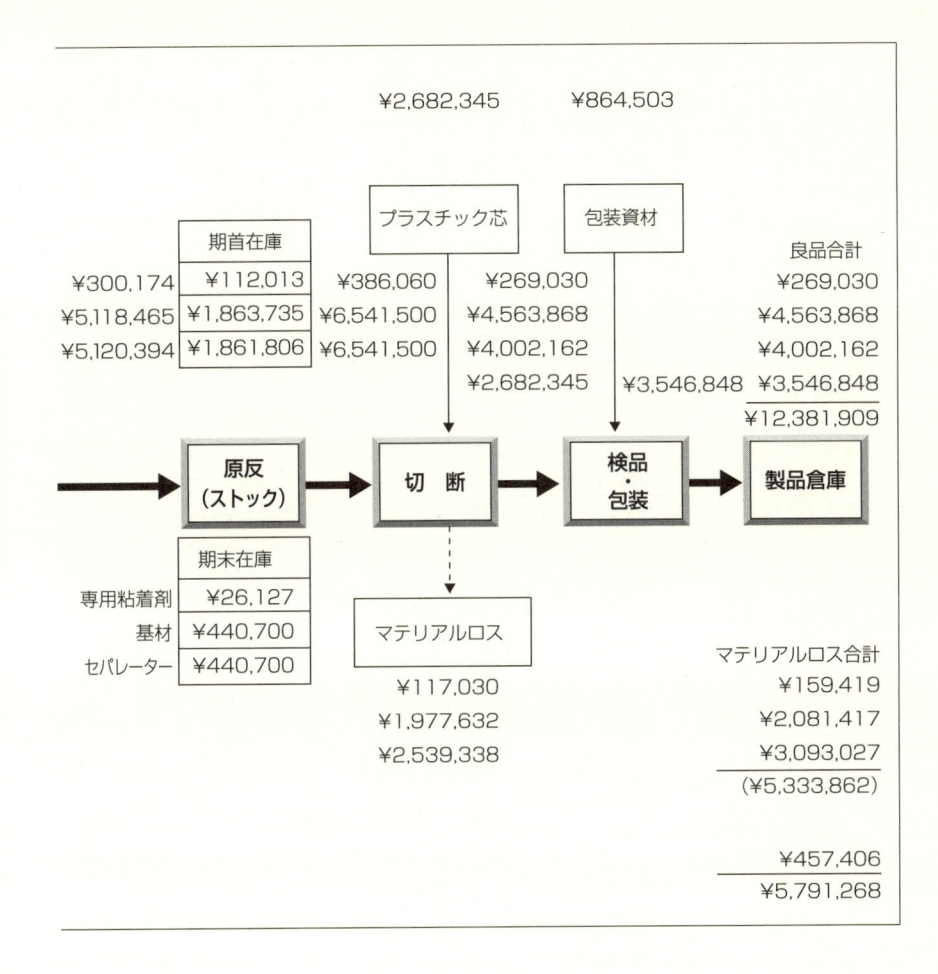

```
                                    ¥2,682,345      ¥864,503

                              ┌──────────┐   ┌──────────┐
                              │プラスチック芯│   │ 包装資材 │
              ┌─────────┐     └──────────┘   └──────────┘                良品合計
              │ 期首在庫  │                                                ¥269,030
  ¥300,174    │ ¥112,013 │   ¥386,060    ¥269,030                         ¥4,563,868
  ¥5,118,465  │¥1,863,735│   ¥6,541,500  ¥4,563,868                       ¥4,002,162
  ¥5,120,394  │¥1,861,806│   ¥6,541,500  ¥4,002,162
                                          ¥2,682,345    ¥3,546,848        ¥3,546,848
                                                                          ¥12,381,909

    ┌──────┐    ┌──────┐      ┌──────┐        ┌──────┐       ┌──────┐
 ──▶│ 原反 │──▶│ 切 断 │────▶│ 検品 │──────▶│製品倉庫│
    │(ストック)│    │      │      │・包装│        │      │
    └──────┘    └──────┘      └──────┘        └──────┘

              ┌─────────┐            ┊
              │ 期末在庫  │            ▼
  専用粘着剤  │ ¥26,127  │     ┌──────────┐
      基材    │ ¥440,700 │     │マテリアルロス│                  マテリアルロス合計
  セパレーター│ ¥440,700 │     └──────────┘                         ¥159,419
              └─────────┘        ¥117,030                          ¥2,081,417
                                   ¥1,977,632                        ¥3,093,027
                                   ¥2,539,338                       (¥5,333,862)

                                                                     ¥457,406
                                                                     ¥5,791,268
```

　なお、日東電工では2000年度からMFCAを使った製造工程・生産方法の分析を実施しており、これまでの改善活動分析を基礎としながら、体系的なマテリアルロス（廃棄物）の削減に向けた分析が進められている。具体的には、理論ロス、固定ロス、工程ロス等に分類し、ロス分析を実施している。

　また、MFCAを導入した当時と比べて、現在、当該製品に対する顧客要求品質規格が上がったために、単純に数値を比較することはできないが、ロスを削減

第2部：環境管理会計の実践

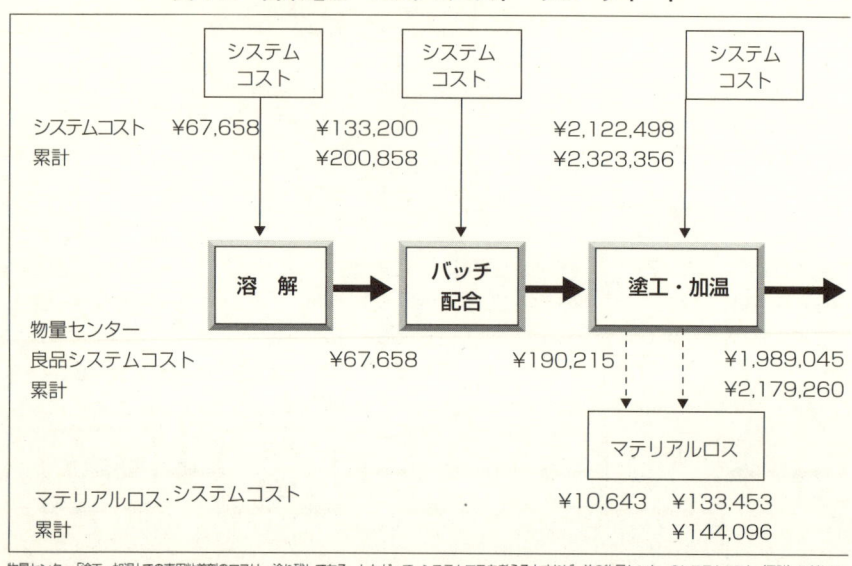

図1-2　日東電工　システムコスト・フローチャート

```
               システム          システム           システム
               コスト            コスト             コスト
システムコスト  ¥67,658          ¥133,200          ¥2,122,498
累計                            ¥200,858          ¥2,323,356
                  ↓                ↓                  ↓
              ┌──────┐ → ┌──────┐ → ┌──────────┐ →
              │ 溶解 │   │バッチ│   │ 塗工・加温│
              └──────┘   │ 配合 │   └──────────┘
                         └──────┘
物量センター
良品システムコスト    ¥67,658        ¥190,215       ¥1,989,045
累計                                                 ¥2,179,260
                                        ┊     ┌──────────┐
                                        └────→│マテリアルロス│
                                              └──────────┘
マテリアルロス・システムコスト         ¥10,643    ¥133,453
累計                                              ¥144,096
```

物量センター「塗工・加温」での専用粘着剤のロスは、塗り残しである。したがって、システムロスを考えるとすれば、前の物量センターのシステムコスト（累計）に対してロス分を算定することが適当である。また、物量センター「塗工・加温」でのロス（¥133,453）は、100％揮発する溶剤を除いた基材とセパレータの重量比をもとに按分した。

出典：経済産業省（2002）p.104

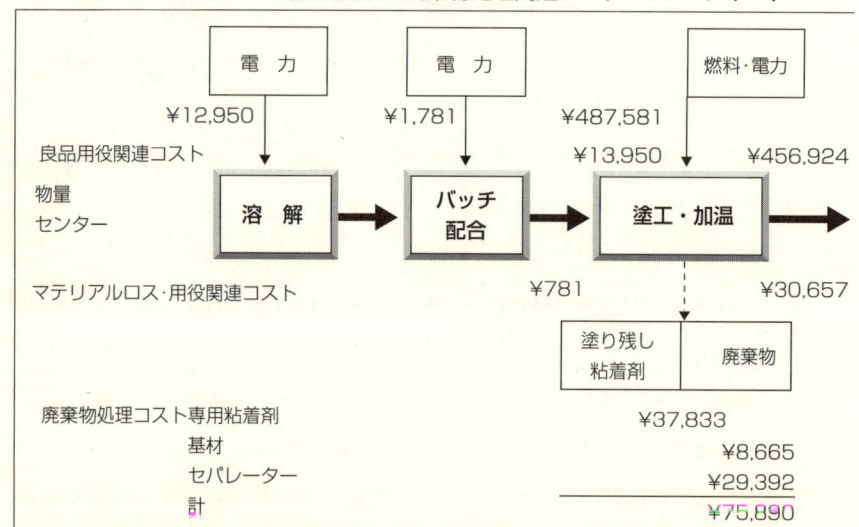

図1-3　日東電工　用役関連及び廃棄物処理関連コスト・フローチャート

```
               電 力              電 力            燃料・電力
               ¥12,950           ¥1,781           ¥487,581
                                                   ¥13,950      ¥456,924
良品用役関連コスト
物量              ↓                ↓                  ↓
センター       ┌──────┐ → ┌──────┐ → ┌──────────┐ →
              │ 溶解 │   │バッチ│   │ 塗工・加温│
              └──────┘   │ 配合 │   └──────────┘
                         └──────┘
マテリアルロス・用役関連コスト        ¥781          ¥30,657
                                        ┌──────┬──────┐
                                        │塗り残し│廃棄物│
                                        │粘着剤 │      │
                                        └──────┴──────┘
廃棄物処理コスト専用粘着剤                    ¥37,833
           基材                                ¥8,665
           セパレーター                        ¥29,392
           計                                 ¥75,890
```

それぞれに重量当り単価を設定し、それぞれの廃棄物を必要に応じて重量換算し、その単価を乗算した。

出典：経済産業省（2002）p.105

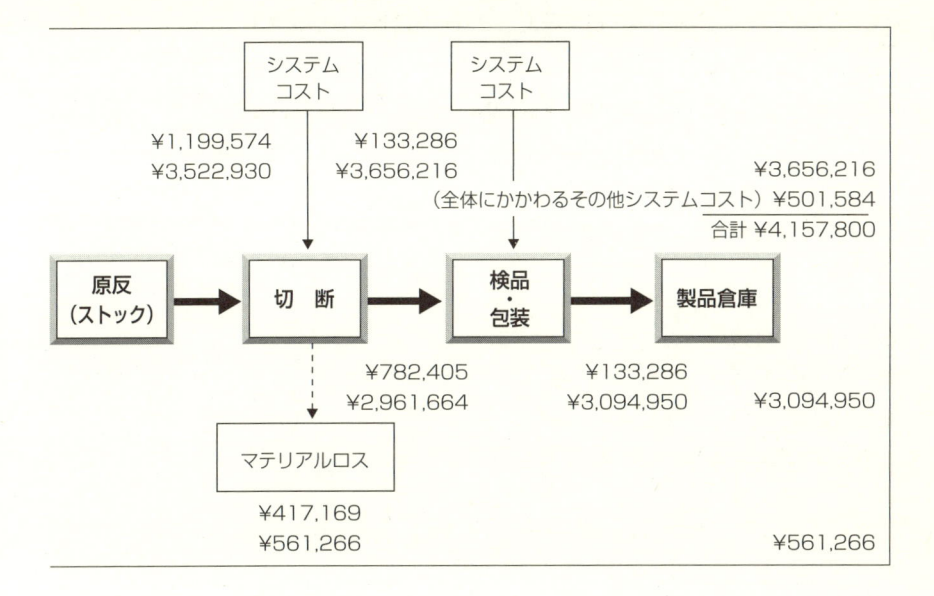

```
              システム              システム
              コスト               コスト
               │                   │
    ¥1,199,574 │    ¥133,286       │                        ¥3,656,216
    ¥3,522,930 │    ¥3,656,216     │           （全体にかかわるその他システムコスト）¥501,584
               ▼         ▼         ▼                        合計 ¥4,157,800
   ┌──────┐  ┌──────┐  ┌──────┐  ┌──────┐
   │ 原反 │→│ 切断 │→│ 検品 │→│製品倉庫│
   │(ストック)│  │      │  │・包装│  │      │
   └──────┘  └──┬───┘  └──────┘  └──────┘
                 ┊      ¥782,405    ¥133,286         ¥3,094,950
                 ┊      ¥2,961,664  ¥3,094,950
                 ▼
              ┌──────────┐
              │マテリアルロス│
              └──────────┘
                 ¥417,169
                 ¥561,266                            ¥561,266
```

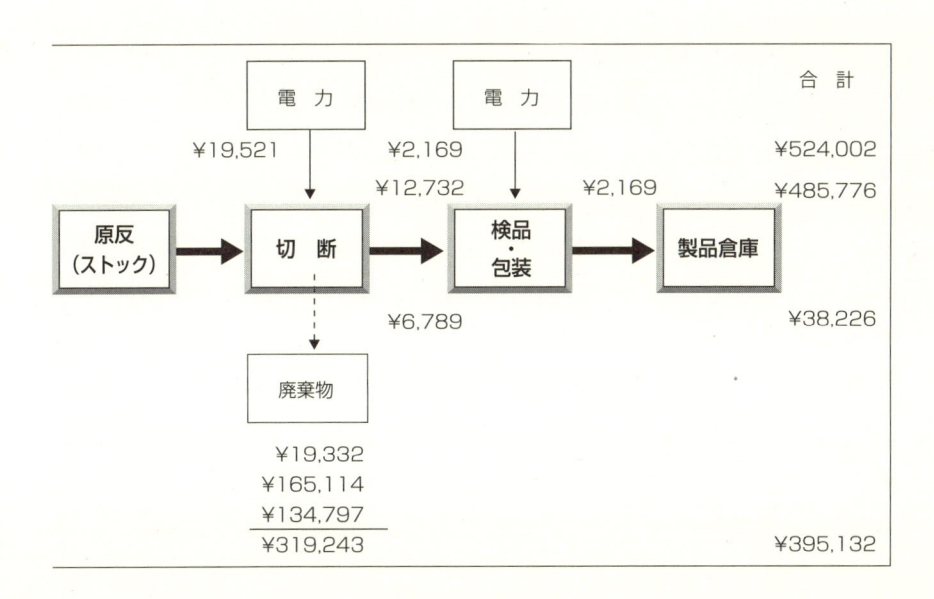

```
               電力                電力
               │                  │                          合 計
    ¥19,521    │    ¥2,169        │                       ¥524,002
               ▼    ¥12,732       ▼    ¥2,169           ¥485,776
   ┌──────┐  ┌──────┐  ┌──────┐  ┌──────┐
   │ 原反 │→│ 切断 │→│ 検品 │→│製品倉庫│
   │(ストック)│  │      │  │・包装│  │      │
   └──────┘  └──┬───┘  └──────┘  └──────┘
                 ┊                                           ¥38,226
                 ┊      ¥6,789
                 ▼
              ┌──────┐
              │ 廃棄物 │
              └──────┘
                 ¥19,332
                 ¥165,114
                 ¥134,797
                 ¥319,243                                   ¥395,132
```

図1-4　日東電工　フローコストマトリックス

物量センター	溶解	バッチ配合	塗工・加温
投入			
マテリアルコスト	¥471,118	¥328,850	¥10,896,332
システムコスト	¥67,658	¥133,200	¥2,122,498
用役関連コスト	¥12,950	¥1,781	¥487,581
小計	¥551,726	¥463,831	¥13,506,411
マテリアルロス			
マテリアルロス	¥0	¥0	¥42,389　¥1,114,879
システムコスト	¥0	¥0	¥10,643　¥133,453
用役関連コスト	¥0	¥0	¥781　¥30,657
廃棄物処理コスト			¥37,833　¥38,057
小計	¥0	¥0	¥91,646　¥1,317,046

	マテリアルコスト	システムコスト	廃棄物処理コスト	小計
良品	¥12,381,909	¥3,580,726	0	¥15,962,635
マテリアルロス	¥5,791,268	¥599,492	¥395,132	¥6,785,892
小計	¥18,173,177	¥4,180,218	¥395,132	¥22,748,527

マテリアルロスコスト率　　29.8%（総コストに占めるロス総額の比率）
切断ロスコスト率　　　　　23.6%（総コストに占める「切断」ロス総額の比率）
切断ロス率　　　　　　　　79.2%（ロス総額に占める「切断」ロス総額の比率）

(注) 物量センター「原反（ストック）」のマテリアル投入分は、今期の期末在庫量が期首在庫量より小さいので、その差額分が今期の投入分と考えられるからである。

出典：経済産業省（2002）p.106

することには成功したと判断されている。具体的には、基材フィルムの高品位化によって、不良を削減するとともに、現行機の改造や新材の開発や発見が試みられた結果である。さらに、体系的な工程不良分析により原因別にその発生率を分析し、MFCAによる改善活動の成果との関連が調査されている。

　さらに、比較的小規模な工程改善に取り組むだけではなく、製造工程全体並びに当該製造工程の川上から川下に至る広範囲な検討がなされている。例えば、技術課題・生産課題・マーケティング課題というように課題において具体的な問題点と改善策が検討されている。

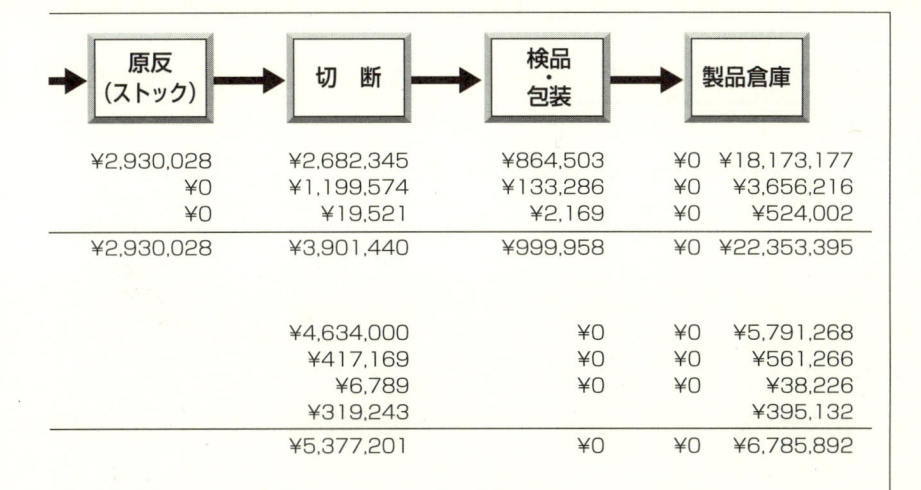

	原反 (ストック)	切断	検品・包装		製品倉庫
	¥2,930,028	¥2,682,345	¥864,503	¥0	¥18,173,177
	¥0	¥1,199,574	¥133,286	¥0	¥3,656,216
	¥0	¥19,521	¥2,169	¥0	¥524,002
	¥2,930,028	¥3,901,440	¥999,958	¥0	¥22,353,395
		¥4,634,000	¥0	¥0	¥5,791,268
		¥417,169	¥0	¥0	¥561,266
		¥6,789	¥0	¥0	¥38,226
		¥319,243			¥395,132
		¥5,377,201	¥0	¥0	¥6,785,892

　日東電工では、MFCAを使った積極的な経営姿勢によって、より先進的な環境管理会計ツールの援用によるマネジメントを目指している点が今日の結果を導き出している。(182頁、図1-5参照)

3　田辺製薬

　田辺製薬では、MFCAを企業のERPシステム（Enterprise Resource Planning：企業業務統合パッケージソフトシステム）システムと連携させ導入しようとして

第2部：環境管理会計の実践

図1-5　報告用まとめ事例

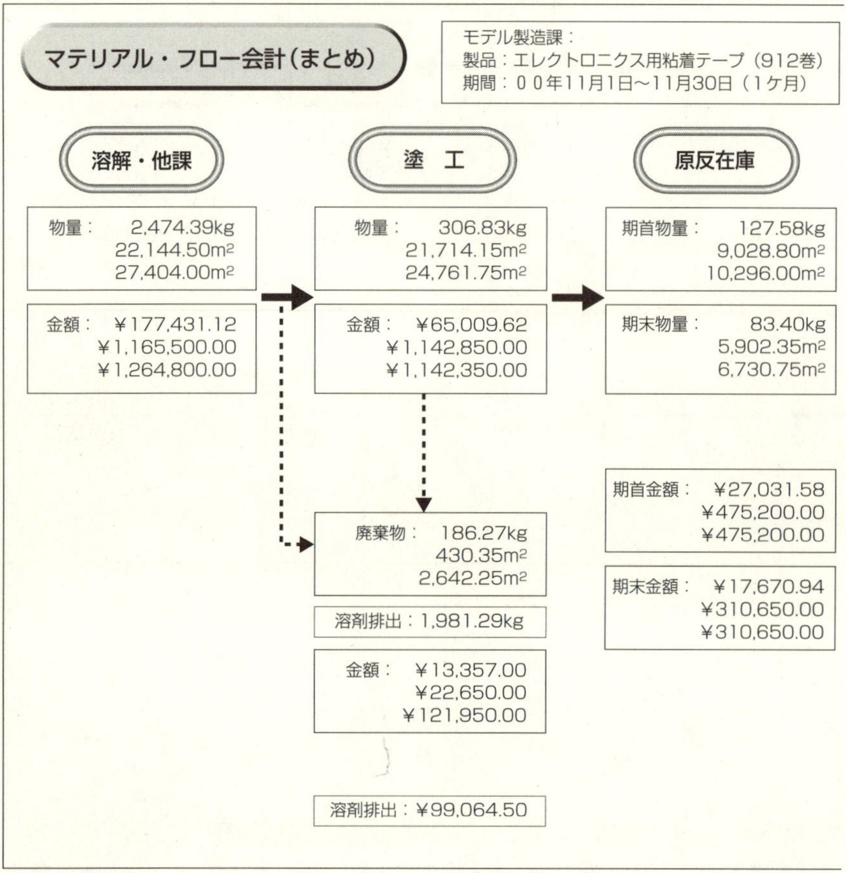

```
┌─────────────────────────────────────────────────────────────────┐
│  マテリアル・フロー会計（まとめ）     モデル製造課：              │
│                                       製品：エレクトロニクス用粘着テープ（912巻） │
│                                       期間：００年11月1日〜11月30日（1ケ月）      │
│                                                                 │
│   ┌─溶解・他課─┐        ┌─塗　工─┐        ┌─原反在庫─┐     │
│                                                                 │
│   物量： 2,474.39kg      物量： 306.83kg     期首物量： 127.58kg │
│        22,144.50m²             21,714.15m²            9,028.80m²│
│        27,404.00m²             24,761.75m²           10,296.00m²│
│                                                                 │
│   金額：￥177,431.12   金額：￥65,009.62   期末物量：  83.40kg  │
│        ￥1,165,500.00        ￥1,142,850.00          5,902.35m² │
│        ￥1,264,800.00        ￥1,142,350.00          6,730.75m² │
│                                                                 │
│                          廃棄物： 186.27kg  期首金額：￥27,031.58│
│                                  430.35m²          ￥475,200.00 │
│                                  2,642.25m²        ￥475,200.00 │
│                                                                 │
│                          溶剤排出：1,981.29kg 期末金額：￥17,670.94│
│                                                    ￥310,650.00 │
│                          金額： ￥13,357.00        ￥310,650.00 │
│                                 ￥22,650.00                     │
│                                 ￥121,950.00                    │
│                                                                 │
│                          溶剤排出：￥99,064.50                  │
└─────────────────────────────────────────────────────────────────┘
```

出典：経済産業省（2002）p.108

いる点と、日東電工と同じくMFCAによる問題点の析出と積極的な改善の実施という点において注目に値する事例である。

　ERPとの連携に関してここで詳しく説明することはしないが、日本企業は比較的自社開発の（または各企業専用にカスタマイズされた）情報システムを使っているケースが多く、ドイツでのMFCA導入事例のようにSAP R/3などのような規格化されたERPを前提としたMFCA導入を基本形として参考にすることはでき

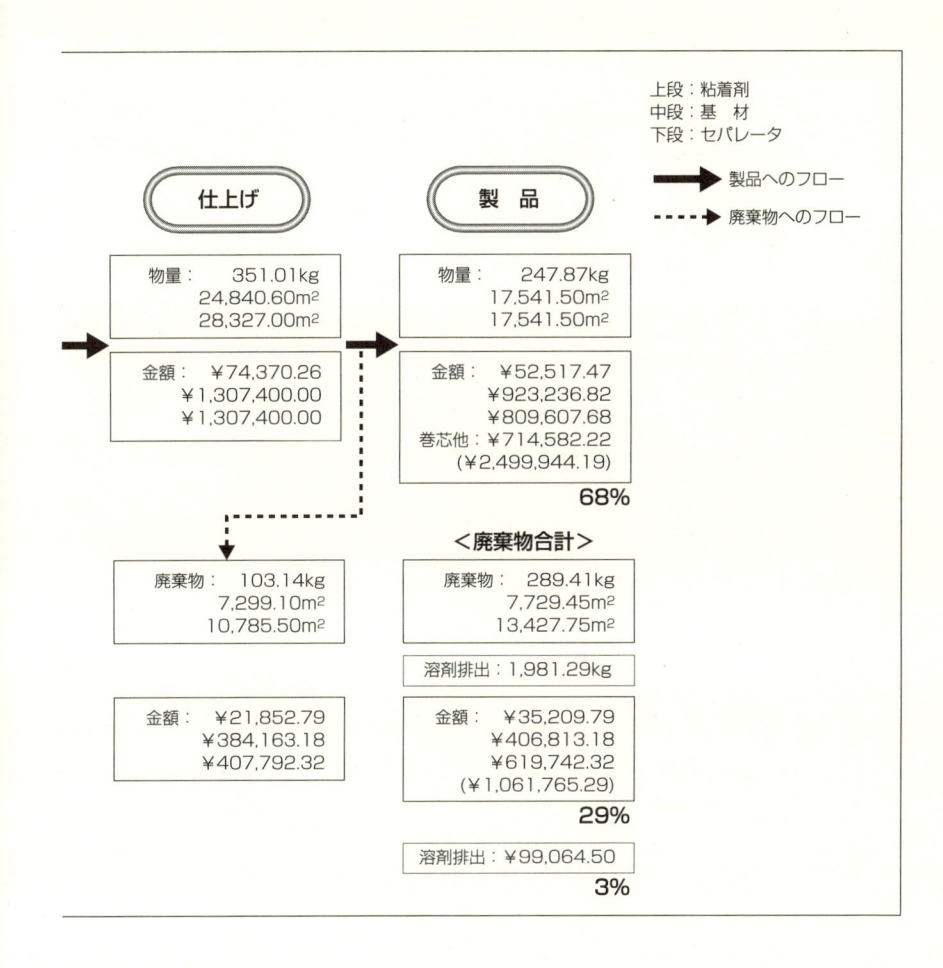

```
                                              上段：粘着剤
                                              中段：基　材
                                              下段：セパレータ

    ┌─────────┐        ┌─────────┐           ──────▶  製品へのフロー
    │  仕上げ  │        │  製　品  │           ------▶  廃棄物へのフロー
    └─────────┘        └─────────┘

    物量：    351.01kg     物量：    247.87kg
          24,840.60m²            17,541.50m²
          28,327.00m²            17,541.50m²

    金額： ￥74,370.26    金額： ￥52,517.47
        ￥1,307,400.00         ￥923,236.82
        ￥1,307,400.00         ￥809,607.68
                          巻芯他：￥714,582.22
                         (￥2,499,944.19)
                                    68%

                             ＜廃棄物合計＞

    廃棄物：   103.14kg    廃棄物：   289.41kg
           7,299.10m²            7,729.45m²
          10,785.50m²           13,427.75m²

                          溶剤排出：1,981.29kg

    金額： ￥21,852.79    金額： ￥35,209.79
         ￥384,163.18          ￥406,813.18
         ￥407,792.32          ￥619,742.32
                         (￥1,061,765.29)
                                    29%

                          溶剤排出：￥99,064.50
                                    3%
```

ない。したがって、このような情報システムの導入や変更が高額な投資を伴うことなどもあり、我が国の事例では一般にMFCAのデータ収集と処理を企業情報システムとは独立したパソコンレベルで実施している。

　これに対して、田辺製薬では2002年4月からSAP　R/3システムの本格的運用を開始しており、その同じ時期にMFCAの導入実験の機会を得ることとなった。したがって、田辺製薬ではERPシステムとMFCAをシステム的に関連づけ、さ

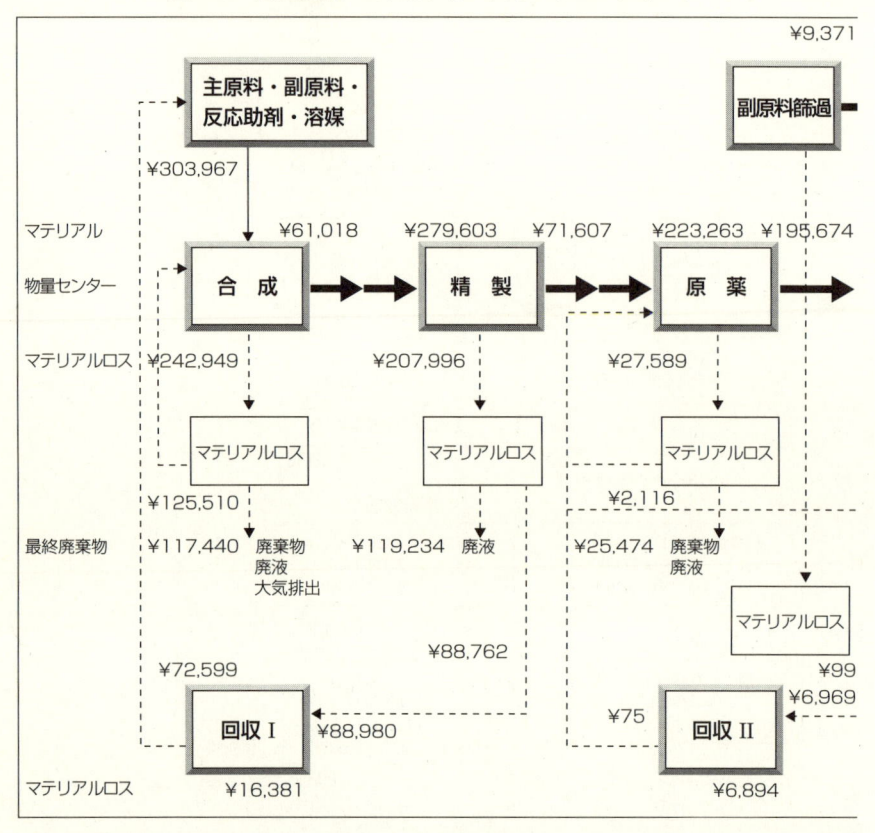

図1-6 田辺製薬 マテリアルコスト・フローチャート

```
                                                                    ¥9,371
         ┌──────────────┐                          ┌──────────┐
         │主原料・副原料・│                          │副原料篩過│←
         │反応助剤・溶媒 │                          └──────────┘
         └──────┬───────┘
            ¥303,967
マテリアル        │      ¥61,018    ¥279,603   ¥71,607   ¥223,263  ¥195,674
物量センター      ↓   ┌──────┐    ┌──────┐    ┌──────┐
                    │合 成 │→→→│精 製 │→→→│原 薬 │→→→
                    └──┬───┘    └──┬───┘    └──┬───┘
マテリアルロス ¥242,949  │      ¥207,996 │      ¥27,589 │
                        ↓               ↓              ↓
                   ┌──────────┐   ┌──────────┐   ┌──────────┐
                   │マテリアルロス│   │マテリアルロス│   │マテリアルロス│
                   └──────────┘   └──────────┘   └──────────┘
                    ¥125,510                       ¥2,116
最終廃棄物          ¥117,440 廃棄物  ¥119,234 廃液   ¥25,474 廃棄物
                            廃液                           廃液
                            大気排出
                                         ¥88,762                         マテリアルロス
                    ¥72,599                            ¥75              ¥99
                        ↓                               ↓              ¥6,969
                   ┌──────┐  ←¥88,980              ┌──────┐
                   │回収Ⅰ │                         │回収Ⅱ│
                   └──────┘                         └──────┘
マテリアルロス       ¥16,381                          ¥6,894
```

らに企業内の原価計算制度と連携させるよう検討している。他の三つの企業事例がMFCAを特殊原価調査のようなプロジェクト的・部分的導入にとどめているのに比べて田辺製薬は、一元的データベースでシステム化している点から、製品原価計算制度とMFCAを結合させようと計画しているといえよう。

(1) 田辺製薬でのマテリアルフローコスト会計導入の概要

1) MFCA導入の対象

小野田工場の主力製品である医薬品の一製品群一製造ラインを対象とした。そ

第1章 マテリアルフローコスト会計の企業事例

```
¥9,273        ¥852
  →        ┌─────┐                    ┌─────┐
           │ 予 製 │                    │ 包 材 │         最終製品
           └──┬──┘                    └──┬──┘         (包材)
              │   ¥847                    │ ¥244,493           ¥233,996
              ↓                           ↓            (マテリアル)
¥732,175  ¥711,841  ¥712,922  ¥689,185  ¥714,016          ¥683,735
  →    ┌─────┐   ┌─────┐   ┌─────┐
       │ 秤 量 │ → │ 製 剤 │ → │ 包 装 │
       └──┬──┘   └──┬──┘   └──┬──┘
          │         │         │
       ¥20,334   ¥23,737    ¥40,778
          ↓         ↓         ↓
     マテリアルロス  マテリアルロス  マテリアルロス

     ¥19,425
     ¥743 廃棄物    ¥20,699 廃棄物   ¥28,746 廃棄物
                            (包材ロス) ¥10,497
     マテリアルロス
        ¥4      ¥166    ¥3,038           ¥1,535
```

(単位:千円)

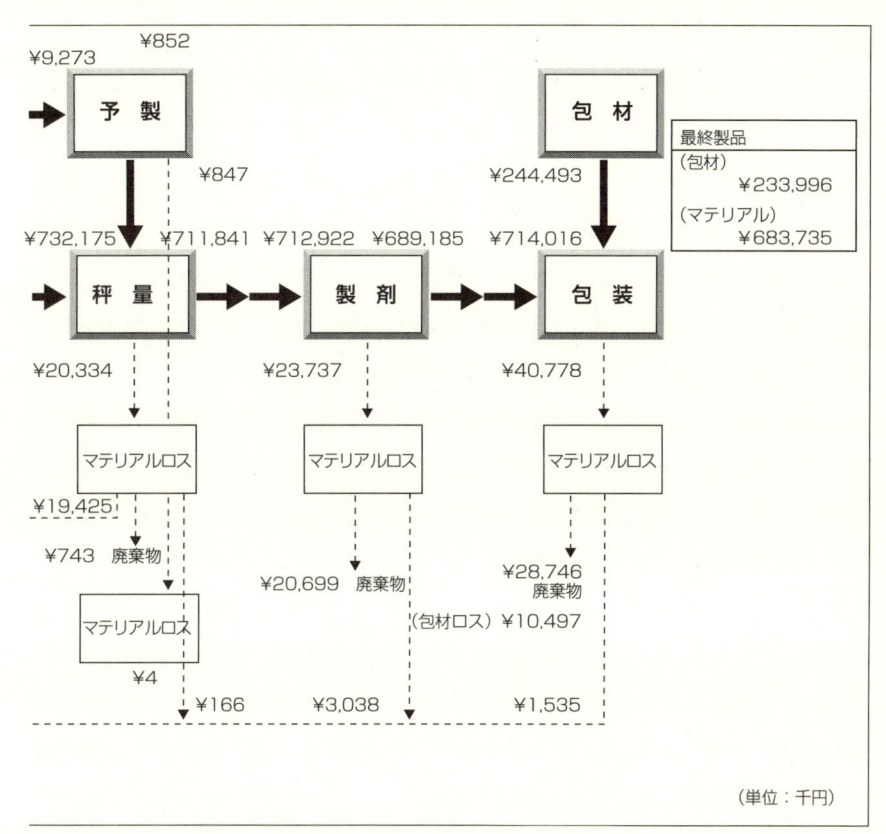

(注) 膨大なデータ量と現時点でのデータ処理システムの制約から、本ケースは各物量センターにおけるマスバランスをとることを目的としており、物量センター間の整合性はとれていない。したがって、物量センターを中心にそのインプットとアウトプットが測定されている。物量センター間の誤差は在庫を表すが、今回その在庫の数値までは厳密に測定できていない。
出典:経済産業省 (2002) p.117

の製造工程は、図1-6にあるように、複数原料を合成工程に投入し、次いでその合成されたものを精製する。その精製完了品が次工程に投入され原薬が製造される。そして、それを秤量後、製剤工程を経て、さまざまな容量と容器に包装され、完成品となる。各工程からマテリアルロスが生じるが、マテリアルロスは、回収し前工程や自工程に戻されるものと、そのまま廃棄物として処理されるものに分類される。

MFCAの原価範囲として、マテリアルコスト、システムコスト、配送／廃棄物処理コストのフルフローコストを集計し、さらに当該製品の製造原価全体をこの三つのコストに分類することとした。また、データ収集期間は2000年4月～2001年3月の1年間とした。

　導入初年度にもかかわらず、データ収集期間を1年間としたのは、田辺製薬がすでに自社開発の製造原価シュミレーションシステム（原材料費・労務費及び物量データ）を備えていたことと、2002年度からのSAP R/3の導入に合わせてデータを収集できるようにすでに取り組んでいたため、1年間のデータが比較的取りやすいという判断から、このように期間設定した。

　一元的データベースによるERPシステムが導入されている場合、1年間のMFCAに関するデータ収集は手計算に比べて遥かに簡単であり、田辺製薬のようにERPシステムの導入時期とMFCAの導入が重なれば、MFCAに合わせたシステム設計をERPシステムに反映させることができるので、MFCAをシステム的に導入する一つの好機といえる。ただし、ERPシステムにMFCAを直接組み込む場合は、ERPシステム自体のカスタマイズを意味することから、一般に費用と時間（労力を含む）がかなり必要となる。したがって、ERPシステムからデータを引き出し、MFCAに加工するような副次的システム（Warehouse）を構築することも、選択肢として考える必要がある。

2）MFCA導入プロジェクトの実施体制

　本プロジェクトを実施するため、次のプロジェクトチーム（計15名）が編成された。

　　本社（4名）
　　　　財務経理部（原価計算及びSAP R/3担当）　1名
　　　　環境管理部（環境会計担当）　1名
　　　　情報システム部（原価計算及びSAP R/3担当）　2名
　　工場（小野田：11名）
　　　　総務部（経理担当）　3名　　　　環境管理室　2名

生産管理部　1名　　　　　　品質保証室　1名
　　　製薬部　1名　　　　　　　　製剤部　1名
　　　エネルギー管理者　2名

3）データの収集

　マテリアル（原材料）と労務費及びそれぞれの物量データについては、自社開発の製造原価シュミレーションシステムによりデータを入手し、その他の費用に関するデータは財務データから収集した。

　具体的には、100kg表という完了品を100kgに換算した場合の各マテリアルの実績値を工程別に表記した一覧表（2000年度）、2000年度原価計算表、各工程の理論値を表す分解マスター、そして、2000年度標準原価計算表をマテリアルに関する物量データと金額データの資料とした。

　今回1年間のデータを手計算によって収集・処理したため、物量センターごとに単独でのマスバランスを測定することはできたが、各物量センター間の整合性をとるまでには至らなかった。ただし、各物量センターでの投入量は実測されていることから、各物量センターのマスバランスは実際を反映した正確なデータであるといえる。

(2) 田辺製薬におけるマテリアルコスト、システムコスト、配送／廃棄物処理コストの計算

　各製造工程におけるマテリアル（原材料）の使用と生産において、理論値・標準値・実績値があり、その三つの数字によりマテリアルロス計算している。

　マテリアルコストは、分子量計算による理論値と実績値の差を、ロスとして認識することとした。生産管理情報として、化学的に達成されるはずの理論値と、過去のデータをもとにした管理上の達成目標である標準値、そして実際の実績値があり、この三つの関係を組み込んだマテリアルロスの設定が可能であるが、今回のプロジェクトでのマテリアルロスは上記の理論値と実績値の差額とした。なお、主薬、副原料、補助材料、溶媒の全額ロスは、個別に直接把握した。また、

包装材料は包装工程の主薬のロス計算に用いた理論収率でロスを認識した。

エネルギー（水、電気、蒸気）コストは、部門別使用量を物量センター（工程）にマシンアワーで配分した後、ロスを原材料の重量比で把握した。

また、システムコストを構成する労務費は、物量センター（工程）別にマンアワーで認識し、ロスへの配分は原材料の重量比で把握した。さらに、設備費は機械装置の減価償却と修繕費を対象とし、マシンアワーで物量センター（工程）別に配分した。なお、設備費のロスは下記計算式で把握した。

物量センター別エネルギー量×〔1 − （マシンアワー／24時間×365日）〕

ところで、その他のシステムコストとは、製造部門以外の労務費、減価償却費、その他経費、配賦調整額であり、固定費的要素が強いため、ロスには配分していない。なお、配賦調整額とは、エネルギー費及び設備費にSAP R/3導入後の配賦基準を適用したことによる新旧基準の混在による差額である。

最後に、配送／廃棄物処理コストは物量センター別に計上し、すでに説明したように一般的な配送コストは対象外とした。

(3) データ付フローチャートについて

1) マテリアルコスト・フローチャート（図1-6）

今回は物量センター単独ではマスバランスをとっているが、物量センター間の整合性をとるに至っていない。したがって、図1-6をみると、物量センター間の矢印が二つ存在するのは、物量センターからのアウトプットと次の物量センターへのインプットをそれぞれ表記するためである。物量センターの上段は、投入データであり、矢印の上の数字は良品のアウトプットもしくは前工程からのインプットである。物量センターの下段にある本製造工程のマテリアルロスは、一度で良品とならなかったマテリアルロスとして表記し、次いで「マテリアルロス」から矢印で回収工程もしくは自工程に再投入されるマテリアルロス部分とそのまま最終廃棄物となるマテリアルロス分を分けて示している。

2) **システムコスト・フローチャート**（図1-7）

投入されるシステムコストは、労務費・設備費からなるシステムコストと前述したその他のシステムコストに2分類している。そして、労務費・設備費からなるシステムコストを良品とロスに按分し表記している。なお、その他のシステムコストは、次のように算出される。

その他システムコスト＝（間接費の総額）－（労務費＋設備費＋用役費＋廃棄費用）

ところで、今回、会計システムがSAP R/3に変更になる過渡期にプロジェクトが実施されていることから、上記の費目の算定基準が新旧混在している。例えば、今回の間接費の総額は2000年度の間接費の総額であり、従来の計算方法で算出されているが、同じ式の設備費と用役費はSAPに合わせた算定基準で算出されている。したがって、現時点ではその他のシステムコストが差額調整額となっており、場合によってはマイナスとなる（物量センター「合成」と「回収Ⅰ」において赤字で表示されている）。

3) **用役関連及び廃棄物関連コスト・フローチャート**（図1-8）

図では物量センターの上段が用役関連コストであり、各物量センターへの投入額とその投入額を良品とロスに按分した良品分が物量センター間の矢印の上にある。また、その矢印の下は用役関連コストのロス分を表記している。そして、物量センターの下向きの矢印は最終廃棄物の処理を表し、各最終廃棄物の処理コストが記載されている。

4) **フローコストマトリックス**（図1-9）

このような計算をまとめてフローコストマトリックスが作成される。

図の上段の投入部分のマテリアルコスト・システムコスト・用役関連コストは、各物量センターへの投入分であるが、当該製造工程への新規投入分ではなく、前工程からの物質のフロー分を表している。したがって、物量センター「包装」の

第2部：環境管理会計の実践

図1-7　田辺製薬　システムコスト・フローチャート

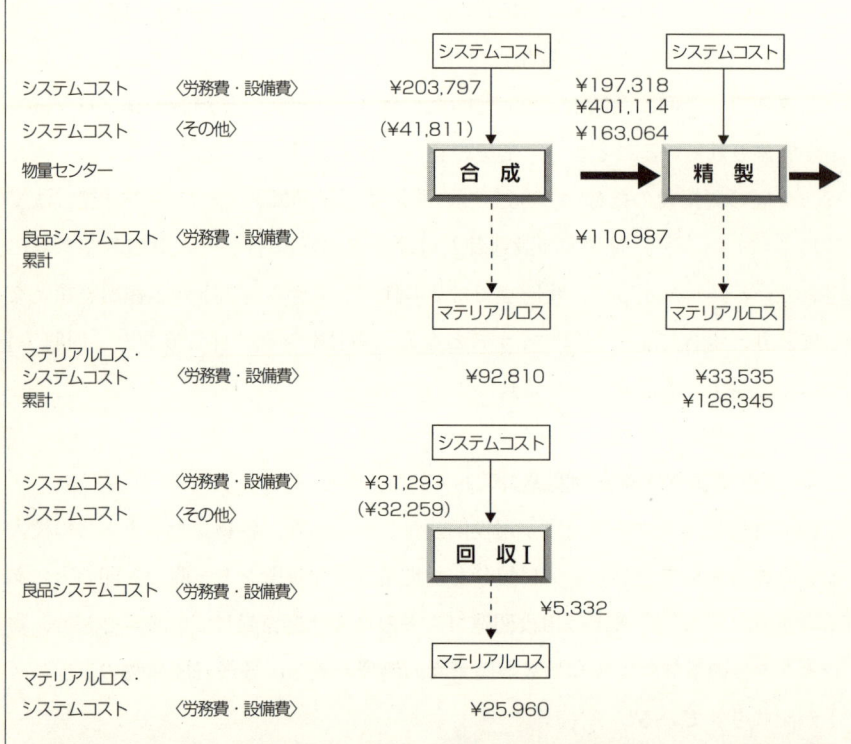

			合成		精製	
システムコスト	〈労務費・設備費〉	¥203,797	(システムコスト)	¥197,318 / ¥401,114	(システムコスト)	
システムコスト	〈その他〉	(¥41,811)		¥163,064		
物量センター						
良品システムコスト累計	〈労務費・設備費〉			¥110,987		
			マテリアルロス		マテリアルロス	
マテリアルロス・システムコスト累計	〈労務費・設備費〉		¥92,810		¥33,535 / ¥126,345	
システムコスト	〈労務費・設備費〉	¥31,293	(システムコスト)			
システムコスト	〈その他〉	(¥32,259)				
			回収Ⅰ			
良品システムコスト	〈労務費・設備費〉		¥5,332			
			マテリアルロス			
マテリアルロス・システムコスト	〈労務費・設備費〉		¥25,960			

システムコスト（その他）:（間接費の総額）−（労務費＋設備費＋用役費＋廃棄費用）であり、現時点では差額調整額を意味する。2002年4月からSAPが導入され、間接費の算定方法が従来とは変更される。これは2000年度の間接費の総額で従来の計算方法で算出されている。しかし、システムコストの計算は2002年度との比較可能性を持たせるためにSAPでの計算方法を採用している。このため、システムコスト（その他）が調整額となっている。

		労務費	設備費	用役費
総額：従来型	2002.3以前	マンアワー	マンアワー	マンアワー
システムコスト:SPA型	2002.4以降	マンアワー	マシンアワー	マシンアワー

出典：経済産業省（2002）p.118

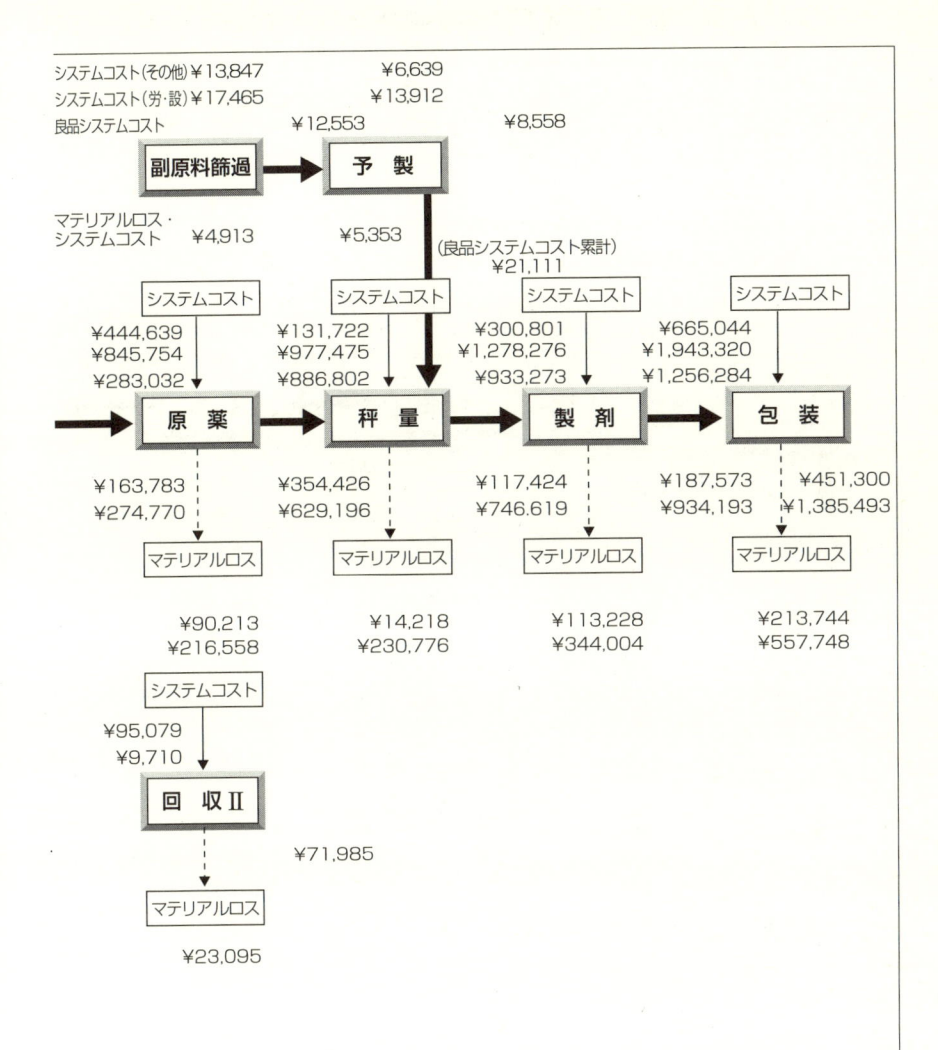

```
システムコスト(その他) ¥13,847         ¥6,639
システムコスト(労・設) ¥17,465        ¥13,912
良品システムコスト      ¥12,553                    ¥8,558
                         ┌─────────┐      ┌─────────┐
                         │ 副原料篩過 │ ───→ │  予 製  │
                         └─────────┘      └─────────┘
マテリアルロス・                                    │
システムコスト    ¥4,913        ¥5,353            │ (良品システムコスト累計)
                                                 │  ¥21,111
      ┌─システムコスト─┐  ┌─システムコスト─┐  ┌─システムコスト─┐  ┌─システムコスト─┐
       ¥444,639          ¥131,722          ¥300,801          ¥665,044
       ¥845,754          ¥977,475         ¥1,278,276        ¥1,943,320
       ¥283,032          ¥886,802          ¥933,273         ¥1,256,284
            ↓                 ↓                 ↓                 ↓
  →  ┌─────┐     ┌─────┐     ┌─────┐     ┌─────┐
      │ 原 薬 │ →  │ 秤 量 │ →  │ 製 剤 │ →  │ 包 装 │
      └─────┘     └─────┘     └─────┘     └─────┘
       ¥163,783         ¥354,426          ¥117,424          ¥187,573    ¥451,300
       ¥274,770         ¥629,196          ¥746.619          ¥934,193   ¥1,385,493
            ↓                 ↓                 ↓                 ↓
       ┌─────────┐   ┌─────────┐   ┌─────────┐   ┌─────────┐
       │マテリアルロス│  │マテリアルロス│  │マテリアルロス│  │マテリアルロス│
       └─────────┘   └─────────┘   └─────────┘   └─────────┘

        ¥90,213          ¥14,218          ¥113,228         ¥213,744
       ¥216,558         ¥230,776          ¥344,004         ¥557,748

    ┌─システムコスト─┐
      ¥95,079
       ¥9,710
         ↓
      ┌─────┐
      │ 回収Ⅱ │
      └─────┘
         ↓           ¥71,985
    ┌─────────┐
    │マテリアルロス│
    └─────────┘
        ¥23,095
```

図1-8 田辺製薬 用役関連及び廃棄物関連コスト・フローチャート

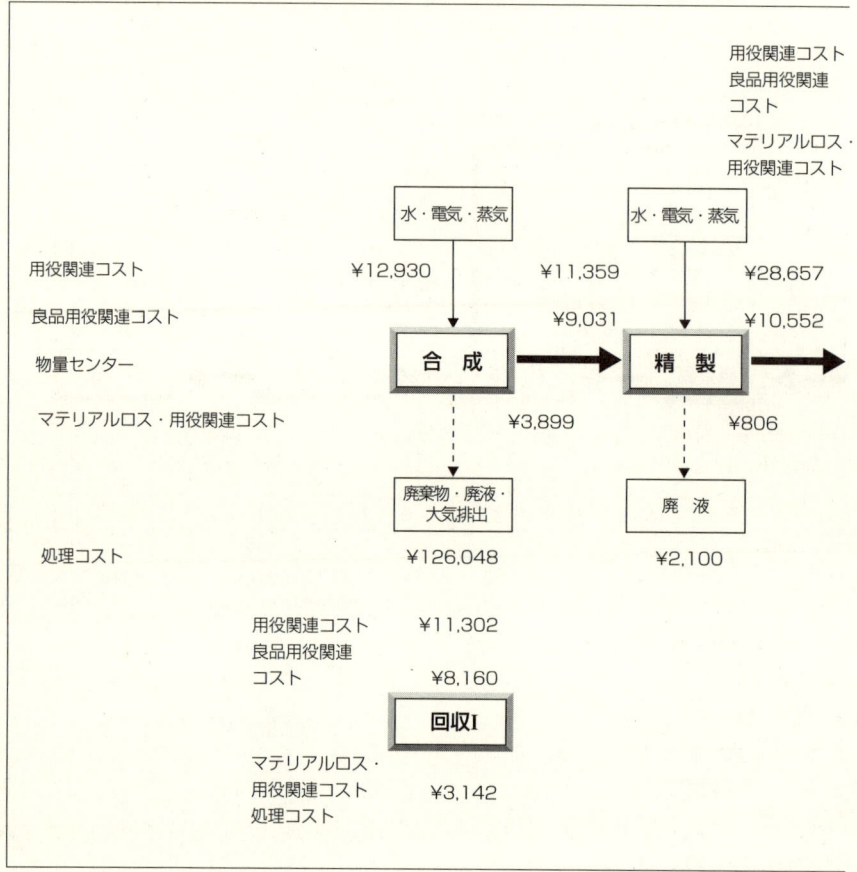

		水・電気・蒸気		水・電気・蒸気	用役関連コスト 良品用役関連コスト マテリアルロス・用役関連コスト
用役関連コスト		¥12,930	¥11,359	¥28,657	
良品用役関連コスト			¥9,031	¥10,552	
物量センター		合 成	→	精 製	→
マテリアルロス・用役関連コスト		¥3,899		¥806	
		廃棄物・廃液・大気排出		廃 液	
処理コスト		¥126,048		¥2,100	

用役関連コスト　¥11,302
良品用役関連コスト　¥8,160

回収I

マテリアルロス・用役関連コスト　処理コスト　¥3,142

出典：経済産業省 (2002) p.119

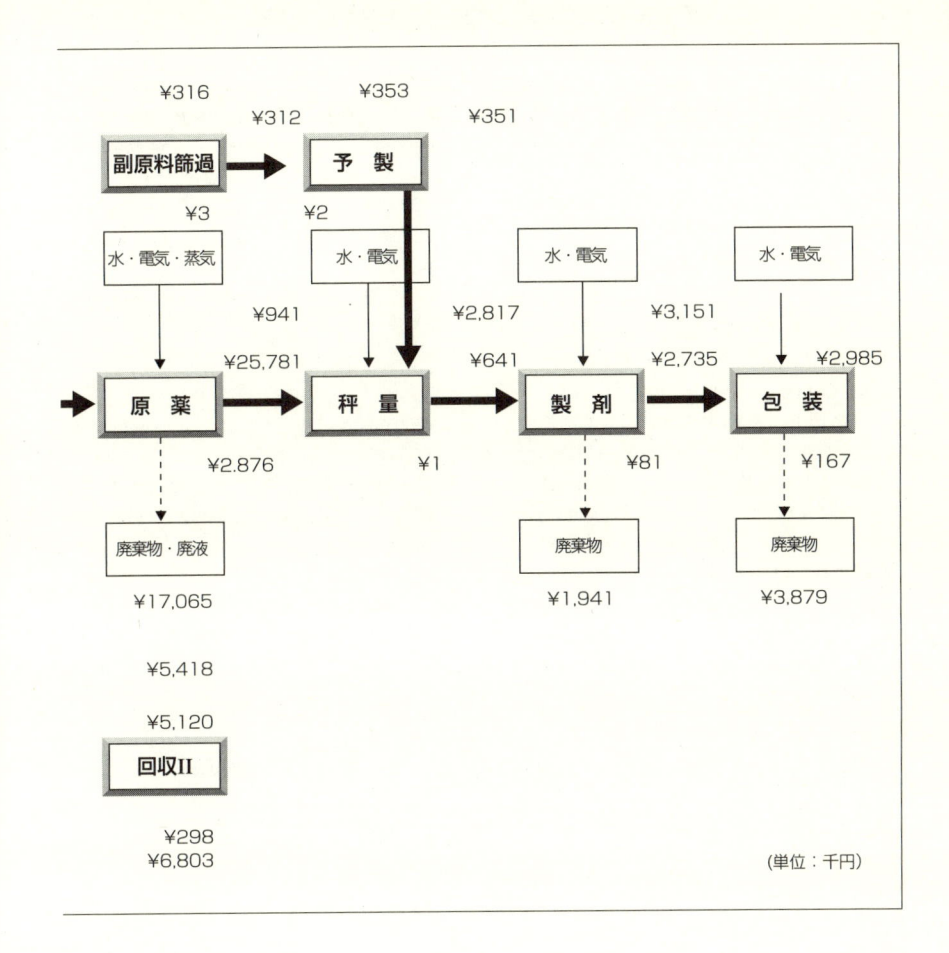

```
                ¥316              ¥353              ¥351
                     ¥312
        ┌──────────┐       ┌──────────┐
        │ 副原料篩過 │─────▶│  予  製  │
        └──────────┘       └──────────┘
             ¥3                 ¥2
        ┌──────────┐       ┌──────────┐      ┌──────────┐      ┌──────────┐
        │水・電気・蒸気│     │ 水・電気 │      │ 水・電気 │      │ 水・電気 │
        └──────────┘       └──────────┘      └──────────┘      └──────────┘
                            ¥941              ¥2,817            ¥3,151
             │   ¥25,781      │     ¥641         │    ¥2,735       │   ¥2,985
             ▼                ▼                  ▼                 ▼
        ┌──────┐         ┌──────┐          ┌──────┐          ┌──────┐
    ───▶│ 原薬 │────────▶│ 秤量 │─────────▶│ 製剤 │─────────▶│ 包装 │
        └──────┘         └──────┘          └──────┘          └──────┘
             │   ¥2,876         │  ¥1              │  ¥81           │  ¥167
             ▼                                     ▼                ▼
        ┌──────────┐                          ┌──────┐          ┌──────┐
        │廃棄物・廃液│                          │廃棄物│          │廃棄物│
        └──────────┘                          └──────┘          └──────┘
           ¥17,065                              ¥1,941            ¥3,879

           ¥5,418

           ¥5,120
        ┌──────┐
        │ 回収II│
        └──────┘

            ¥298
            ¥6,803                                         (単位:千円)
```

図1-9　田辺製薬　フローコストマトリックス

物量センター	合成	精製	原薬	秤量	製剤
投入					
マテリアルコスト	¥303,967	¥279,603	¥223,263	¥732,175	¥712,922
システムコスト	¥161,886	¥360,382	¥727,671	¥1,018,524	¥1,234,074
用役関連コスト	¥12,930	¥11,359	¥28,657	¥941	¥2,817
小計	¥478,783	¥651,344	¥979,592	¥1,751,641	¥1,949,813
マテリアルロス					
マテリアルロス	¥242,949	¥207,996	¥27,589	¥20,334	¥23,737
うち回収工程	(¥125,510)	(¥88,762)	(¥2,116)	(¥19,591)	(¥3,038)
うち廃棄物	(¥117,440)	(¥119,234)	(¥25,474)	(¥743)	(¥20,699)
システムコスト	¥92,810	¥33,535	¥90,213	¥14,218	¥113,228
用役関連コスト	¥3,899	¥806	¥2,876	¥1	¥81
廃棄物処理コスト	¥126,048	¥2,100	¥17,065		¥1,941
小計	¥465,706	¥244,437	¥137,744	¥34,553	¥138,987

	マテリアルコスト	システムコスト	処理コスト	小計
良品	¥371,748	¥1,296,134	0	¥1,667,883
マテリアルロス	¥586,761	¥628,345	¥157,836	¥1,372,942
最終廃棄物	(¥346,210)	—	(¥157,836)	(¥504,046)
計	¥958,509	¥1,924,480	¥157,836	¥3,040,825

マテリアルロスコスト率　47.6%
最終廃棄物コスト率　17.5%

出典：経済産業省（2002）p.120

包装	副原料篩過	予製	回収I	回収II	
¥958,509	¥9,371	¥852	¥88,980	¥6,969	
¥1,921,328	¥31,312	¥20,751	¥−966	¥104,789	
¥3,151	¥316	¥353	¥11,302	¥5,418	
¥2,882,989	¥40,999	¥21,956	¥99,316	¥117,176	
¥40,778	¥99	¥4	¥16,381	¥6,894	¥586,761
(¥1,535)	¥ -	¥ -	¥-	¥-	(¥240,551)
(¥39,243)	(¥99)	(¥4)	(¥16,381)	(¥6,894)	(¥346,210)
¥213,744	¥4,913	¥5,353	¥25,960	¥23,095	¥617,070
¥167	¥3	¥2	¥3,142	¥298	¥11,276
¥3,879		¥5,359		¥6,803	¥157,836
¥258,568	¥5,015		¥45,483	¥37,089	¥1,372,942

(単位:千円)

図 1-10　田辺製薬における改善実施案

```
導入の成果
  問題点の発掘
    合成工程において、塩素系溶媒を含む廃棄物処理コストが大きい。
    （廃液焼却処理コスト：1億2,605万円）

  改善策の実施              コスト低減と環境負荷削減の同時実現の実施

フェーズ1
  塩素系溶媒のリサイクル    ◆設備投資　塩素系溶媒吸着回収装置設置（2003年5月完成予定）
  による社会的環境コスト      投資額　7,000万円　（設備のランニングコスト→500万円／
  の削減                      年のコストアップ）
                            ◆効果①環境負荷の削減（塩素系溶媒の大気排出量の大幅削減）
                              ②溶媒の回収再使用による原料購入費削減（350万円／年のコス
                              トダウン）③廃液処理費用削減（150万円／年のコストダウン）

フェーズ2
  当該医薬品の廃液焼却廃    ◆廃液処理方法変更　場内焼却炉の廃液焼却処理を活性汚泥処理
  止による原価低減と環境      に変更
  負荷の削減                ◆効果　廃棄物処理コスト削減および環境負荷削減
                              経済効果　2,500万円／年＝3,000万円－500万円
                              （フェーズ1先行分）
                              当該医薬品の廃液焼却量の削減：2,500トン／年
                              （工場全体：5,500トン／年）

フェーズ3
  場内焼却処理廃止による    ◆場内焼却処理の廃止　場内焼却炉撤廃
  原価低減と環境負荷の削    ◆効果　廃棄物処理コスト削減、環境負荷削減、環境リスク回避
  減                          経済効果　5,000万円／（人件費、エネルギー費、修繕費等の
                              削減による）

                          ◎フェーズ　1～3の経済効果は、8,000万円／年であり、これに対し投資
                            を行っていくことになる　（フェーズ1の投資決定額　7,000万円）
```

出典：田辺製薬資料

数値が当期の最終製品から換算された総投入製造原価である。すでに説明したが、各物量センターが独立している前提で今回マスバランスをとっているため、資料の関係からすべて各物量センターへの新規投入分として表記している。

また、下段のマテリアルロス部分はすべて各物量センターでの個別発生額を表しており、表の右端に累計額がある。マテリアルロスに関しては、回収工程又は自工程に戻される部分とそのまま最終廃棄物になる部分があるため、それぞれ按分した額を表記している。なお、システムコストは各物量センターのマテリアルロス全体（回収分と最終廃棄物分）の金額が表記されている。この金額を回収分と最終廃棄物分に按分する必要があるが、今回はプロジェクトの時間的制約で見

送った。

　各物量センターを独立に集計したため全体の整合性はとれていないが、各物量センターでのインプットとアウトプット（ロス分を含む）は実測されていることから、得られたデータは実際を反映した正確な数値であると判断でき、以下のようなロス率が計算され、現状分析と改善が実施された。

　　　マテリアルロスコスト率：47.6％（1回で良品にならなかったマテリアルロ
　　　　　　　　　　　　　　　　ス分が投入コスト全体に占める割合）
　　　最終廃棄物コスト率　　：17.5％（最終廃棄物となる部分が投入コスト全体
　　　　　　　　　　　　　　　　に占める割合）

5）改善案の検討と実施

　小野田工場試験導入結果によって、製薬工程（合成）において反応に使用する塩素系溶媒に係る廃棄物処理コストが大きいことと、製薬工程においてマテリアルロスが大きいことが問題点として発見され、検討された。なお、後者の製薬工程での収率のアップに関しては検討・分析されているが、新たな研究開発や設備投資などが必要であり、即座に改善実施されるようなものではない。それに対して、前者の廃棄物処理に関しては、即時的かつ計画的な改善実施が可能であると判断され、以下のように改善投資等が実施されている。

　田辺製薬では、プロジェクトによって明らかとなった当該製品の製造工程内の合成工程での廃棄物処理コスト1億2,605万円／年を改善することに具体的に取り組むことが決定された。

　図1-10にあるように田辺製薬では、3段階（フェーズⅠ～Ⅲ）の改善案が策定され、この改善案を実施することによって、8,000万円／年の経済効果があるとMFCA情報を利用して算定している。

　図1-10のフェーズⅠにおいて、新たな環境負荷低減の設備7,000万円が投資され、ランニングコストとして新たに500万円／年が発生することとなる。これま

ではこの投資額とランニングコストだけが把握されていただけであったが、MFCAによって、この投資による経済効果が算定されることによって、田辺製薬では投資後に毎年発生する増分原価と費用削減分が同額で、当初投資額だけが負担額であることが明らかとなり、具体的に投資案件として分析され、投資案件が採択されることとなった。このように環境経営を目指す田辺製薬にとって環境負荷を低減すると同時に経済性を向上させる経営判断が可能となったのである。

田辺製薬ではMFCAを含む環境会計による環境経営のシステム化に取り組んでいる。田辺製薬では環境会計を環境経営の情報システムと位置づけ、環境経営の内部管理にはMFCAなどの環境管理会計情報を利用し、その内部データに基づき外部報告用の環境会計が作成され、この公表される環境会計情報が、いわゆる財務情報と同じく田辺製薬の環境経営業績（企業業績）を示す情報として、外部利害関係者に活用されるように体系化しようと考えている。また、このシステム化においてMFCA導入プロジェクトに付随する経営情報システムの整備がこれらの情報基礎を形成していることは重要な点である。

田辺製薬では、このように環境会計情報による環境経営のサイクルをスムーズに回すことにより、環境負荷の低減と企業利益の向上を同時に達成する環境経営の実現に向けて取り組んでいる。

4 タキロン

タキロンは、合成樹脂板ならびに加工品のトップメーカーであり、プラスチック・テクノロジーで社会へ貢献することを目指している。

タキロンでのMFCA導入実験の特徴は、リサイクルシステムの経済性分析である。導入対象となった製品は合成樹脂シートで、その製造工程にMFCAを導入・分析した。

この製造工程では、各工程で生じた排出物（主に製品を構成する予定であった原材料）をリサイクル工程で再加工し、同製造工程に材料の一つとして再投入し

表1-2 マスバランスチェックシート

		投入	期首在庫	期末在庫	他工程	A材	廃棄物	次工程	投入	期首在庫	期末在庫	他工程	A材	廃棄物	次工程
材料	A														
	B														
	C														
	仕入リサイクル…														
社内リサイクル	い														
	ろ														
	は														
	…														
仕掛品	イ														
	ロ														
	ハ														
	…														
製品	①														
	②														
	③														
	…														
生産屑	I														
	II														
	III														
	…														
他工程	壱														
	弐														
	参														
	…														

出典：経済産業省（2002）p.124

ている。ただし、このリサイクル工程で再加工し再投入される排出物（材料の一つ）は、一番始めに製造工程に投入されたバージン材と組成が異なるので、その利用目的はバージン材とは異なる。このようにバージン材が加工され製造工程からいったん排出されても、それをほぼ100％再利用することによって廃棄物ゼロの達成に努めている。

本ケースにおいて工場視察の段階で廃棄物（目に見えるゴミ）がほとんど発生していないことから、MFCAによって廃棄物が出ているということを分析するのではなく、リサイクル工程をも含めたマテリアルフローチャートを作成し、リサイクル工程を持つ製造工程のMFCA的分析を実施することとした。

(1) タキロンでのマテリアルフローコスト会計導入の概要

1）MFCA導入の対象

タキロン安富工場の合成樹脂床材の一製品群一製造ラインを導入実験の対象とした。MFCAの原価範囲は、マテリアルコスト、システムコスト、配送／廃棄物処理コストのフルフローコストとし、データ収集期間は3か月とした。

製造ラインを簡単に説明すると、後で示す図1-11にあるように、主な原料を「混合」工程と「混練」工程で均質に混ぜ合わせ、それを「圧延」工程でシート状にし、さらに「積層・仕上げ」工程を経て、シートの原反ができ上がる。そのでき上がったシートを「検査・巻取り」工程で検査し、いったん仮梱包する。その後、受注量に応じて再梱包し、製品として出荷される。なお、各工程で生じた仕損じ等の排出物は分別収集され、主原料が排出物となっている部分は、再度「混合・組成調整」工程を経て、製造工程に再投入される。

2）MFCA導入プロジェクトの実施体制

MFCAはすでに説明したように、特定の部署の知識や権限のみによって実施可能なツールではなく、機能横断的なプロジェクトチームの編成が必要である。

タキロンでは、以下のような部署の協力によって実施された。

本社：財務部（テスト導入検討リーダー）
　　　環境品質保証部（環境パフォーマンスの検討）
　　　資材部（サプライチェーンとの関連）
　　　建築資材事業部　床材統括部（データの統括管理）
工場：環境品質保証部（本社組織の工場駐在）（既存データの整理）
　　　製造課（ライン特性の検討）
　　　事務課（コストの集計）

3）データの収集

　プロジェクトチームが編成され、それぞれの役割が割り当てられ、当該製造工程における物量データの収集と記録が開始される。タキロンでは、独自の表1-2マスバランスチェックシートが作成され、マテリアル6分類に対して投入・期首期末在庫・他工程・社内リサイクル材・廃棄物・次工程と記録された。MFCAでは物量センターへのマテリアルの投入量と次の物量センターへの払出量、そして期首・期末在庫量によってインプットとアウトプットのバランス（バランスがとれない差額をマテリアルロスとする）がとれるかをみることが重要な作業である。すでに現場にあるデータがこの要件を満たしていない場合、新たにデータ記録が必要となる。なお、タキロンにおける今回の記録・集計に関しては工場に点在していた数字を部分的に手集計するという作業を実施している。

(2) タキロンにおけるマテリアルコスト、システムコスト、配送／廃棄物処理コストの計算

　タキロンにおけるMFCAの対象製品のマテリアルは、主原料・補助材料・製造荷材・出荷荷材・購入リサイクル材（購入RC材）・社内リサイクル材（社内RC材）に大別されている。なお、それぞれのマテリアルは複数のマテリアルから構成されている。
　また、システムコストは労務費・減価償却費・その他の経費からなり、財務デ

ータをもとに当該期間の総額を算定した。また、各物量センターで単独にコストセンターが設定されていないので、一つのコストセンターで複数の物量センターを含むときは、一定の基準を使って各物量センターに按分した。例えば、労務費は社員と外注作業者からなっており、製造工程全体・完成品倉庫・リサイクル工程の三つの範囲で記録されている。なお、各物量センターへの配分は各工程の延べ人数を基準とした。減価償却費は、建物・機械装置・車両・工具備品からなっており、製造工程の前半・後半と完成品倉庫・リサイクル工程の四つの範囲で記録されている。なお、各物量センターへの配分は製造工程におけるオンタイム時の各工程のリードタイムを基準とした。

その他経費は、労務費・減価償却費・外注費を除く修繕費とその他経費とした。これらの費用は製造工程全体・完成品倉庫・リサイクル工程の三つの範囲で記録されている。なお、各物量センターへの配分は製造工程におけるオンタイム時の各工程のリードタイムを基準とした。

(3) データ付フローチャートについて

1) マテリアルコスト・フローチャート（図1-11）

図の上段の主原料・補助材料・購入RC材は各物量センターへの投入分を表している。また、物量センターから右にでる矢印上に記されている金額は、各マテリアルのフローを金額で示している。物量センターの真下への破線矢印は、その物量センターでのマテリアルロスを表している。各物量センターで発生したマテリアルロスは、チャートの左下にあるリサイクル工程に投入される部分と最終マテリアルロスに分かれている。

2) システムコスト・フローチャート（図1-12）

このフローチャートでは、上段に各物量センターで発生したシステムコストが表記されている。物量センターに投入されたシステムコストは良品とマテリアルロスに按分され、その金額が表記されている。なお、マテリアルロスに配分され

たシステムコストは、さらにリサイクル工程に投入される部分と最終廃棄物になる部分に按分されて示されている。

3）電力及び廃棄物関連コスト・フローチャート（図1-13）

図では各物量センターで使用された電力がチャート上段に記載され、その電力は良品とロス分（ロス電力コスト）とに按分され、各物量センターの良品電力コストとロス電力コストとして表されている。なお、廃棄物処理コストは、工場全体で約55万円、廃棄物の重量比で当該製造ラインに配分すると約10万円であり、少額であるということから物量センターごとに把握していない。

4）フローコストマトリックス（図1-14）

これまでの三つのフローチャートを統合し、フローコストマトリックスが作成され、マテリアルロス率を算定している。まず、1回で良品にならなかったマテリアルロス分が投入コスト全体に占める割合をマテリアルロスコスト率（9.0％）として算定し、続いて最終廃棄物となる部分が投入コスト全体に占める割合を最終廃棄物コスト率（1.0％）として算定している。この結果からも明らかなように、早急に改善しなければならないと判断されるほどの原材料の無駄という意味でのマテリアルロスは発見されなかった。

（4）改善案の検討

これまで製造工程の排出物を同じ製造工程に再投入するというリサイクルを徹底することによって、廃棄物（無駄）も少なく環境負荷の低い製造工程であると考えられていた。しかしながら、このリサイクルシステムの経済性について体系的に分析することもなく、その方法も見いだされていなかった。

タキロンでは同じ目的で投入されるリサイクル材は二つあり、それらは社内の排出物のリサイクルと社外からの購入リサイクル材である。ここで分析の対象となるのは、社内リサイクル材（コスト）である。これまでタキロンではゼロエミ

第2部：環境管理会計の実践

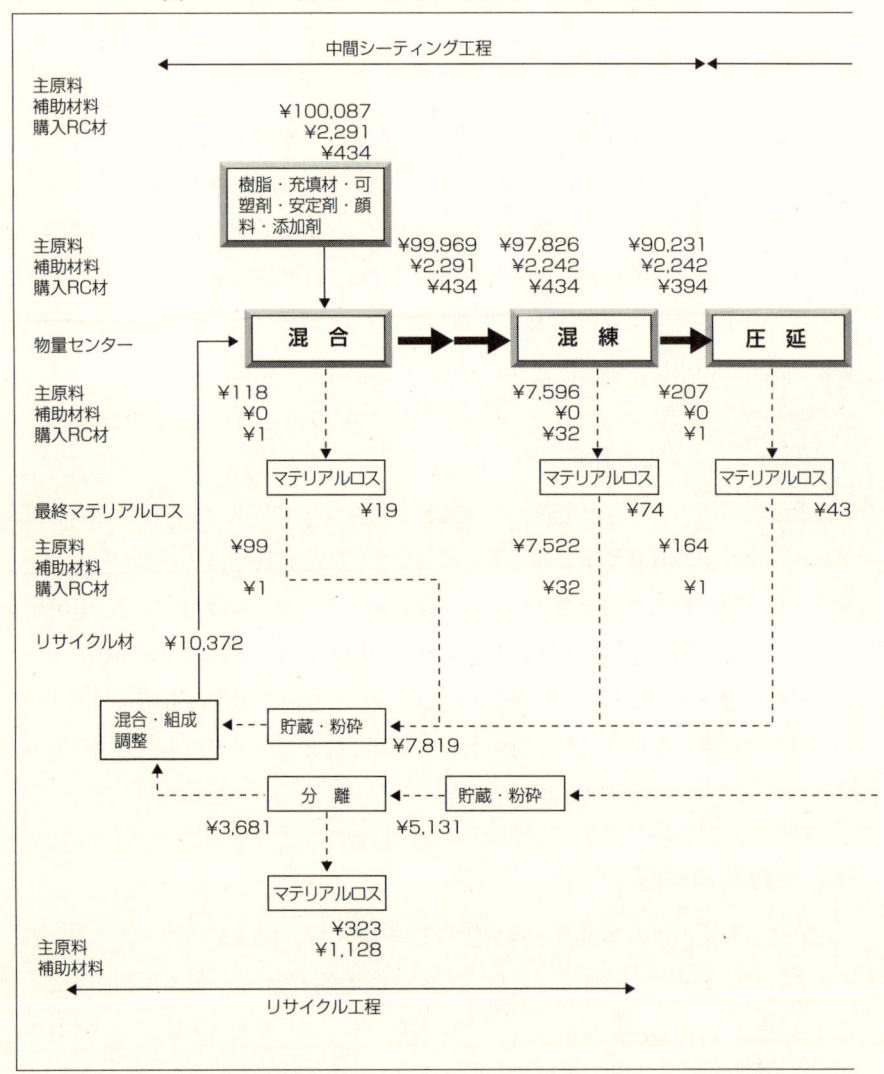

図1-11　タキロン　マテリアルコスト・フローチャート

```
中間シーティング工程
```

主原料　　　　　　　¥100,087
補助材料　　　　　　　¥2,291
購入RC材　　　　　　　　¥434

　　　　　　　[樹脂・充填材・可塑剤・安定剤・顔料・添加剤]

主原料　　　　　　　¥99,969　¥97,826　¥90,231
補助材料　　　　　　　¥2,291　　¥2,242　　¥2,242
購入RC材　　　　　　　　¥434　　　¥434　　　¥394

物量センター　　　　[混　合]　→　[混　練]　→　[圧　延]

主原料　　　　　　　　¥118　　　　¥7,596　　　¥207
補助材料　　　　　　　　¥0　　　　　　¥0　　　　¥0
購入RC材　　　　　　　　¥1　　　　　¥32　　　　¥1

　　　　　　　　　　[マテリアルロス]　[マテリアルロス]　[マテリアルロス]

最終マテリアルロス　　　　¥19　　　　　¥74　　　　¥43

主原料　　　　　　　　¥99　　　　¥7,522　　　¥164
補助材料
購入RC材　　　　　　　　¥1　　　　　¥32　　　　¥1

リサイクル材　¥10,372

[混合・組成調整] ← [貯蔵・粉砕] ← ¥7,819

　　　　　　← [分　離] ← [貯蔵・粉砕] ← ……

　　　　　¥3,681　　¥5,131

　　　　　　　[マテリアルロス]
　　　　　　　　¥323
主原料　　　　　¥1,128
補助材料

```
リサイクル工程
```

注) ¥-866 とは、次の理由による調整のためマイナスとなっている。物量センター「積層・仕上げ」まで重量で測定されているが、「検査・巻取り」では平米で測定されている。この平米を単位平米当りの重量で重量換算すると、この場合前工程から投入された以上の重量物が生産されたことになった。

出典：経済産業省（2002）p.128

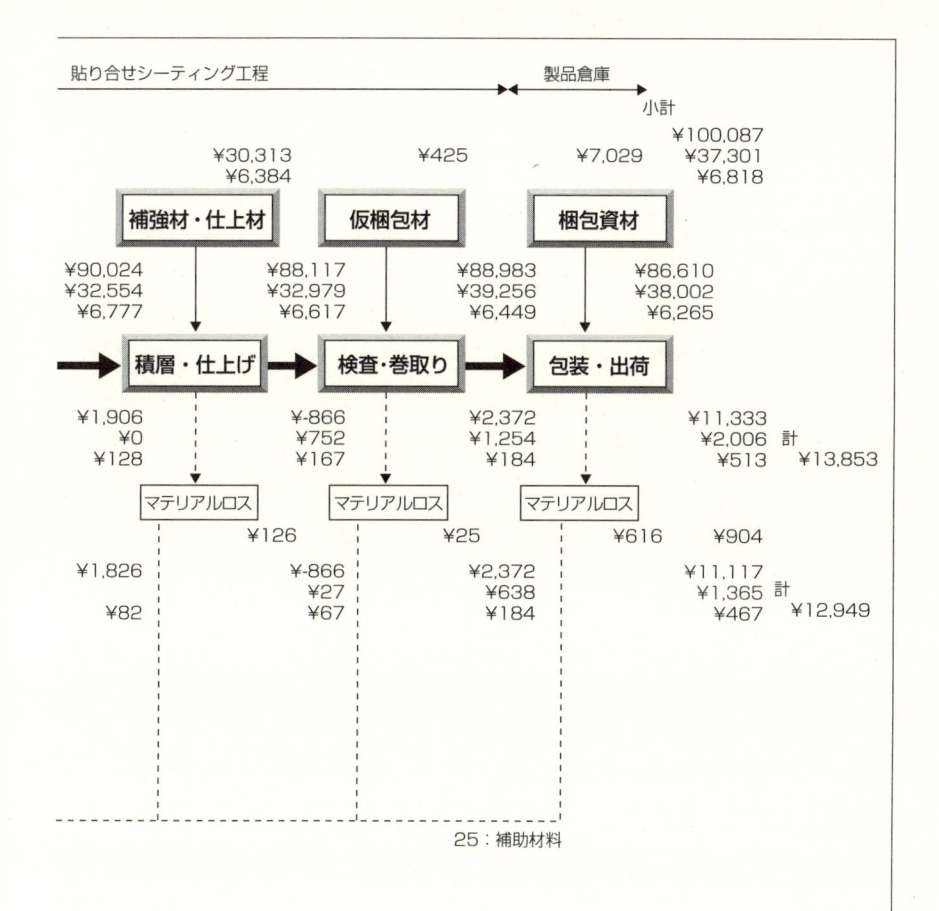

第1章 マテリアルフローコスト会計の企業事例

```
                貼り合せシーティング工程                    製品倉庫
                                                                     小計
                                                                     ¥100,087
              ¥30,313              ¥425           ¥7,029             ¥37,301
              ¥6,384                                                 ¥6,818
         ┌──────────┐      ┌──────────┐      ┌──────────┐
         │補強材・仕上材│      │ 仮梱包材 │      │ 梱包資材 │
         └──────────┘      └──────────┘      └──────────┘
  ¥90,024         ¥88,117          ¥88,983         ¥86,610
  ¥32,554         ¥32,979          ¥39,256         ¥38,002
  ¥6,777          ¥6,617           ¥6,449          ¥6,265
         ↓                  ↓                ↓                ↓
   ┌──────────┐      ┌──────────┐      ┌──────────┐
→→│ 積層・仕上げ │→→│ 検査・巻取り │→→│ 包装・出荷 │
   └──────────┘      └──────────┘      └──────────┘
  ¥1,906           ¥-866            ¥2,372           ¥11,333
  ¥0               ¥752             ¥1,254           ¥2,006    計
  ¥128             ¥167             ¥184             ¥513    ¥13,853
       ↓                ↓                ↓
   ┌────────┐     ┌────────┐      ┌────────┐
   │マテリアルロス│    │マテリアルロス│    │マテリアルロス│
   └────────┘     └────────┘      └────────┘
                     ¥126              ¥25              ¥616     ¥904
  ¥1,826           ¥-866            ¥2,372           ¥11,117
                   ¥27              ¥638             ¥1,365    計
  ¥82              ¥67              ¥184             ¥467    ¥12,949

                                    25：補助材料


                                                      （単位：千円）
```

・205・

第2部：環境管理会計の実践

図1-12　タキロン　システムコスト・フローチャート

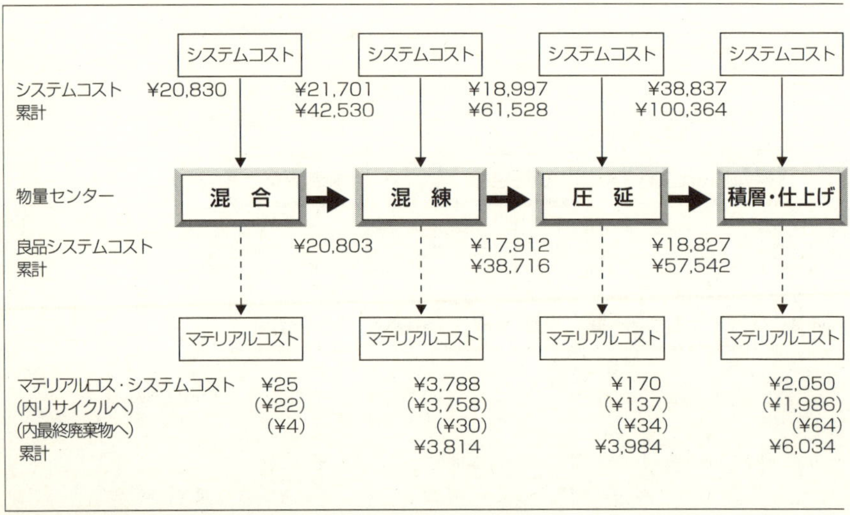

	システムコスト	システムコスト	システムコスト	システムコスト
システムコスト	¥20,830	¥21,701	¥18,997	¥38,837
累計		¥42,530	¥61,528	¥100,364
物量センター	混合 →	混練 →	圧延 →	積層・仕上げ
良品システムコスト		¥20,803	¥17,912	¥18,827
累計			¥38,716	¥57,542
	マテリアルコスト	マテリアルコスト	マテリアルコスト	マテリアルコスト
マテリアルロス・システムコスト	¥25	¥3,788	¥170	¥2,050
(内リサイクルへ)	(¥22)	(¥3,758)	(¥137)	(¥1,986)
(内最終廃棄物へ)	(¥4)	(¥30)	(¥34)	(¥64)
累計		¥3,814	¥3,984	¥6,034

出典：経済産業省（2002）p.129

図1-13　タキロン　電力及び廃棄物関連コスト・フローチャート

	電力	電力	電力	電力
電力コスト	¥1,872	¥4,854	¥2,369	¥3,942
良品電力コスト		¥1,867	¥4,079	¥2,340
物量センター	混合 →	混練 →	圧延 →	積層・仕上げ
ロス電力コスト	¥5	¥775	¥29	¥304
(内リサイクル材へ)	(¥4)	(¥769)	(¥23)	(¥294)
(内最終廃棄物へ)	(¥1)	(¥6)	(¥6)	(¥10)

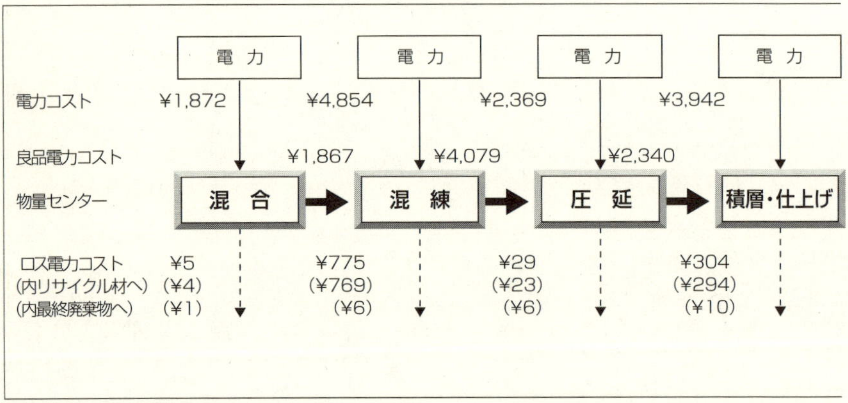

(注) 廃棄物処理費用は工場全体で約55万円であり、重量比で按分して当該製造ライン分は10万円程度である。フローチャート（マテリアル）で示されているように生産数量全体に対して数％が当該期間の最終廃棄物であり、また現時点では少額でもあり場所別に把握はしていない。

出典：経済産業省（2002）p.130

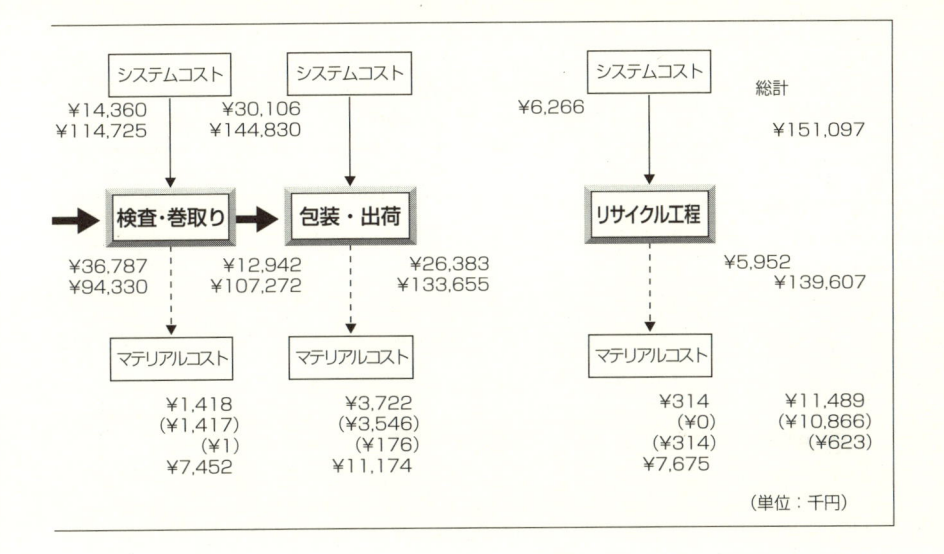

```
                                                            総計
 システムコスト    システムコスト         システムコスト      ¥151,097
 ¥14,360        ¥30,106              ¥6,266
 ¥114,725       ¥144,830
    ↓              ↓                    ↓
→ 検査・巻取り → 包装・出荷            リサイクル工程
 ¥36,787        ¥12,942    ¥26,383     ¥5,952    ¥139,607
 ¥94,330        ¥107,272   ¥133,655
    ↓              ↓                    ↓
 マテリアルコスト  マテリアルコスト        マテリアルコスト
 ¥1,418         ¥3,722                ¥314      ¥11,489
 (¥1,417)       (¥3,546)              (¥0)      (¥10,866)
 (¥1)           (¥176)                (¥314)    (¥623)
 ¥7,452         ¥11,174               ¥7,675
                                               (単位：千円)
```

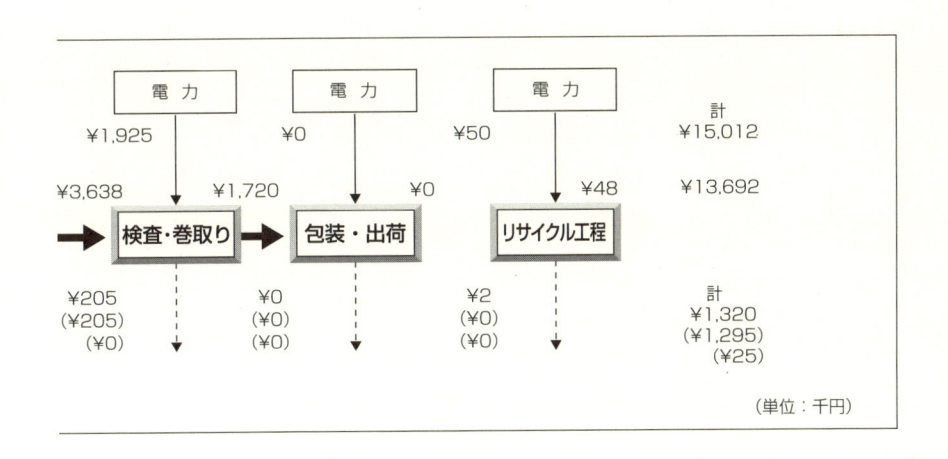

```
                                                    計
    電 力           電 力           電 力         ¥15,012
   ¥1,925          ¥0             ¥50
    ↓              ↓              ↓
¥3,638         ¥1,720    ¥0      ¥48   ¥13,692
→ 検査・巻取り → 包装・出荷       リサイクル工程
    ↓              ↓              ↓                計
  ¥205           ¥0              ¥2              ¥1,320
  (¥205)         (¥0)            (¥0)            (¥1,295)
  (¥0)           (¥0)            (¥0)            (¥25)
                                               (単位：千円)
```

第2部：環境管理会計の実践

図1-14　タキロン　フローコストマトリックス

コストマトリックス タキロン 物量センター	混合	混練	圧延	積層・仕上げ
投入				
マテリアルコスト	¥102,813			¥36,697
システムコスト	¥20,830	¥21,701	¥18,997	¥38,837
電力コスト	¥1,872	¥4,854	¥2,369	¥3,942
小計	¥125,514	¥26,555	¥21,366	¥79,476
マテリアルロス				
マテリアルロス	¥119	¥7,628	¥208	¥2,034
（内リサイクルへ）	（¥100）	（¥7,554）	（¥165）	（¥1,908）
（内最終廃棄物へ）	（¥19）	（¥74）	（¥43）	（¥126）
システムコスト	¥25	¥3,788	¥170	¥2,050
（内リサイクルへ）	（¥22）	（¥3,758）	（¥137）	（¥1,986）
（内最終廃棄物へ）	（¥4）	（¥30）	（¥34）	（¥64）
電力コスト	¥5	¥775	¥29	¥304
（内リサイクルへ）	（¥4）	（¥769）	（¥23）	（¥294）
（内最終廃棄物へ）	（¥1）	（¥6）	（¥6）	（¥10）
廃棄物処理コスト				
小計	¥149	¥12,191	¥407	¥4,387

	マテリアルコスト	システムコスト	電力コスト	処理コスト	小計
良品	¥128,904	¥139,608	¥14,987	0	¥283,499
マテリアルロス	¥15,303	¥11,489	¥1,320	¥0	¥28,112
最終廃棄物	¥2,354	¥623	¥25	¥100	¥3,102
計	¥144,207	¥151,097	¥16,307	¥100	¥311,611

マテリアルロスコスト率　9.0%
最終廃棄物コスト率　　1.0%

出典：経済産業省（2002）p.131

	検査・巻取り	カット・包装	リサイクル工程	
			¥12,915	
	¥425	¥7,029	¥0	¥144,207
	¥14,360	¥30,106	¥6,266	¥151,097
	¥1,925	¥0	¥50	¥15,012
	¥16,710	¥37,135	¥6,317	¥310,316
	¥54	¥3,810	¥1,450	¥15,303
	(¥28)	(¥3,194)	(¥0)	(¥12,949)
	(¥25)	(¥616)	(¥1,450)	(¥2,354)
	¥1,418	¥3,722	¥314	¥11,489
	(¥1,417)	(¥3,546)	(¥0)	(¥10,866)
	(¥1)	(¥176)	(¥314)	(¥623)
	¥205	¥0	¥2	¥1,320
	(¥205)	(¥0)	(¥0)	(¥1,295)
	(¥0)	(¥0)	(¥2)	(¥25)
				¥100
	¥1,677	¥7,533		¥28,212

(単位：千円)

ッションを目指して社内リサイクルを実施していたため、最終廃棄物だけが認識されていた。

　例えば、この最終廃棄物は、マテリアルコスト（約90万円）、システムコスト（約30万円）と評価される。マテリアルコストは投入したマテリアルに対して約0.6％で、システムコストは全体に対しては約0.2％であり、無視できる大きさと判断される。しかしながら、これはリサイクルによるもので、一度で良品に加工されないマテリアルをすべてマテリアルロスと考えると、コストマトリックスデータによれば、マテリアルコスト（約1,380万円）、システムコスト（約1,100万円）と評価される。この場合、一度で良品とならないマテリアルロスは、投入されたマテリアル全体の約9.5％で、システムコストに対して約7.9％であり、その絶対額からも改善分析等の検討を要すると考えられる。

　ただ、このリサイクルコスト評価をするためには、一部リサイクル材が極論をすれば無限にリサイクル工程を通り、そのためのシステムコストが発生し、リサイクル工程を何回経るかによって、そのコスト額が雪だるま状態で大きくなることから、一定の条件を設定することになる。また、タキロンの場合、自社内リサイクル材と全く同じ目的で外部から購入される材料があるため、内製のものと購入材とを異なる単価で評価することに対して検討がなされた。

　われわれは、目的は同一であってもその製造工程が異なり、異なるコストを要したことから、両者はそれぞれに異なる単価を有することは問題ないと考える。ただし、内製分に関してはリサイクル工程での加工回数を仮定する必要がある。何よりも重要な点は、リサイクル工程なしにすべてのマテリアルを一度で製品（完了品）まで仕上げることに注力するということであり、リサイクル工程はそれに至る過程での対症療法であるということである。

　ところで、タキロンでは4年計画でMFCAの全工場への水平展開を検討中である。また、タキロンでは財務的な成果である具体的コストの削減額や利益の向上額などと関連づけて分析しようという考えが導入当初からあり、企業全体にMFCAが展開され、その結果が財務的にどのような形で現れるかその結果が待たれる。

5　キヤノン

　キヤノンではMFCAの導入対象をカメラレンズの加工工程とした。レンズはキヤノンの基幹部品でもあり、レンズ加工は長い歴史を持つとともに改善・コスト削減という面でも努力され続けてきた。この工程に対して、MFCAがどのような分析結果を導き出すかが焦点となった。これまでの常識的な目（キヤノン自身の目）からは全くもしくはほとんど無駄のない製造工程であると認識されてきたレンズ加工工程の、新たな視点から映し出された新たな実像によって、新たなロスの顕在化と予想以上のロスの発生が発見された。キヤノンにおける最大の発見は、例えば、資源生産性はすでに高める努力はやり尽くされているというような企業内部における常識や習慣を、MFCAが資源生産性という観点から改めて見直す有用なツールとして機能するということである。

　キヤノンでは外部から購入されたガラス材を研磨し、必要とされるレンズの形状・厚さに加工し、レンズを完成している。製造ラインを実際に見ても、各工程から目に見える廃棄物（ガラス材など）は出ていない。製品にならないレンズはロスとして損品管理されており、損品がなければレンズの個数的にはロスなく生産されていると判断されていた。しかし、MFCAの視点から、ガラスの削りくずをマテリアルロスとして認識し今回分析した。

　また、このようなガラスくずなどは排出物として発生しており、環境負荷を最大限抑えるために、研磨で使用する水やその廃水を工場内でクローズド処理している。このため廃棄物処理の成果が非常に高い反面、その費用は大きい。これまでは、その金額の大きさは工場単位でとらえられていたが、今回のMFCA導入実験によって、一つの製造ラインではあるが、工程別（物量センター別）にその廃棄物処理の費用を明らかにすることができた。

　このように廃棄物処理システムに製造工程からどのような物質のフローがあるかを物量レベルで追跡し、その物質自体のMFCA上の価値と廃棄物処理コストを明らかにすることより、具体的な改善活動に結び付けている。

(1) キヤノンでのマテリアルフローコスト会計導入の概要

1) MFCA導入の対象

宇都宮工場のカメラレンズの一機種一加工ラインを対象とした。なお、従来の工程別組織に替えて、2000年より一つのセルで全製造工程を実施するセル組織形態を採用している。MFCAの原価範囲として、マテリアルコスト、システムコスト、配送／処理コストのフルフローコストを集計した。また、データ収集期間を1か月（2000年度）とした。

製造工程を概括的に説明すると、購入されたレンズのもとになるガラスを、まず物量センター「荒研削」から「研磨」までで要求される厚さと形状に削り、ついで「蒸着」でコーティングするという比較的単純な工程である。また、主原料となるレンズガラスが製造始点で投入され加工する工程で、途中必要に応じた補助材料が投入される。

また、廃棄物（廃液・廃油）の処理で、例えば、加工で水を使って磨くが、廃液には水・スラッジ（レンズの削りくず）・補助材料が含まれる。水はクローズドで社内処理をして循環させ再利用している。

2) 実施体制：マテリアルフローモデルの作成と物量センターの設定

本プロジェクトを実施するため次のチームが編成された。

宇都宮工場：環境管理部門を中心に、製造、生産技術、製品技術、生産管理、設備その他関連部門

3) データの収集

各物量センター（荒研削・精研削・研磨・洗浄検査・芯取・洗浄・蒸着）と物量センターの総計を表す「材料」の8枚のExcelシートを作成した。このシートはこの製造ラインを流れる13の品番ごとにレンズの受け払い・加工に関する時間・加工費・損品・削りくず発生量などの項目を日報で記録するように設定されている。

また、これ以外に品番ごとの重量変化に関する表と損品表があり、これらをもとにフローチャートが作成されている。

(2) キヤノンにおけるマテリアルコスト、システムコスト、配送／廃棄物処理コストの計算

マテリアルは、購入されたレンズガラスとその他の補助材料（約20種類）である。レンズガラスは各13品番に単価を設定している。この工程はレンズガラスをレンズに削る工程であるので、本来、レンズが欠けたり割れたりすること（損品）以外にガラスレンズの個数としては廃棄物が出ない。しかし、今回はレンズの研磨くず（スラッジ）と損品の両方をマテリアルロスと認識することとした。

ただし、損品は物量センターにその個数は記録されているが（損品表）、研磨くずに関しては、各品番の「荒研削」と「芯取」の完了時の理論値しかない。購入レンズガラスの重量（購入スペック値）から加工完了時の理論値を引き、マテリアルロス分とすることとした。したがって、この研磨によるマテリアルロスの測定は、この二つの物量センター以外は今回見送ることとした。ただ、他の物量センターでの研磨くずは非常に微量ではある。

また、補助材料は、この製造工程の性格上、すべてマテリアルロスとして考えた。

物量センターのシステムコストは、各物量センターで加工費〔工数（分）×労務費レート×投入個数〕と当該機械設備の減価償却費を合わせて算出した。金額の根拠はすべて財務上の記録から引き出し、加工費に関しては分当たりの労務費レートを設定し、減価償却費は簿価0の設備も購入価格を調べて定額法で設定した。良品とマテリアルロスへの配分はレンズガラスの重量比で按分した。

配送／廃棄物処理コストは、スラッジ・汚泥ドライヤー・乾燥汚泥・廃油・廃液・ガラスくずなど項目ごとに単価を設定し、各廃棄物量を掛け合わせて算出した。なお、単価は実際費用の単位当たり平均である。また、クローズドの水や純水に関しても同じく単価設定した。

(3) データ付フローチャートについて

1) マテリアルコスト・フローチャート（図1-15）

図の物量センターの上段は当該製造ラインへの新規投入材料である。物量センター間の矢印上の数値は、良品へのマテリアルのフローを示し、前の物量センターからの各物量センターへの投入を示す。物量センター「研磨」下の数値は仕掛品を示し、「蒸着」下の数値は不具合による前工程への返品を示す。今回この前工程への返品に関してはその数値を示すだけとした。

マテリアルロスは、主原料であるガラス材のロスで、削りくずと損品とを区別して示している。なお、工程完了品の重量データ（理論値）が「荒研削」・「研磨」・「芯取」・「蒸着」にしかないので、その物量センターでマテリアルロスを算定することとした。損品は具体的に個数を把握している。

また、補助材料は製造工程の特性からすべてロスである。

2) システムコスト・フローチャート（図1-16）

図の上段は各物量センターで発生したシステムコストとその累計である。物量センター間の矢印下の数値は良品へのシステムコストで、マテリアルの重量比でロス分と按分している。

3) 用役関連及び廃棄物関連コスト・フローチャート（図1-17）

図の上段に各物量センターでの機械電力・照明電力・水・エアーの投入金額を示している。マテリアルの重量比で良品とロス分に按分し、物量センター間の矢印上に良品分を示している。

また、廃棄物にかかるコストを下段にその種類と金額を示している。

4) フローコストマトリックス（図1-18）

これまでの計算結果をまとめてフローコストマトリックスを作成した。上段は各物量センターでの、当該製造ラインへの新規投入分である。下段はマテリアル

ロス分を物量センターごとに表記している。この結果から、次のような比率を算出している。

　　マテリアルロスコスト率（総コストに占めるロス総額の比率）　　：32.0％
　　荒研削ロスコスト率（総コストに占める「荒研削」ロス総額の比率）：25.1％
　　荒研削ロス率（ロス総額に占める「荒研削」ロス総額の比率）　　：67.2％

（4）改善案の検討と実施

　すでに説明したがレンズは本来個数単位である。個数としてのマテリアルロスということから物量センター「研磨」と「蒸着」で損品が発生しているが、全体加工個数に対する損品個数は3％以下であり、物量センター「荒研削」の研磨によるマテリアルロスに比べて相対的に小さいと考えられる。したがって、第一に注目される点は物量センター「荒研削」のマテリアルロスであり、フローコストマトリックス表にあるように、「荒研削」でのマテリアルロスの総コストに占める割合が25％ほどで、しかも「荒研削」でのロス額がロス総額の70％近くを占めていることである。また、金額的にもロス総額が約830万円に対して、「荒研削」は約560万円がロスで、その内マテリアルのロスが約300万円で廃棄処理コストが約240万円と月当たりの金額としても多額であると考えられる。

　「荒研削」のマテリアルのロスと廃棄物処理はレンズの研磨くずが大部分の原因であり、今後この削られる部分をいかに削減するかによって改善効果が大きく達成できる。例えば、購入ガラス材の形状を限りなく荒研削完了品と近づけることが考えられ、単純ではあるが、もし「荒研削」のマテリアルロスを0にできれば、900万円／月近いコスト削減効果が望め、環境負荷の低減も達成される。

　具体的にキヤノンでは、今回のMFCAの分析結果から、①マテリアルロスはフルフローコストの1／3を占め、ロスの金額は良品の金額の約半分にも上っており、②マテリアルロスの発生は荒研削工程で一番多く発生し、その比率は67％となっていることを認識し、マテリアルロスの削減に取り組むべく宇都宮プロジ

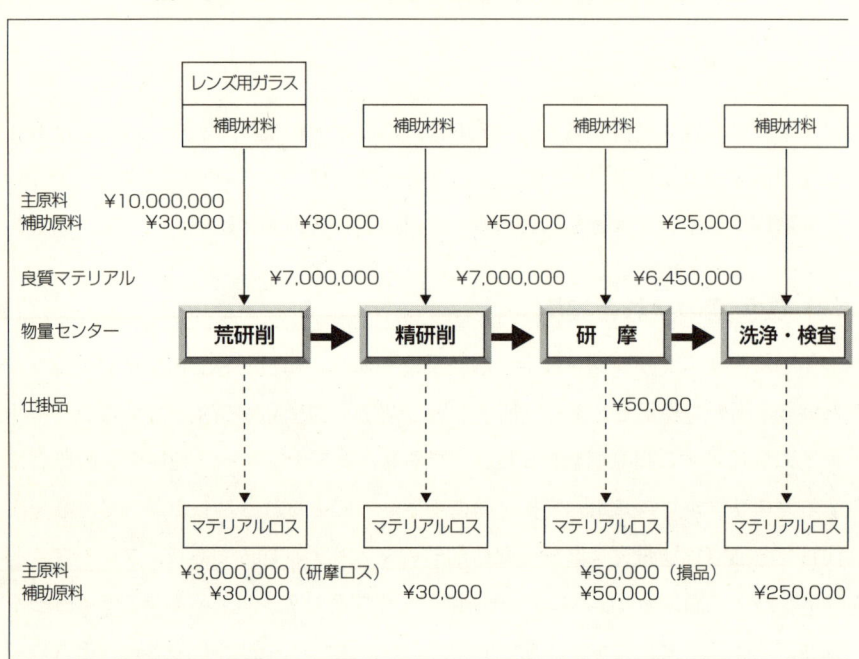

図1-15　キヤノン　マテリアルコスト・フローチャート

	荒研削	精研削	研磨	洗浄・検査
補助材料（上部投入）	レンズ用ガラス／補助材料	補助材料	補助材料	補助材料
主原料	¥10,000,000			
補助原料	¥30,000	¥30,000	¥50,000	¥25,000
良質マテリアル		¥7,000,000	¥7,000,000	¥6,450,000
仕掛品			¥50,000	
マテリアルロス（主原料）	¥3,000,000（研摩ロス）		¥50,000（損品）	
マテリアルロス（補助原料）	¥30,000	¥30,000	¥50,000	¥250,000

出典：経済産業省（2002）p.139

ェクトを立ち上げた。このプロジェクトでは今回のプロジェクトによるロスの顕在化をフェーズⅠとし、次にフェーズⅡとしてロスの削減活動が計画・実施されている。

　フェーズⅡのロスの削減活動では、明らかになった荒研削工程での硝子スラッジ量を削減する検討を開始した。具体的にはプロジェクトで対象とした製品の中から数製品を選び、硝子スラッジ削減目標を20％と設定し、硝材メーカーへの協力要請によってMFCAによって見いだされた最適な硝材の購入を以下に示す進め方によって達成しようとしている。

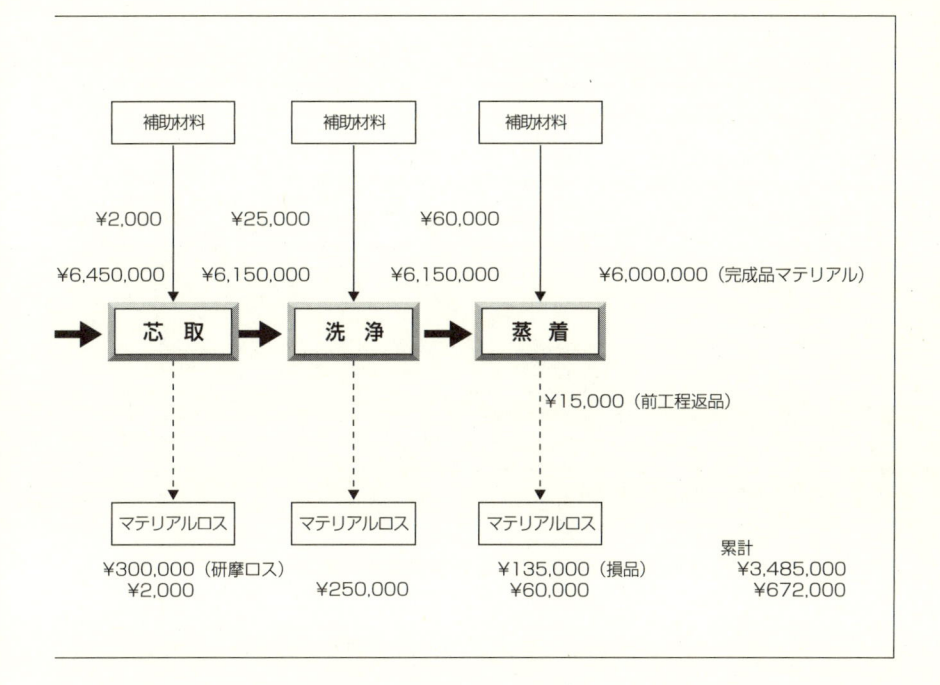

```
                補助材料              補助材料              補助材料

                ¥2,000              ¥25,000             ¥60,000
   ¥6,450,000         ¥6,150,000          ¥6,150,000          ¥6,000,000（完成品マテリアル）
   ──▶   芯 取   ──▶   洗 浄   ──▶   蒸 着
                                          ¥15,000（前工程返品）

              マテリアルロス         マテリアルロス         マテリアルロス
                                                                累計
              ¥300,000（研摩ロス）                ¥135,000（損金）    ¥3,485,000
              ¥2,000             ¥250,000         ¥60,000         ¥672,000
```

[進め方]

a. 硝材メーカーへの協力要請

  ・マテリアルフローコスト会計の説明

  ・宇都宮プロジェクト　フェーズⅠ結果の詳細説明

  ・宇都宮プロジェクト　フェーズⅡの概略説明

b. 対象製品の選定

  ・形状、材料種、硝材加工方法等を考慮

c. 対策形状の決定

  ・硝材メーカーの加工工程の確認（訪問、見学等）

  ・硝材メーカーでのCAD等によるシミュレーション

第2部：環境管理会計の実践

図1-16　キヤノン　システムコスト・フローチャート

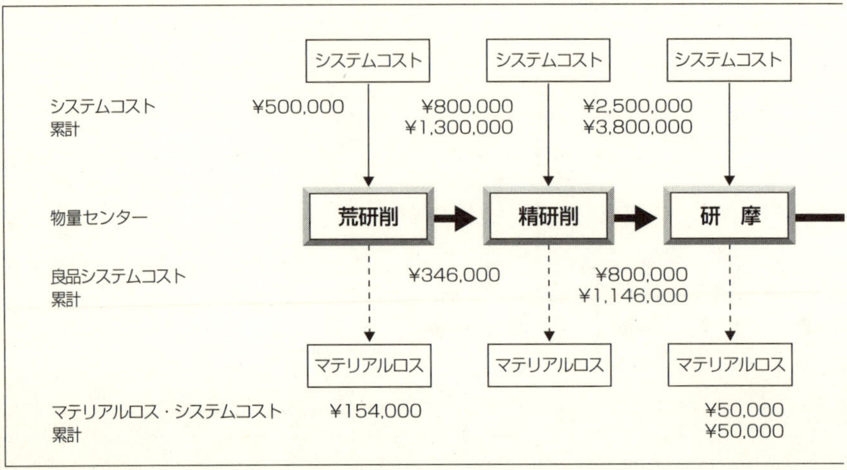

```
                    ┌──────────┐   ┌──────────┐   ┌──────────┐
                    │システムコスト│   │システムコスト│   │システムコスト│
                    └──────────┘   └──────────┘   └──────────┘
システムコスト    ¥500,000      ¥800,000      ¥2,500,000
累計                           ¥1,300,000    ¥3,800,000
                         │            │             │
                         ▼            ▼             ▼
物量センター          ┌──────┐  ▶ ┌──────┐  ▶ ┌──────┐  ▶
                     │荒研削│     │精研削│     │研　摩│
                     └──────┘     └──────┘     └──────┘
良品システムコスト           ¥346,000      ¥800,000
累計                                       ¥1,146,000
                         │            │             │
                         ▼            ▼             ▼
                    ┌──────────┐ ┌──────────┐ ┌──────────┐
                    │マテリアルロス│ │マテリアルロス│ │マテリアルロス│
                    └──────────┘ └──────────┘ └──────────┘
マテリアルロス・システムコスト  ¥154,000                    ¥50,000
累計                                                    ¥50,000
```

出典：経済産業省（2002）p.140

図1-17　キヤノン　用役関連及び廃棄物関連コスト・フローチャート

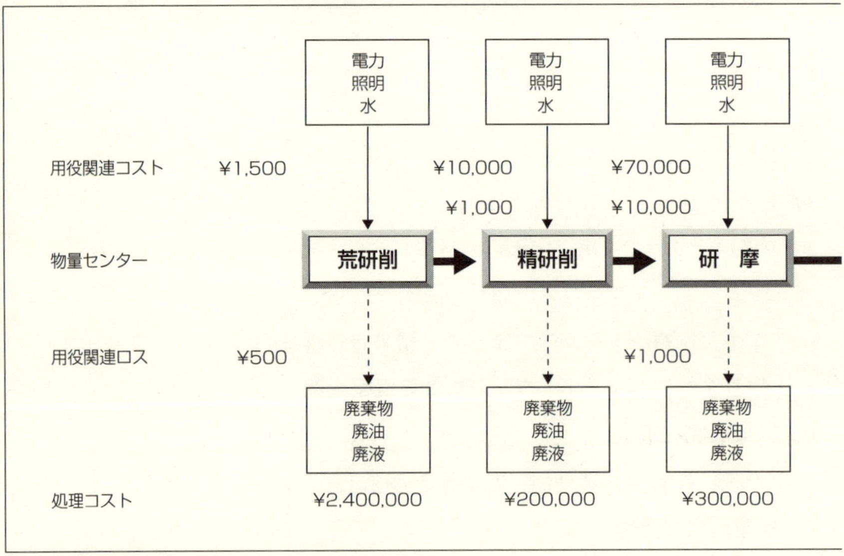

```
                    ┌────┐      ┌────┐      ┌────┐
                    │電力│      │電力│      │電力│
                    │照明│      │照明│      │照明│
                    │水 │      │水 │      │水 │
                    └────┘      └────┘      └────┘
用役関連コスト  ¥1,500        ¥10,000       ¥70,000
                              ¥1,000        ¥10,000
                         │            │             │
                         ▼            ▼             ▼
物量センター          ┌──────┐  ▶ ┌──────┐  ▶ ┌──────┐  ▶
                     │荒研削│     │精研削│     │研　摩│
                     └──────┘     └──────┘     └──────┘
用役関連ロス   ¥500                        ¥1,000
                         │            │             │
                         ▼            ▼             ▼
                    ┌──────┐    ┌──────┐    ┌──────┐
                    │廃棄物│    │廃棄物│    │廃棄物│
                    │廃油 │    │廃油 │    │廃油 │
                    │廃液 │    │廃液 │    │廃液 │
                    └──────┘    └──────┘    └──────┘
処理コスト     ¥2,400,000    ¥200,000      ¥300,000
```

出典：経済産業省（2002）p.141

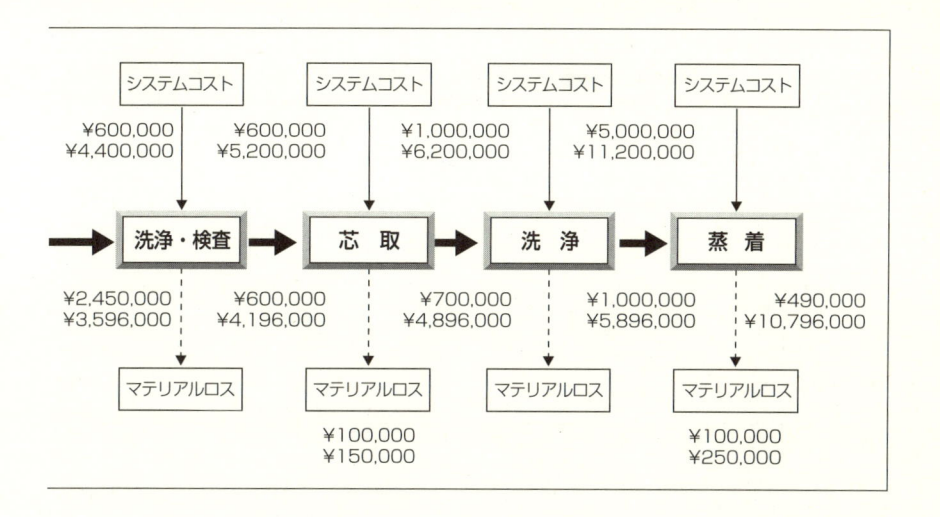

第1章 マテリアルフローコスト会計の企業事例

図1

```
           システムコスト        システムコスト         システムコスト          システムコスト
           ¥600,000            ¥600,000             ¥1,000,000            ¥5,000,000
   ¥4,400,000 ↓       ¥5,200,000 ↓          ¥6,200,000 ↓           ¥11,200,000 ↓
      →  [洗浄・検査]  →   [芯取]    →    [洗浄]     →    [蒸着]
   ¥2,450,000          ¥600,000            ¥700,000              ¥1,000,000            ¥490,000
   ¥3,596,000          ¥4,196,000          ¥4,896,000            ¥5,896,000            ¥10,796,000
           ↓                  ↓                  ↓                    ↓
       [マテリアルロス]    [マテリアルロス]     [マテリアルロス]       [マテリアルロス]
                            ¥100,000                                 ¥100,000
                            ¥150,000                                 ¥250,000
```

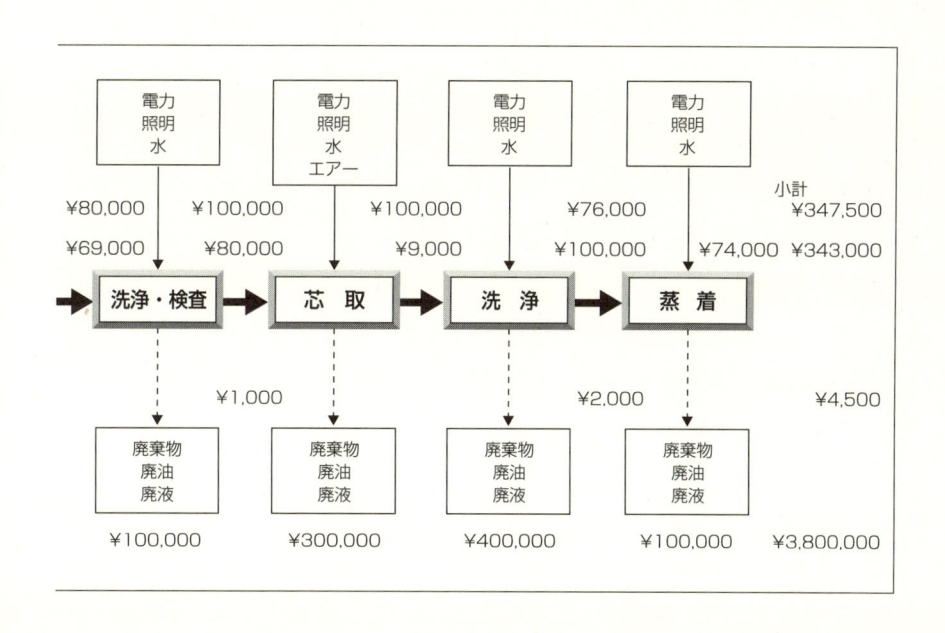

図2

```
           電力                電力                 電力                  電力
           照明                照明                 照明                  照明
           水                  水                   水                    水
                               エアー
                                                                                    小計
   ¥80,000            ¥100,000             ¥100,000              ¥76,000             ¥347,500
   ¥69,000            ¥80,000              ¥9,000                ¥100,000            ¥74,000   ¥343,000
      →  [洗浄・検査]  →   [芯取]    →    [洗浄]     →    [蒸着]
                            ¥1,000                                ¥2,000                        ¥4,500
           ↓                  ↓                  ↓                    ↓
         [廃棄物            [廃棄物             [廃棄物              [廃棄物
          廃油              廃油               廃油                廃油
          廃液]             廃液]              廃液]               廃液]
         ¥100,000           ¥300,000           ¥400,000             ¥100,000          ¥3,800,000
```

第2部：環境管理会計の実践

図1-18　キヤノン　フローコストマトリックス

物量センター	荒研削	精研削	研磨	洗浄・検査
投入				
マテリアルコスト	¥10,030,000	¥30,000	¥50,000	¥250,000
システムコスト	¥500,000	¥800,000	¥2,500,000	¥600,000
用役関連コスト	¥1,500	¥10,000	¥70,000	¥80,000
小計	¥10,531,500	¥2,620,000	¥2,620,000	¥930,000
マテリアルロス				
マテリアルロス	¥3,030,000	¥30,000	¥50,000	¥250,000
システムコスト	¥154,000	¥0	¥50,000	¥0
用役関連コスト	¥500	¥0	¥1,000	¥0
処理コスト	¥2,400,000	¥200,000	¥300,000	¥100,000
小計	¥5,584,500	¥230,000	¥401,000	¥350,000

	マテリアルコスト	システムコスト	処理コスト	小　計
良　品	¥6,565,000	¥11,139,000	0	¥17,704,000
マテリアルロス	¥4,107,000	¥408,500	¥3,800,000	¥8,315,500
小　計	¥10,672,000	¥11,547,500	¥3,800,000	¥26,019,500

マテリアルロスコスト率　　　　32.0%（総コストに占めるロス総額の比率）
荒研削ロスコスト率　　　　　　25.1%（総コストに占める「荒研削」ロス総額の比率）
荒研削ロス率　　　　　　　　　67.2%（ロス総額に占める「荒研削」ロス総額の比率）

出典：経済産業省（2002）p.142

 d. 発注

 e. メーカーでの硝材加工

  ・歩留りの見極め

  ・量産時の納入コストの見極め

 f. 納入

 g. レンズ加工

  ・加工歩留りの見極め

  ・加工工数の見極め

 h. 製品評価

→	芯取	→	洗浄	→	蒸着	合計
	¥2,000		¥250,000		¥60,000	¥10,672,000
	¥800,000		¥1,000,000		¥5,000,000	¥11,200,000
	¥10,000		¥100,000		¥76,000	¥347,500
	¥812,000		¥1,350,000		¥5,136,000	¥22,219,500
	¥4,634,000		¥4,634,000		¥0	¥4,107,000
	¥417,169		¥417,169		¥0	¥404,000
	¥6,789		¥6,789		¥0	¥4,500
	¥319,243		¥319,243			¥3,800,000
	¥5,377,201		¥5,377,201		¥0	¥8,315,500

i. まとめ

  ・製品のコストダウン額(硝材購入価格、工数→現行原価管理システム上)

  ・マテリアルロス削減額

  ・他のレンズへの展開の可能性見極め

　この一連の改善活動において特記すべき点は、レンズの元となる宇都宮工場にとっての購入ガラス材(硝材)を、荒研削において必要最低限度の研磨加工で済むような形状の硝材をサプライヤーから購入することが検討されているということである。そしてこれは硝材納入業者であるサプライヤーとの共同プロジェクト

によって達成されることである。そしてこれは、サプライチェーンへのMFCAの展開の重要性とその結果得られる成果の可能性を示している。

　キヤノンでは「環境経営」を推進しており、その狙いは「資源生産性の最大化」としている。また、その結果として、「コストダウン」と「環境負荷の低減」を同時に達成することである。今回の宇都宮工場でのケーススタディ結果を受け、MFCAは、キヤノンにおける「環境経営」を進める上で非常に有効な手法であると評価し、同手法を他部門にも展開する予定である。

6　むすび

　MFCAは、環境負荷の削減と経営効率の改善の同時達成をめざす手段であり、環境と経済を結びつける代表的な環境管理会計手法である。本章で説明した企業事例から明らかなように、その効果は、企業実務の場で実証されている。廃棄物の削減という明確な目標を持つため、MFCAは他の環境管理会計手法に比べて、実際面での効果が分かりやすいという特徴を持つ。

　他方、MFCAを実行するためには、情報システムを整備しなければならないし、部門横断的なチーム編成も必要になるなど、その実施に当たっては、全社的な協力が必要となる。また、MFCAから得られた情報をもとに改善活動を行う際には、高価な設備投資や原材料及び製品設計の変更などが求められるケースもあり、場合によっては経営トップの関与も必要となる。

　しかし、このような特徴は、MFCAの限界ではなく、むしろ大きな長所である。MFCAは単なる廃棄物の削減手法ではなく、環境の視点からみた企業革新ツールなのである。この点を理解しておかなければ、MFCAは単なるマテリアルロスコストの計算に終始してしまい、十分な効果が得られない場合もある。

　さらに、MFCAの重要な点は、システムとして拡張の可能性が高いことである。拡張の方向性には二つある。一つは対象とするコスト概念の拡張であり、もう一つは物理的なコスト集計範囲の拡張である。前者に関しては、外部不経済としての社会的コストを集計するように拡張可能であるし、後者に関しては、一企業の枠を超えて、サプライチェーンへ拡張することができる。

　MFCAは、本章で説明した4社の範囲を超えて、大企業のみならず中小企業も含めて、普及しつつある。環境と経済を結びつける手法として、MFCAの一層の発展が期待されている。

（中嶌道靖）

第2章 環境配慮型原価企画の企業事例

1 はじめに

　環境配慮型原価企画の目的は、製品開発の源流段階で、ライフサイクルコストを最小化する設計を実現することにある。ただし、ライフサイクルコストの大部分を占めるのは、社会が負担するコスト部分であり、これらの低減を目指せば、他方で製造原価やユーザーの購入原価の上昇を招くことになる。ここに、環境配慮型原価企画の実践が困難といわれる根源的な理由がある。
　しかし、こうした困難性にもかかわらず、あらゆるメーカーにとって環境配慮型原価企画の実現が不可避とされるのは、ライフサイクルコストの発生額の大半が製品の企画・開発段階で決まってしまうからである。同時に、そこでは製造原価とユーザーコスト、さらには社会が負担するコストとのバランスをいかにしてとっていくかが実践上の課題となっている。
　本章では、ソニーと日本IBMの2社の事例をとり上げるが、こうした先進的な企業にあっても、環境配慮型原価企画のシステマティックな整備は完全とはいえない状況にある。それでも、上述したコスト間でのトレードオフの解消に苦慮している企業にとっては、実践上の参考となる多くのヒントがそこから引き出せるに違いない。

2　ソニー

(1) ソニーの環境会計

　ソニーは、1990年に地球環境委員会を設立し、その後10有余年さまざまな仕組み作りや制度設計、体制構築を行ってきた。現在は、ソニー環境ビジョン並びに環境中期目標である「Green Management 2005」に基づく環境活動を実施している。

　同社においては、環境会計を、資源収支（マテリアルフロー）も含め広義に考えている。すなわち、環境負荷の全体像を把握し、環境負荷の低減効果とそのために必要なコストを定量化する仕組み全体を環境会計ととらえているのである。

　まず外部環境会計においては、図2-1のような形で、ステークホルダーに対して情報を開示している。他方で、内部環境マネジメント強化のため、環境会計手法を活用した種々の試行・実践がさまざまな局面で行われている。その一つが、製品設計における環境会計である。製品の設計段階において、例えば低消費電力設計や、省資源、包装材の環境配慮、有鉛はんだの無鉛化などの取り組みがなされるが、いくつかの製品に関しては、そうした活動に投下したコストと、それによって削減できた環境負荷とをバランスさせて費用対効果分析を行っている。これに連動する形で、原価企画プロセスも近年においては環境配慮型のそれに再構築されつつある。

(2) 環境配慮型原価企画

　ソニーの原価企画プロセスは図2-2のように示すことができる。ただし、この図に挙げたデータはすべて仮定のものである。

　この図の中心を流れる＜商品企画→設計→出荷＞が、いわばもの作りの本流である。同時に、その上下の2本のラインの一つ＜環境配慮＞と、もう一つの＜原価企画＞とを合わせて、いわば三位一体となって環境配慮型原価企画が行われて

第2部 環境管理会計の実践

図2-1 外部環境会計例（ソニー環境報告書2001より）

環境保全コスト		
分類	主な取り組み内容	環境保全コスト（百万円）
製品設計、商品リサイクルにおける環境保全コスト	製品の省エネルギー、省資源など 容器包装、電池等のリサイクル関連	7,369 221
生産・サービス活動における環境保全コスト	公害防止 環境負荷削減（事業所の省エネルギー、省資源など） グリーン購入	5,006 5,842 48
管理活動における環境保全コスト	環境マネジメント 環境リスクマネジメント	4,028 228
社会活動における環境保全コスト	コミュニケーション・社会貢献	22,742

環境保全効果				
分類	主な環境保全効果項目	環境負荷		環境保全効果	環境保全効果の金銭換算ベース（参考）(百万円)
^	^	1999年度（調整計算値）	2000年度	物量ベース　環境効率（1999年度比）	^
商品使用時、廃棄時における環境保全効果	省エネルギー（事業所使用エネルギーCO₂換算）	(8,323,450)（トン・CO₂）	8,118,537（トン・CO₂）	204,913 →1.03（トン・CO₂）	2,869
^	省資源（製品重量）	(1,162,106)（トン）	1,076,862（トン）	85,244 →1.08（トン）	9,206
生産・サービス活動における環境保全効果	省エネルギー（事業所使用エネルギーCO₂換算）	(1,731,192)（トン・CO₂）	1,638,702（トン・CO₂）	92,490 →1.06（トン・CO₂）	1,295
^	省資源（事業所廃棄物廃棄量）	(65,732)（トン）	61,116（トン）	4,616 →1.08（トン）	498
^	水削減（事業所水使用量）	(31,245)（千立法メートル）	28,619（千立法メートル）	4,216（千立法メートル）	919
^	事業所の環境リスク改善（ソニーリスクアセスメントスコア）	(624)（点）	296（点）	328（点）	289
^	環境汚染物質削減（クラスⅢ物質換算）	(73,064)（トン）	70,114（トン）	2,950（トン）	4,130
合　計					19,206

図2-2　原価企画フロー概念図

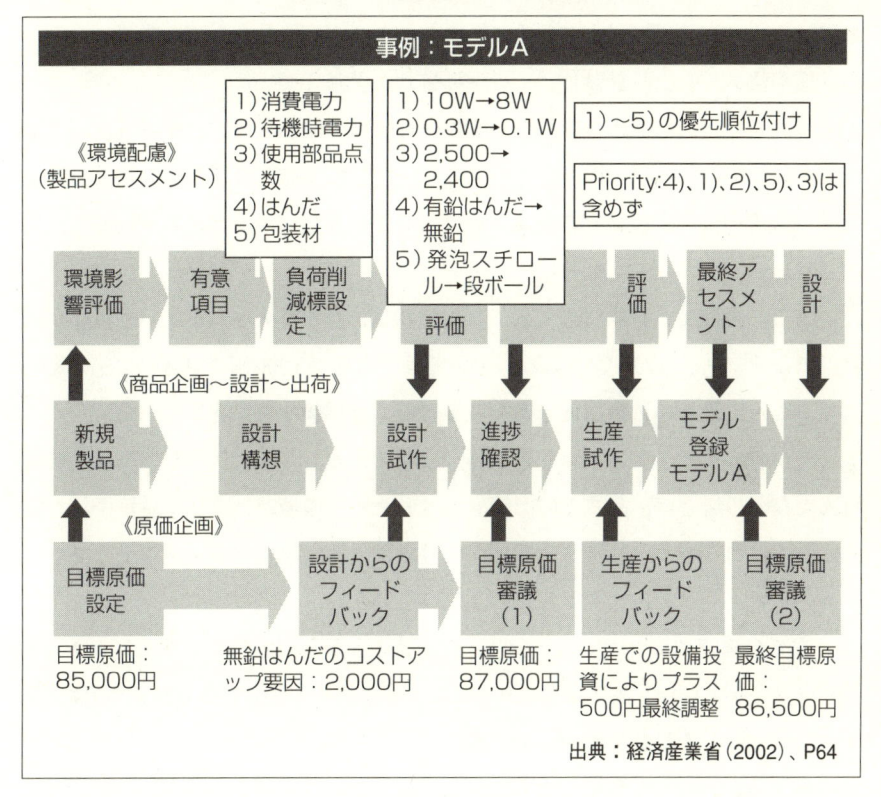

事例：モデルA

《環境配慮》(製品アセスメント)
- 1) 消費電力
- 2) 待機時電力
- 3) 使用部品点数
- 4) はんだ
- 5) 包装材

- 1) 10W→8W
- 2) 0.3W→0.1W
- 3) 2,500→2,400
- 4) 有鉛はんだ→無鉛
- 5) 発泡スチロール→段ボール

1)～5)の優先順位付け

Priority:4)、1)、2)、5)、3)は含めず

環境影響評価 → 有意項目 → 負荷削減標設定 → 評価 → 評価 → 最終アセスメント → 設計

《商品企画～設計～出荷》
新規製品 → 設計構想 → 設計試作 → 進捗確認 → 生産試作 → モデル登録モデルA

《原価企画》
目標原価設定 → 設計からのフィードバック → 目標原価審議(1) → 生産からのフィードバック → 目標原価審議(2)

目標原価：85,000円 ／ 無鉛はんだのコストアップ要因：2,000円 ／ 目標原価：87,000円 ／ 生産での設備投資によりプラス500円最終調整 ／ 最終目標原価：86,500円

出典：経済産業省(2002)、P64

いる。

　例えば、ある新規モデルの商品企画がなされたとしよう。その主体は、当然ながら中央の商品企画・設計部署である。この段階で、管理部隊は目標原価を設定する。他方、環境部署では、当該モデルの製品アセスメントを実施する。これはISO 14001の環境マネジメントシステムをベースとするもので、まずその商品の環境影響評価にはじまり、有意な環境項目がピックアップされる。図2-2の事例では、①消費電力、②待機時電力、③使用部品点数、④はんだ、⑤包装材の5点が、環境配慮すべき項目として選定されている。ここまでが最初の出発点である。

　次に、具体的な設計構想が動き出すのと平行して、上記の5項目に関して、既

存の類似モデル等との比較を行い、環境負荷の削減目標が設定される。ただし、最終的な決定は設計サイドで行う。そのためここではいわゆる環境関連スペックの目標が決められ、設計試作、その進捗確認へと進んでいく。

環境部署は、設計者が決定した環境配慮目標値の評価を行い、配慮事項の決定へと至る。事例では、はんだを無鉛化することを第一優先項目とし、以下消費電力、待機電力関連、包装材の配慮に取り組むこととし、使用部品の点数削減は見送られている。

一方この段階で、企画管理部署では、無鉛はんだが導入されるという目標が設計部署からフィードバックされる。事例では、それが2,000円のコストアップ要因となるため、最初の目標原価に関する審議で、目標値を再設定している。

設計試作が終わると、次は生産試作の段階である。ここで例として挙げた無鉛はんだなどの場合は、品質への影響も大きいため、環境だけでなく品質保証の観点からも評価が行われ、そこで問題がなければ、次の最終アセスメントのプロセスへと進む。

一方で企画管理においては、今度は生産サイドからの価格インパクトのフィードバックがかけられ、例えば生産ラインでの設備投資の必要性等が検討された後、それらを加味した最終調整が行われる。

事例では、たまたま環境配慮が単純にコストアップ要因となっているが、つねにそうなるとは限らない。いずれにしても、環境配慮を行うことで当初に設定した目標原価にどの程度の最終インパクトがあるかをとりまとめる必要がある。そして、そのモデルの持つ価格弾力性の中で、あるいは部品や材料ベンダーとの話し合いを通じて、どこまでコストアップが吸収可能かが検討され、最終的な目標原価の設定がなされるのである。

さらに、設計試作後にモデル登録が行われ、この段階でそのモデルがいわゆる正式な商品として認知されることになる。この時点では主として品質の観点から、オンライン前の最終評価が設計・生産部署で行われ、最後の最終出荷判定試験・会議を通過できて、はじめて出荷に至る。これに平行して、環境部署では、最終

的な設計手順を確認し、環境品質の最終評価を下す。企画管理においては、先の最終目標原価をベースとして、最終価格が出荷前に決定される。そして、販売目標数量などとともに、売上げ及び利益目標が最終確認される。これが一連の流れである。

(3) 課題と展望

　以上、簡単にソニーの環境配慮型原価企画を概観してきたが、その試みはまだ緒についたばかりであり、抱える課題も多い。例えば、環境部署と企画管理部署とが、商品企画・設計を通して間接的な意思の疎通、コミュニケーションの鍵を握っていると思われる。ここで双方がより密接に対話を持つような仕組みを作れば、より的確な環境配慮型の原価企画の展開が期待できる。

　ともあれ、ここでとり上げた環境配慮型原価企画も含めて、多様な取り組みを通して環境会計の議論・研究がさらに深まり、環境会計が環境マネジメントの真に実用的なツールとなることが期待される。

3　日本IBM

(1) PCの環境配慮型原価企画

　以下では、IBMのパーソナルコンピュータ（PC：Personal Computer）を例に環境配慮型原価企画の現状と課題について論ずることにする。

　製造業の中でも、PCは約3か月ごとに新モデルが発表されるという、製品のライフサイクルが最も短い部類に属するといってよい。このことは原価企画の一般的なモデルとしては不適当と思われるかもしれないが、逆にこれからの新しい方向性を探る意味では、その事例を検討することは他産業に対しても示唆に富んでいるといえよう。以下では、IBMのPCを中心とした環境適合設計（DfE：Design for Environment）の事例を紹介するが、ここで強調したいのは次のような諸点である。

a. DfEを包括的かつ全社的に推進することは、環境面での優位性があり、倫理的に正しいとともに経済的にも合理性がある。
b. PCのような技術革新の早い、したがって新機種やモデルが数か月単位で世に出るような製品のDfEは、一機種一モデルで達成するのではなく、他の機種や将来開発されるモデルを含めて継続的に原価企画を行う必要がある。
c. そのためには、企業として首尾一貫した環境ポリシーやDfEの開発指針を持たなければならない。さらにその環境ポリシーやDfEの思想は一機種一モデルに対してではなく、他の幅広い類似機種や将来モデルに適用されるものでなければ効果的とはいえない。

(2) 包括的、全社的にDfEを遂行するための仕組み

PC開発における環境配慮は、開発、設計、製造、ロジスティックス、販売、リユース、リサイクル、廃棄と、多くの領域で検討される。従来の原価企画からすれば、開発・設計・製造工程に主眼が置かれるべきであろうが、今日の環境配慮は「ゆりかごから墓場まで」といわれるように、リユースやリサイクル、また、最終的な廃棄処分に至るまで、社会や消費者から問われており、これらの全体像なくしては現実をとらえるのは難しい。IBMのPCの広告に『PCは廃棄後にその真価が問われる』という文言があったが、これがまさに現実となってきている。事実、IBMでは現在、次の6項目を環境配慮製品の必要事項として開発段階から目標を明確化して全機種に対応させている。

①製品寿命を延ばすための、アップグレード性を考慮した製品の開発
②使用済み製品の再利用やリサイクルを考慮した製品の開発
③安全に廃棄処分ができる製品の開発
④リサイクル材料を経済的、技術的に可能なかぎり使用した製品の開発・製造
⑤エネルギー効率を改善し、消費電力を低減する製品の開発
⑥環境に配慮した材料や表面仕上げの選択により、資源使用と環境影響を最小化する製品の開発

IBMでは環境ポリシーを全社統一して定めている。そして、環境ポリシーに沿ってCI（Corporate Instruction）やEP（Environment Practice）で具体的に環境施策を遂行する環境マネジメントシステムを行っている。これにより、ある工場では対応し、ある工場では対応しないとか、ある機種では対応して、他の機種では対応しない、ということを避けているのである。

ISO 14001に関しても、世界中の工場や事業所が同じ基準で取得することを考慮して、ISO 14001統合認証として取得している。これにより、法律や環境基準の低い発展途上国等においても、欧米や日本と同じ環境基準を達成することを可能にした。さらに、各開発部隊が、より具体的にDfEを達成するための基準やガイドラインとして、IBMの環境ポリシーに沿った独自の基準を設けている。

(3) 環境配慮型原価企画の実態と方向性

図2-3は、PCの開発プロセスを簡略化して示したものである。IBMでは、原価企画に責任を持つ「Finance」（原価企画、原価管理、価格設定）と、製品企画に

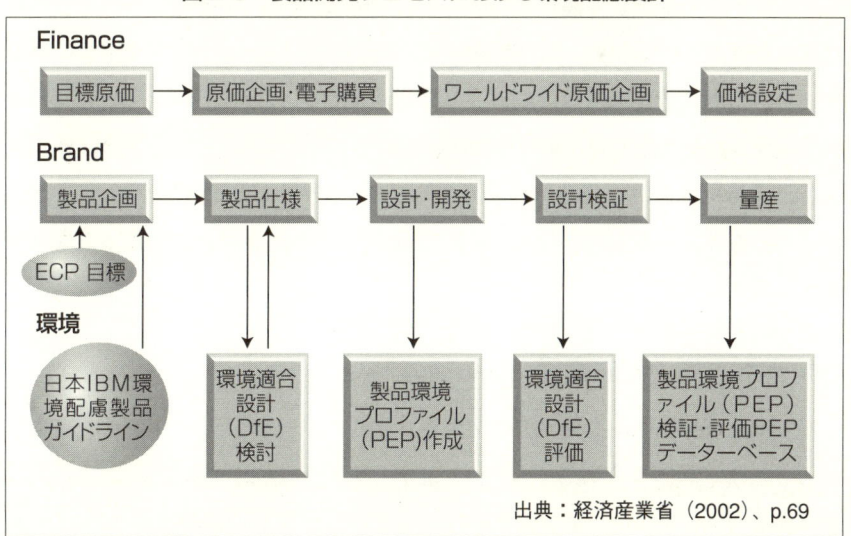

図2-3　製品開発プロセスにおける環境配慮設計

Finance

目標原価 → 原価企画・電子購買 → ワールドワイド原価企画 → 価格設定

Brand

製品企画 → 製品仕様 → 設計・開発 → 設計検証 → 量産

ECP目標

環境

日本IBM環境配慮製品ガイドライン

環境適合設計（DfE）検討 ／ 製品環境プロファイル（PEP）作成 ／ 環境適合設計（DfE）評価 ／ 製品環境プロファイル（PEP）検証・評価PEPデーターベース

出典：経済産業省（2002）、p.69

責任を持つ「Brand」(各事業部)と、環境配慮のお目付け役となる「環境」の三つの組織が互いにけん制しあいながら最終的な製品発表へとプロセスを進める。大きな特徴として、これらの組織は互いに独立しており、Brandの横槍で、環境配慮がほごになったり、原価企画が意図的にゆがめられたりすることができない仕組みになっている。このシステムにより、環境部門はIBMとしての環境方針を全社方針としてそれぞれの機種やモデルに適用を迫ることができ、もし技術的な問題やコスト面からブランドがその環境配慮を達成できないときは、環境部門の権限で発表を順延、または取りやめさせることができる。

同じく、Finance部門では、正確で公平なコスト計算をすると同時に、全社的な部品や原材料の調達により一部門だけで原価計算を完結させないで、全社的な数値を使って原価企画を行える仕組みをとっている。大量使用大量発注による原価の低廉化を行うとともに、間接部門の経費等は数か月ごとに見直してそれぞれの経費回収率表(Ratio Sheet)をアップデートして、より正確な原価管理や価格設定にいかしている。

例えば、新しいモデルに急遽環境配慮を加味した設計を行ったり、あるいは材質を変更する場合は、通常2〜5％のコストが増加する。場合によっては10％に及ぶこともある。しかし、この環境配慮を継続的にフォローオンモデルに適用し、かつ、類似機種に戦略的に拡大していくことができれば1〜2年で旧来のコスト(環境配慮をしていなかった機種)に比べても、コストは低下する。多くの場合、環境配慮設計・製造は部品点数の減少・小型化(軽薄短小)を伴うと同時に、多機種にも展開することにより、部品や原材料の購買価格の低下を促す効果がある。

(4) 開発と環境配慮原価企画の具体例

環境配慮型原価企画を効率的に実現するためには、企業として一貫した環境経営方針を構築し、全事業部、全機種に展開していくことが大切である。つまり、ある機種だけに追加的に環境配慮をしようとするとコストが増加し、ビジネスケ

ースが成り立たないが、全社的に展開すれば、基本的には環境配慮はコスト低減効果を発揮する。まさに環境配慮を積極的に推進することは、倫理的に正しく、経済的にも合理性があるといえる。

　多くの家電製品にもいえることだが、技術革新の早いIT機器では、PCに限らず、サーバーや中・大型コンピュータに至るまで、重厚長大産業から作られる製品と違って、一機種一モデルで環境配慮原価企画が完結するものではなく、また、させられるものでもない。すなわち、継続的なモデルの中で、他の機種に展開しながら全体的に環境配慮とコストの効率を上げる方法が必要であり、例えば次のような施策が有効である。

①PCの解体容易性の向上と部品の少数化

　PCをリサイクルするときのネックは、解体に要する人件費である。IBMでは、解体が容易にでき、かつ時間がかからないように、設計段階で仕様やデザインに工夫をし、10年前に比べてネジの数を1/10程度に減らすことができた。これにより解体時間が短くなるとともに、部品のコストも相対的に下げることができたのである。

②PC梱包材（パッケージ）の発泡スチロールの排除と小型化

　主力製品である「Think Pad」はその出荷時に、製品を一台ずつ包装する梱包箱（パッケージ）に納めている。梱包をできるだけ小型化することは、ゴミ問題の解決のみならず、配送時に一台のトラックでより多くの台数を運ぶことができるなど、環境面からみた効果も期待できる。とはいえ、梱包箱の小型化により運搬時の衝撃や落下した場合の事故率が増えては、本来の目的を達成することはできない。

　従来一般的に使われていた発泡緩衝材は、緩衝材として大きな効果が認められるものの、体積が大きくなることと、発泡緩衝材のリサイクル体制が完全に構築されていないという問題点が指摘されていた。製品の強度と梱包材の関係は、製

図2-4 新開発のPC用梱包箱

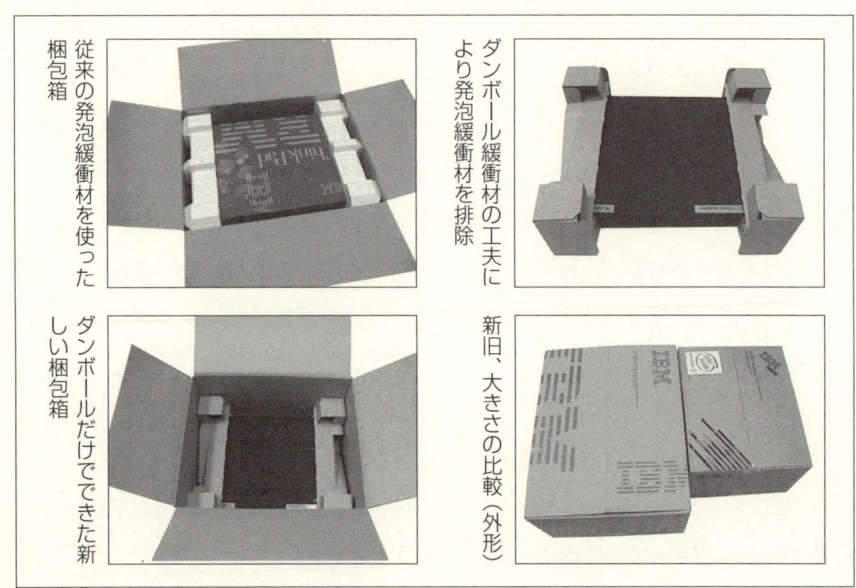

（従来の発泡緩衝材を使った梱包箱）
（ダンボール緩衝材の工夫により発泡緩衝材を排除）
（ダンボールだけでできた新しい梱包箱）
（新旧、大きさの比較（外形））

品強度が上がれば梱包材はコンパクトにできるという関係にある。IBMでは、開発部門の協力を得て製品の衝撃強度の改善・向上に努めた結果、梱包設計のコンパクト化に成功し、同時に環境対策として発泡緩衝材をなくしダンボール緩衝材に切り換えることに成功した。

　すなわち、梱包材を発泡性プラスチックから再生紙に100％切り換えるとともに、梱包材の重さ及びサイズを約50％低減することができた。これにより、画期的な環境改善がなされ、年間約15億円のコスト削減が可能となったのである。

③GARSによるリーユースの促進

　IBMは、世界規模でリユースのための資産回収プロジェクトを実践している。それがGARS（Global Asset Recovery Services）である。図2-5に示すように、GARSは使用を終えてIBMに返却されてきた中古機や、製造段階で余剰となったパーツを、中古機やパーツとして再販することである。このシステムは、現在米

図2-5　GARSの概念図

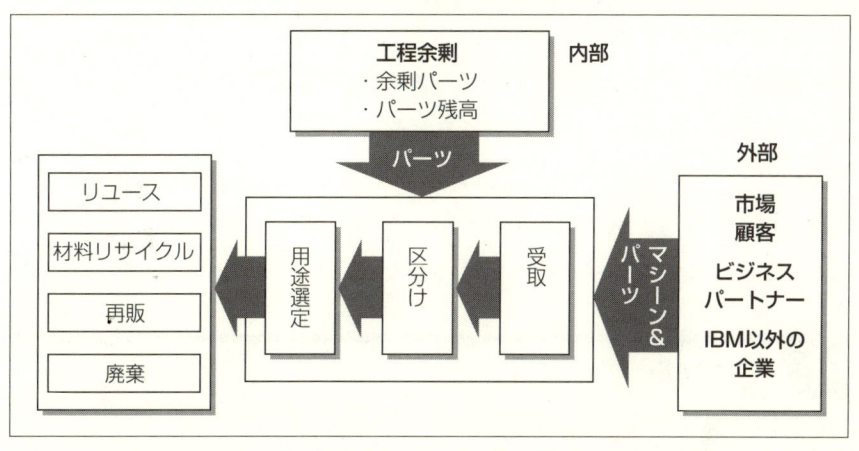

```
                    工程余剰           内部
                   ・余剰パーツ
                   ・パーツ残高
                      ↓ パーツ
 ┌─────────┐                                           外部
 │ リユース     │                                       ┌─────────┐
 ├─────────┤                                           │ 市場     │
 │ 材料リサイクル│ ← 用途選定 ← 区分け ← 受取 ← マシーン&パーツ │ 顧客     │
 ├─────────┤                                           │ ビジネス  │
 │ 再販       │                                         │ パートナー│
 ├─────────┤                                           │ IBM以外の│
 │ 廃棄       │                                         │ 企業     │
 └─────────┘                                           └─────────┘
```

国を中心に世界15か国で実施されており、5万点以上のパーツを取り扱っている。そのため、24時間瞬時にパーツの需要が分かるシステムを稼動させている。

GARSのもう一つの特徴は、環境部門とIGS（IBM Global Services）部門とが協同して運営していることにある。単なる環境配慮のための施策というより、本気でIBM資産としての回収を目的にしているのである。

（5）課題と展望

グローバル化とIT化が進む現代において環境配慮型原価企画を考える場合、もはや一機種一モデルでの考察は意味を持たないといえる。一機種での環境配慮製品の開発を一機種内で対応しようとすると、ほとんどの場合コストアップになってしまう。同時開発中の類似機種や、それぞれのフォロー・オン・プロダクツを、計画的かつ時系列を越えて組み入れることにより、逆に、ほとんどのケースで中・長期的にみて、コストの低減につなげることが可能となる。そのためには、企業として首尾一貫した環境ポリシー、環境配慮製品のための開発指針、環境マネジメントシステムの構築が望まれる。

製品開発担当者、原価企画担当者は、それぞれの担当製品に対し、従来どおり

のコスト削減や管理を行うとともに、幅広い社内の類似製品群との横の連携を図りながら、製品の開発そして原価企画を行うことが望まれる。この流れは、やがて一企業から、一国家、さらには世界中の同業他社との協働へと、サプライチェーンをも考慮して発展していくと考えられる。これは、従来の経済原理に基づいた製品開発・原価企画のあり方と、これからの環境配慮製品開発及び環境配慮型原価企画との大きな違いであろう。同時にそのあたりに、環境配慮型原価企画の難しさと、壮大な社会への貢献が考えられる。

4 むすび

　本章では、環境配慮型原価企画の現状と課題を抽出するために、我が国の先進企業2社の事例を紹介した。両社はともに、「再生資源の利用の促進に関する法律」における指定省資源化製品であるパソコンや家電を製造しているが、環境配慮型原価企画は、あらゆる加工組立型産業において、その実現に向けて早急な対応が求められていることはいうまでもない。

　もちろん、業界が異なれば当然であるが、同一の業界においてさえ、環境配慮型原価企画の展開のあり方には相違が出てくると予想される。実際、本章で紹介したソニー及び日本IBMも比較的業界が近いにもかかわらず、展開プロセスには相当な違いがみられた。

　例えば、ソニーでは環境に関連する費目も目標原価割付の対象としているが、他方、IBMではこれを対象外として、別途政策的にその削減額を決定している。はたしてどちらが理想的といえるかは判断しがたいが、環境配慮型原価企画には定型的なアプローチといえるものは存在しないことだけはたしかである。したがって、先進的な企業の事例に学ぶことは重要であるが、自社のプロセスを見つめ直し、まずはできるところから、環境配慮型の原価企画へと転換を図っていく努力が必要と思われる。

（伊藤嘉博）

第3章 環境予算マトリックスの企業事例

1 はじめに

　環境予算マトリックスについての基本的な特徴並びに作成・分析手順については、第1部第7章で検討した。本章では、実際の企業における適用事例を、東洋製罐と日東電工のケースを中心に紹介する。

　上記2社はいずれも装置型産業に属する企業であるが、環境予算マトリックスは産業を選ぶものではなく、加工組立型産業においても適用可能である。したがって、両社の取り組みにおいてフォーカスされた作成・分析の際の留意事項及び課題は、今後この手法を提供するすべての企業・事業所において共通に認識されるものと考えられる。

2 東洋製罐

(1) 特徴

1) 環境予算マトリックス導入の背景

　総合容器メーカーである東洋製罐は、1999年度に同社埼玉工場について、また2000年度には全事業場について環境保全コストを公表し、2002年度からは東洋製罐グループ環境連結会計の報告を行っている。しかし、同社の環境会計は社内の内部管理指標とはなっていなかった。そのため、環境会計を環境負荷低減活動の取り組みに役立てるべく、社内に環境会計小委員会を設置して検討を進めてきた。同社の環境予算マトリックスの導入はその延長線上にある取り組みと位置づ

けられる。

　2002年度における導入初年には、企業が環境に負荷を与えていることを認識し、その負荷を低減するためにどれだけその期に資本を投下したか（どれだけ環境負荷低減活動に取り組んだか）の測定を、第一義的な目標とした。環境予算マトリックスにおいて、予算編成の対象とされる環境保全コストは経常的な経費項目に限られ、設備投資金額は除かれるのが原則であるが、同社では投資額＋経常的な環境関連コスト（減価償却費を除く）を環境保全コストとしてとらえた。

2）減価償却費の扱い

　減価償却費を除いた理由は、その期にどれだけ環境保全コストを支出することができたかを力点に置いて把握したいということと、減価償却費として投資額を期間配分することに以下の限界があると考えたからである。

　すなわち、減価償却費として投資額を期間配分することは、耐用年数を定めその耐用年数に基づき各種償却方法から償却方法を選択し算出することである。しかし、環境負荷低減のための資本的支出が効果を及ぼす期間に適切に期間配分できるように耐用年数を見積もることを、案件ごとに行うのは不可能である。税法上も固定資産の種類ごとでしか耐用年数を設定しておらず、商法上の会社計算における任意の耐用年数を用いていたとしても、設定する耐用年数は各企業の決めごとになるので、それは企業の設備投資要回収期間であったりもする。したがって、環境会計において適切に費用対効果を表せる耐用年数とはいいがたい。

　また、減価償却費は、財務諸表上の貸借対照表に固定資産として計上したものを、損益計算書に期間費用として期間配分するものであり、減価償却費を計上するということは、固定資産勘定を減少させることと対をなしている。そのため、環境会計において貸借対照表が存在しないことをかんがみると、環境会計は貸借対照表と損益計算書を合わせたキャッシュフロー計算書に近いものであると認識することができる。

　以上の理由から、東洋製罐は減価償却費を環境保全コストには計上せずに、そ

の設備投資が行われた期に環境保全コストと設備投資支出額を合算して、環境保全にかかる投下資本実績合計としてとらえることにしたのである。

(2) 環境予算マトリックス作成における検討項目

東洋製罐では、環境予算マトリックスの導入検討に当たり、その目的を①環境保全コストに対する効果の把握と、②環境保全コストの投資配分の意思決定基礎数値の作成とした。すなわち、環境ロスの増減を把握し、減少していれば環境保全に資本を投下し環境負荷が低減した効果として把握しようと考えたのである。

以下では、マトリックスの作成ステップに準拠して、同社における主要な検討項目を列挙していくことにする。

1) 環境保全コストと設備投資額の細目展開

環境保全コストの細目について、東洋製罐は外部報告資料の環境会計の環境保全コストの費用分類と実績値を使用した。外部報告資料では、再商品化費用を環境省環境会計ガイドラインにおける上・下流コストに含めているが、同社は包装容器を再商品化するために社会的に負担をかけており、その負担費用は製造・使用する企業と利用する消費者に決まった基準に基づき付加させる性格のものである。したがって、負担額は企業がその金額を決められるものではない。逆に、企業はその社会的負担を減少させるために、軽量化容器の開発、自社による使用済み容器の回収、再原料化のビジネスモデル作りを行うことに自らの資本を投下していく。このことから、再商品化費用そのものは環境保全コストではなく、内部負担環境ロスの細目として把握し、その再商品化費用を少なくするためのコストを環境保全コストとして把握した。

2) 内部負担環境ロスの細目（非効率コスト項目）

次に、内部負担環境ロスに関連した検討項目として、まず、廃棄部材費発生額については、製造工程で発生する仕損じを評価した。その内訳は、投入材料部分

と、その仕損じの製造加工費用である。また、廃棄部材が売却できる場合は、その売却額を減額して把握することにした。

さらに、同社は直接材料費もその使用金額を内部負担環境ロスの項目に加えている。この使用金額は、製品を製造するための材料費そのものである。材料自体が地球環境から調達しており稀少資源であればその価値が材料価格に織り込まれているので、それだけ使用金額が多くなる。項目は分けるが、用水やエネルギー、包装材も同様の考え方で把握し、内部負担環境ロスに計上した。

そのほか、製品の回収・再資源化費用については、前年度と当年度の支払額の差額が社会的環境負担を減少させたことになるので、内部負担環境ロス項目として把握した。

3) 操業度差異の修正

毎年生産量が変化する製造会社においては、前年と当年の非効率コストの差がそのまま環境負荷低減効果とはなり得ない。そこで、当年の生産量を前年のベースに置き換えて非効率コストを修正することにより、その差異が原単位の差として地球環境から製品1単位を製造するための調達量をどれだけ減少させることができたかを把握することが可能となる。

例えば、当年と前年の直接材料の使用金額が以下のようであったとしよう。

　　当年使用金額：100,000千円　　当年使用量：1,000t
　　前年使用金額： 95,000千円　　前年使用量： 900t

この場合、操業度差異を修正した後の当年使用金額は、
　　（当年使用金額÷当年使用量）×前年使用量＝
　　　　（100,000千円÷1,000t）×900t＝90,000千円
　　非効率コスト低減効果＝
　　　　前年使用金額－操業度差異修正後当年使用5,000千円＝
　　　　　　95,000千円－90,000千円

となり、5,000千円の低減効果があったことになる。

4）外部負担環境ロス

外部負担環境ロスについては、外部（地球環境）に放出している公害原因因子等のうち金額換算がむずかしいものを質量換算し、前年と対比した。これについては、金額換算がむずかしいのと同様に操業度差異を修正することもむずかしいので、これについては今後の課題とした。

5）コストとロスの相関関係

コストとロスの相関関係の分析に際しては、次の点を考慮した。まず、環境保全コストを資本投下すると、環境ロスを低減せずに逆に増大させてしまうような相関関係も確認された。そのため、これについては点数化はしないが予算案策定時に負の効果が現れることを認識しておくために、◎○△の代わりにセル上に×印をつけた。また、相関関係はあるが、すでに投資が行われ、しかも基準値も大きく下回っていて、これ以上の削減を狙うと巨額な追加投資が発生するようなロス項目については、投資の優先順位を下げるべく、優先度を低く設定した。

（4）2003年度における取り組みと修正事項

1）2003年度の取り組みの概要

2003年度において、東洋製罐は①環境目標と環境予算マトリックスとの整合性を確保することとともに、②モデル工場を設定し、予算策定ツールとしてマトリックスを導入する、の2点を重点事項として検討を進めた。

上記①については、環境目標は従来から同社のエコリポートに記載してはいたが、環境会計とは関連させていなかった。そのため、両者を結びつけ、それによりロスの前年対比を行って削減効果を検証しようとしたのである。さらに、その検証結果に基づいて目標を設定し、また実施後は目標と実績の比較につなげていくことができると考えたのである。

次に②については、同社の石岡工場をモデル工場として設定し、2003年度費用予算作成時に、環境コストを通常の予算編成方法である費用積み上げ方式で編成

すると同時に、環境予算マトリックスも併用し、環境ロスを削減させる費用配分を目指した。

前述のように、2002年度ではマトリックス作成の基本的なステップに沿った検討を行い、環境コストの総予算額を各環境保全コスト項目に配分したが、実際の予算額は従来どおり個々の積み上げにより決定された。この積み上げ予算編成方法は2003年度も変更はないが、積み上げ時にマトリックスを用いた予算配分額を加味できるように、環境予算マトリックスの作成時期を考えることにした。

2) 環境予算マトリックスの作成時期

2002年度の反省に立ち、予算編成時期に環境予算マトリックスを作成することとした。具体的には、翌年度費用予算編成時期が2月後半のため、12月からモデル工場へ概要説明を行って実績把握を進めた。そして、2月の編成時期の直前に関係部門を招集し、翌期環境ロス削減目標を協議した。その後の費用予算編成時に、再度会合を開き、環境コストの重み付けを考慮しながら翌期の費用予算編成を行った。なお、当該予算編成のスケジュールは図3-1に示すとおりである。

3) 修正事項

2002年度のものと比較すると、2003年度の東洋製罐の環境予算マトリックスには、いくつかの修正が加えられていることが確認できる。

図3-1　予算編成スケジュール

	2002/4〜	2002/12〜	2003/1	2003/3
前年環境ロス測定	→			
前年環境コスト集計	→			
当期環境ロス予想		→		
翌期環境ロス目標設定			→	
環境コストウエイト検討			→	
翌期環境コスト重み付け			→	
翌期費用予算編成				→

まず、前年度では内部負担環境ロスとして計上されていたプラスチック製品再商品化費用を同社はコストに移行させている。これは、当該費目がリサイクルを推進する上で必要な経費と認定されたためである。また、廃棄部材費からその売却額を分離し、差額のみをロス金額として表示した。

外部負担環境ロスについては、廃棄物の排出を産業廃棄物と埋め立てに区分した。さらに、環境ロス削減効果を把握するために、PRTR法で集計している公害原因因子の数値を用いて評価することとした。なお、集計結果について操業度差異の調整を行った。

以上の点に加えて、より重大な変更点がいくつかある。

a. 設備投資金額の分離

前述のように、東洋製罐では環境保全コストに投資額を含めた検討を行ってきたが、2003年度からは、設備投資金額については環境予算マトリックスと切り離して検討することにした。ただし、投資による環境ロス削減効果は参考としていくとともに、投下資本合計として、環境コストと投資額はマトリックス上に記載している。

b. 環境ロスの年間発生額の予想

環境予算マトリックス作成時には、まだ期中のため前年の環境ロスの現状値が確定していない。そのため、2002年度においては、前々年度までの実績をベースに分析を行った。しかし、これではタイムラグが生じてしまうため、2003年度は前年度である2002年度の環境ロスについてトータルな発生額（量）を予想して、分析に活用することにした。そして、2001年度の環境ロス実績と、2002年度の環境ロス予想額（量）との差額によって削減効果を把握し、それをベースに2003年度の目標値を設定した。

c. 人件費とその他の費用の分離

マトリックスの入力項目として、2003年度は人件費とそれ以外の費用予算編成案項目を分離した。というのも、人件費は各部門で環境関係として従事する人員に対してある程度固定的に編成されるのに対して、それ以外の費用は、例

表3-1　東洋製罐の

費用細目		細目・活動	99年	00年	効果	環境保全コスト									
						公害防止コスト						地球環境保全			資源循環コスト		
						大気汚染防止	水質汚濁防止	騒音防止	土壌汚染防止	振動防止	その他の公害防止	温暖化防止・省エネ	オゾン層保護	その他	効率的資源利用	節水・雨水利用	産業廃棄物減量化・リサイクル
内部負担環境ロス〈金額換算〉	環境損傷コスト	土壌汚染、自然破壊等の修復コスト	0	0	0												
		環境保全にかかわる和解金、補償金、罰金、訴訟費用	0	0	0												
	非効率コスト（操業度差異修正後）	廃棄部材費発生額（社内評価額）	4,000	3,000	1,000										◎		
		廃棄部材費売却額	▲100	▲100	0												
		直接材料使用金額	250,000	240,000	10,000										◎		
		用水使用料	400	400	0										○	◎	
		エネルギー費	14,000	15,000	▲1,000							◎		◎			
		製品の回収・再資源化費用	380	612	▲232												◎
		包装材等購入金額	5,000	5,100	▲100										◎		
		ブランド及び企業イメージの失墜（機会損失社内評価額）			0							△	△				△
外部負担環境ロス〈質量換算〉	公害原因因子	大気汚染物質排出量ないし濃度（NOx等）	181	180	1	◎						○	○				
		水質汚濁物質排出量ないし濃度	151	135	16		◎										
		土壌汚染、自然破壊等の発生（件数）	0	0	0				◎								
		騒音レベル	72	72	0			◎									
		振動レベル	71	70	1					◎							
		化学物質排出量	4,446	4,315	131	◎	◎					×					
		その他の公害因子の排出量ないし濃度	0	0	0												
		温暖化原因物質排出量（CO$_2$換算）	546,300	590,000	▲43,700	×						◎		△			
		特定フロン等使用量	―	―	―												
		産業・一般廃棄物排出量	31,174	30,373	801										○		◎
環境予算ウエイト④						5.1	6.6	2.1	0.4	2.4	0.0	6.7	1.6	4.1	9.8	1.6	1.6

2002年設備投資予算編成額																
2002年保全コスト予算編成額																
2002年重み付け後予算案（投資＋費用）						257	331	105	20.4	123	0	335	78.5	205	488	78.7	77.5
2000年度投資額実績						287	11	27	0	8	0	0	368	0	0	50
2000年保全コスト実績						481	321	4	1	4	122	0	0	799	393	0	357
2000年環境保全に係る投下資本実績合計						768	332	31	1	12	122	0	0	1,167	393	0	407

(注) ① 絶対ウエイト：環境ロスの各細目の重要度×難易度
② 環境ロスウエイト：すべての環境ロス・活動の細目について計算した＊1を縦に合計した値を100として、細目ごとに＊1の百分比を計算する。
③ 環境保全コストの各細目（対策・活動）と環境ロスの細目との相関を◎○△で評価後、5、3、1などで点数化し、この点数比で＊2を各セルに配分する。
④ 環境予算ウエイト：環境保全コストの細目（対策・活動）ごとに＊3を縦に合計する。
⑤ 環境ロスと目標値に使用した数値は実際の値ではない。今後、実績値を収集し当社エコレポートに掲載していきたい。

出典：経済産業省（2002）p.44

環境予算マトリックス

事業系廃棄物減量化・リサイクル	廃棄物の処理・処分のためのコスト	その他の資源循環のためのコスト	グリーン購入と通常購入との差額コスト	生産・販売製品等のリサイクル	環境保全対応製品・サービスの提供	容器包装の低環境負荷のための追加コスト	社員への環境教育等	環境管理システムの構築・運用等	環境負荷の監視・測定	環境配慮型製品の研究開発	製造段階での環境負荷の抑制	物流・販売段階での環境負荷低減	環境改善対策	自然保護、緑化等	地域住民の環境活動に対する支援、寄付	環境保全推進団体への支援	環境情報等の公表、環境広告	優先度	02年目標値	難易度	絶対ウエイト①	環境ロスウエイト%②
																			0			0.0
																			0			0.0
	○									◎	○							5	2,800	5	25	10.2
										◎	○							5	200,000	5	25	10.2
							△	△										3	300	3	9	3.7
							△	△		○								5	14,000	5	25	10.2
				◎						○								3	1,300	3	9	3.7
					◎													1	5,000	1	1	0.4
△			△	○	○					◎		○	○		○			1	1	1	1	0.4
									△	○	○		△					5	150	5	25	10.2
									△	○	○							5	130	5	25	10.2
																		1		1	1	0.4
									△	○	○		△					4	70	3	12	4.9
									△									4	60	3	12	4.9
										◎	○							5	4,200	5	25	10.2
																					0	0.0
			△							◎	○							5	550,000	5	25	10.2
																					0	0.0
◎	○		○				◎			◎	○							5	30,000	5	25	10.2
1.6	3.1	0.0	1.0	3.2	0.0	0.2	2.7	1.2	5.1	20.3	15.8	3.5	0.0	0.0	0.1	0.0		絶対ウエイト計	245			100%

																	合計	
																		1,000百万円
																		4,000百万円
77.5	153.1	0	52	161.2	2	12.2	136.8	60.3	255.4	1,017	790.6	176.3	2	2	2.9	2		5,000百万円
0	0	0	0	0	0	0	0	0	0	0	0	0	0	0	0	0		751百万円
10	406	129	0	0	0	0	0	7	128	1,019	20	0	7	0	55	3		4,266百万円
10	406	129	0	0	0	0	0	7	128	1,019	20	0	7	0	55	3		5,017百万円

第3章 環境予算マトリックスの企業事例

えば修繕費などの要素別に各部門で積み上げ方式で編成が行われるためである。

表3-1は、上記のような検討を通じて完成した2003年度の環境予算マトリックスである（ただし、数値は架空のものを用いている）。

(5) 環境予算マトリックス作成のメリットと今後の課題

1) 環境予算マトリックスの作成メリット

東洋製罐において、環境予算マトリックスを作成することによるメリットとして確認された項目を列挙するなら、まず第一に、当該マトリックスは環境ロス削減目標から予算へ落とし込むため、環境コストを予算編成段階から効果的に配分でき、削減効果の最大化が図れることが挙げられる。

次に、時系列で環境ロス削減データが蓄積できるので、環境効果を考慮して将来の実行すべき設備保全計画をフィードフォワード的に検討できる。

2) 環境予算マトリックスの課題

このように、環境予算マトリックスは有用な手法であるが、さらにこれを有効なものとして活用していくために、以下のような課題があると東洋製罐では考えている。

①環境規制等への対応

ISO 14001や、2008年排出ガス規制への取り組み・対応を目標値に設定することにより、環境ロスだけでなく規制値クリアや認証取得のために行うべき事項を分析に織り込んでいくべきであろう。

②作成方法の簡略化

マトリックスの使い勝手をよくするためには、ウエイトづけした予算案と積み上げ予算案との間のかい離が少なくなるように、重要度や難易度のウエイト評価、及びロスとコストとの相関分析にある程度慣れが必要と思われる。そこで、マトリックス作成方法の簡略化を検討する必要がある。

③品質コストマトリックスとの融合

　環境予算マトリックスは、品質コストマトリックス（伊藤、2001参照）を母体としていることもあり、環境コストと品質コスト、あるいは環境ロスと品質ロスに項目が重なる。したがって、品質コストマトリックスとの統合の可能性については、今後の研究課題とすべきである。

④マテリアルフローコストの適用

　現在、廃棄部材費は仕損費等で把握しているだけだが、将来的には廃棄部材費の評価をマテリアルフローコストをベースに算定すべきである。

⑤環境予算マトリックス予算差異分析

　基本的に予算は計画であって、それを実行した結果が実績として数値に表れてくる。そのため、環境予算マトリックスを用いて予算を策定した場合、予算実施後の翌年に実績を把握し、予算実績対比が可能となる。しかし、差異評価欄をマトリックスに追加するととても見づらいものになってしまうため、予算編成目的と差異分析目的にそれぞれ別表を作成するということも検討の余地がある。この場合、作業工数の増加が予想されるので、この問題をどうクリアするかを検討する必要がある。

3　日東電工

(1) 環境予算と環境予算マトリックス

　日東電工は総合機能材料メーカーであり、近年、その環境対策はかつての出口対策から源流対策・プロセス革新へと変化してきた。これに連動して、環境と事業を両立させる「環境経営」の指標として、2000年度から表3-2に示すような環境会計を応用した「環境予算」を編成している。

　環境予算編成の目的の一つは、各事業部の責任を明確にすることである。同社の環境予算に計上される環境コストは、環境省環境会計ガイドラインの「環境保全コスト」に加え、製品にならない産業廃棄物そのものの材料費・加工費（産廃

表3-2 日東電工の環境予算及び実績 (単位:百万円/月)

1. 環境コスト

項目		2002年度予算(A)	2002年度実績(B)	差額(B-A)	対予算比(B÷A)
売上高		17,885.0	18,786.3	901.3	105.0%
内作生産高		17,421.4	17,935.2	513.8	102.9%
環境保全コスト	一般経費	72.4	76.1	3.7	105.1%
	産廃処理費	88.3	86.6	▲1.7	98.1%
	業務委託費	16.3	15.1	▲1.2	92.6%
	人件費	39.7	38.8	▲0.9	97.7%
	減価償却費	98.5	101.5	3.0	103.0%
	R&D&E費	83.7	81.0	▲2.7	96.8%
	計	398.9	399.1	0.2	100.1%
環境負荷コスト	産廃原価	2,589.1	2,796.2	207.1	108.0%
	エネルギー費	337.2	340.4	3.2	100.9%
	溶剤購入費	135.3	141.0	5.7	104.2%
	用水使用料	20.8	25.3	4.5	121.6%
	計	3,082.4	3,302.9	220.5	107.2%
環境負荷コスト比率		17.2%	17.6%	0.4%	102.3%

2. 環境効果

項目		2002年度予算(A)	2002年度上期実績(B)	差額(B-A)	対予算比(B÷A)
環境負荷コスト(百万円/月)		3,082.4	3,302.9	220.5	107.2%
環境負荷コスト比率		17.2%	17.6%	0.4%	102.3%
有価物等売却額(百万円/月)		4.6	8.9	4.3	193.5%
ボランタリー関連	産廃発生量(t/月)	2,528.8	3,096.5	567.7	122.4%
	再資源化率	97.8%	93.9%	▲3.9%	96.0%
	産廃原価比率	14.9%	15.6%	0.7%	104.7%
	エネルギー使用量(kl/月)	8,623.7	9,131.6	507.9	105.9%
	エネルギー原単位(l/百万円)	495.0	532.3	37.3	107.5%
	溶剤排出量(t/月)	160.9	167.4	6.5	104.0%

＊環境負荷コスト比率＝環境負荷コスト÷売上高
＊産廃原価＝産業廃棄物の材料費・加工費

集計範囲 日東電工単体

原価)や、顧客のもとへ行かないエネルギー・溶剤・用水の購入量を「環境負荷コスト」と定義し、そこに含めている。環境予算を編成することで、同社は環境保全コストを適切に支出して効果的な環境対策を講じるとともに、環境負荷コストの低減を環境効果と考えて資源生産性の向上を図り、トータル・ローコストを

追求しているのである。

　日東電工では、品質改善の支援ツールの一つとして、PAF法に基づく品質コストの集計を行っており、品質コストマトリックスを用いた分析にも取り組んでいる。したがって、環境予算マトリックスを適用しやすい背景があったと考えられる。また、日東電工のように産廃原価の低減を経営課題の一つとしている企業にとっては、品質コストマネジメントと環境コストマネジメントは、最小のマテリアル・インプットで最大のアウトプットを目指す、いい換えれば、環境と経済の両立を目指すという点で共通の課題を有している。

　例えば、環境面における「産業廃棄物の削減活動」は、品質面における「製造工程で発生する不良品撲滅活動」につながる。したがって、マテリアルフローに沿って材料のインプットから製品出荷まで、生産・管理工程を最後まで追求する過程で発生する環境コストの細目は、PAF法の予防コスト、評価コスト及び内部失敗コストの細目と部分的に共通と考えられる。そのため、環境予算マトリックスは将来的に同社が環境コストと品質コストの融合を図る場合にも有効な手法になり得よう。

(2) 環境予算マトリクス手法のテストラン

　前述のように、日東電工は各事業部別に環境予算を編成しているが、その一つをモデル事業部として、2001年より環境予算マトリックスのテストランを実施している。具体的には、環境予算の環境負荷コストの主要項目が内部負担環境ロスに、またボランタリー・プラン（1992年通産省から出された「環境に関するボランタリー・プラン作成に関する協力要請について」）の主要項目が外部負担環境ロスに、それぞれ対応させている。さらに、これらの環境ロス項目に対して環境保全コストの細目との相関関係を分析し、重要度及び難易度を判定した上で、前年度実績から表3-3に示すような2003年度環境予算マトリックスを作成した。

　環境予算の特徴の一つは、適切な環境保全コストを投入し環境負荷コストを低減させることにあるので、その相関関係等をマトリックスで検討することは、問

第2部　環境管理会計の実践

表3-3　日東電工の環境予算

費用細目	細目・活動	現状値	環境保全コスト⑤									
			公害防止コスト			地球環境保全		資源環境コスト				
			大気汚染防止	水質汚濁	その他の公害防止	省エネルギー	その他	省資源化	節水・雨水利用	廃棄物の適正処理	廃棄物リサイクル	その他の資源循環のためのコスト
内部負担環境ロス（金額換算）非効率コスト	SOx賦課金（硫黄成分を含む燃料）	308.0K¥	○			◎						
	廃棄原価（社内評価額）	374.8M¥						○				
	エネルギー費	129.4M¥	○			◎				○	○	
	溶剤購入費	70.6M¥	○	△		△		○				
	用水使用料	3.6M¥		○	△				◎			
外部負荷環境ロス（質量換算）ボランタリープラン	ブランド及び企業イメージの失墜		○	○	△					○		
	廃棄物の再資源化率	98%								○	◎	
	産廃原価比率	9.5%						○		○		
	エネルギー原単位	843L/M¥	○			◎					○	
	PRTR対象物質の排出率	7.8%	◎	△						○	○	
環境予算ウエイト④			10.2	2.8	0.2	6.8		8.5	2.1	7.1	13.3	
今年度予算（案）			12,263	3,394	254	8,219	0	10,199	2,563	8,462	15,950	0
前年度実績			11,660	2,817	841	7,599	0	8,663	2,562	7,811	17,646	0

（注）
① 絶対ウエイト：環境ロスの各細目の重要度×難易度
② 環境ロスウエイト：すべての環境ロスの細目について計算した①を縦に合計した値を100として、細目ごとに①の百分比を計算する。
③ 環境保全コストの各細目（対策・活動）と環境ロスの細目との相関を◎○△で評価後、3、2、1などで点数化し、この点数比で②を各セルに配分する。
④ 環境予算ウエイト：環境保全コストの細目（対策・活動）ごとに③を縦に合計する。
⑤ 環境保全コスト：費用額（減価償却費を含め、投資額は含まない）

出典：経済産業省（2002）p.51

マトリックス（2002年度）

その他	グリーン購入と通常購入との差額コスト	生産・販売製品等のリサイクル等	環境保全対応製品・サービスの提供	容器包装の低環境負荷のための追加コスト	管理活動コスト	経費	人件費	自然保護、緑化等の環境改善対策	環境保全推進団体への寄付、支援	環境情報の公表、環境広告	優先度	今年度目標値	難易度	絶対ウエイト①	環境ロスウエイト%②
					△						1	300K¥	3	3	2.1
					○	○	◎				5	337M¥	5	25	17.6
					○	○	○				4	128M¥	4	16	11.3
					○	○	◎				4	64M¥	5	20	14.1
					○						1	3.6M¥	3	3	2.1
					◎									0	0.0
					○	△	△				3	100%	3	9	6.3
					○	○	◎				5	8.4%	5	25	17.6
					○	○	○				4	831L/M¥	4	16	11.3
					○	△	△				5	4.5%	5	25	17.6
					16.9	13.9	18.2					絶対ウエイト計		142	100%
0	0	0	0	0	20,222	16,687	21,767	0	0	0	計	120,000K円			
0	0	0	0	0	16,387	14,061	16,548	0	0	0	計	106,535K円			

第3章 環境予算マトリックスの企業事例

表 3-4 日産自動車における

	費用細目	細目・活動	現状値	環境保全コスト									
				地域環境保全コスト								水質汚濁	土壌汚染
				大気環境保全コスト								
				VOC	ダイオキシン	硫黄酸化物	窒素酸化物	塩化水素	ばいじん	その他		
内部環境負担（金額換算）	環境修復コスト	自然環境の修復コスト（百万円）	2,000								◎	◎
		環境保全に係わる拠出金等（百万円）	4.6			◎						
	非効率コスト	廃棄部材費（社内評価額＝廃棄物処理費　億円）	26									
		用水使用量（10万m^3）	81.2	×								
		動力使用量（1000GJ）	16,639	×								
外部環境負荷（質量換算）	地域環境へのインパクト要因	大気環境へのインパクト　NO_x（t／年）	78				◎					
		SO_x（千m^3／年）	81.2			◎						
		ダイオキシン（mg-TEQ／年）	372		◎							○
		トルエン（t／年）	646.7	◎								
		キシレン（t／年）	16.6	◎								
		その他（煤塵、塩化水素など）	—					◎	◎	◎		
		水質環境へのインパクト　COD（kg／日）	72								◎	
		全窒素（kg／年）	3.2								◎	
		全燐（kg／年）	2.1								◎	
	騒音レベル		—									
	特定フロン放出量		0									
	温暖化へのインパクト量（CO_2換算）（t-c／億円）		13.2									
	産業・一般廃棄物排出量（1000t）		533									△
環境予算ウエイト④				24.9%	4.3%	0.8%	1.5%	0.3%	0.3%	0.3%	13.8%	7.2%
				32.4%									
今期予算		総額（%）		9.2%								11.8%	0.0%
		設備投資（%）		13.4%								6.6%	0.0%
今期実績		総額（%）										
		設備投資（%）										

（注1）① 絶対ウエイト：環境ロスの各細目の優先度×困難度
　　　　② 環境ロスウエイト：すべての環境ロスの細目について計算した①を縦に合計した値を100として、細目ごとに①の百分比を計算する。
　　　　③ 環境保全コストの各細目（対策・活動）と環境ロスの細目との相関を◎○△で評価後、3、2、1などで点数化し、この点数比で②を各セルに配分する。
　　　　④ 環境コストウエイト：環境保全コストの細目（対策・活動）ごとに③を縦に合計する。
（注2）表中の現状値、目標値及び今期予算は、実態とは異なっている。
出典：経済産業省（2002）p.53

環境予算マトリックス

騒音・振動防止	悪臭防止	地盤沈下	地球温暖化防止	オゾン層破壊防止	省エネルギー	省資源	産業廃棄物処理	緑化	環境マネジメント	環境修復コスト	拠出金・課徴金	今期目標値	優先度		絶対ウエイト①	環境ロスウエイト%②
		△							△	◎		300	10	7	70	8.7
												4.5	1	3	3	0.4
						○	◎					25	8	9	72	9.0
						◎			△			80.5	7	6	42	5.2
			△	◎					△			16,000	7	6	42	5.2
												75	2	6	12	1.5
											○	80	1	5	5	0.6
										△		340	7	10	70	8.7
												500	10	10	100	12.5
												10	10	10	100	12.5
	◎											—	3	3	9	1.1
										△		70	3	8	24	3.0
										△		2.8	6	8	48	6.0
										△		1.8	6	8	48	6.0
◎												—	1	3	3	0.4
				◎								0	1	1	1	0.1
			◎		○							13.1	8	8	64	8.0
									○	◎		510	9	10	90	11.2
0.4%	0.3%	0.7%	5.8%	0.1%	6.3%	11.2%	11.0%	0.8%	2.4%	7.4%	0.2%	計			803	100%
0.1%	0.7%	0.0%	0.0%	0.0%	6.0%	0.1%	25.1%	0.8%	0.3%	45.8%	0.1%					
0.2%	1.1%	0.0%	0.0%	0.0%	4.7%	0.0%	4.5%	0.0%	0.0%	69.5%	0.0%					

(列区分:地域環境保全コスト=騒音・振動防止/悪臭防止/地盤沈下/地球温暖化防止/オゾン層破壊防止/省エネルギー/省資源、その他=環境修復コスト/拠出金・課徴金)

第3章 環境予算マトリックスの企業事例

題点の把握とその解決策の展望につながることが、上記のテストランを通して確認できた。

また、日東電工はマテリアルフローコスト会計を実施し、産廃原価の低減に取り組んでいる。環境予算マトリックスは事業部単位で、一方、マテリアルフローコスト会計は製品単位で実施しているものの、両者は「廃棄物(環境予算マトリックスでは廃棄部材費)」にスポットを当てる点で共通している。特に、その材料費ばかりでなく加工費、配送・処理費用等を含めて廃棄物を金額換算して「負の価値」を把握し、廃棄物を発生させた原因究明や、改善分析、その対策へとつなげることになる。

この観点から、環境予算マトリックスとマテリアルフローコスト会計は、「経済と環境の両立」を追求する手法として共通しており、将来的に両手法のリンクも含めて検討すべきと日東電工では考えている。

4 むすび

本章の冒頭で指摘したように、環境予算マトリックスは、装置型であれ加工組立型であれ、産業の別を問わず適用可能である。表3-4は加工組立型産業に属する日産自動車における環境予算マトリックスである。同社は、2002年度に単年度だけ環境予算マトリックスを試験的に導入したが、その過程でいくつかの課題が確認された。もっとも、その多くについてはその後慎重な議論を経て修正が施され、その結果が本章で紹介した2社の事例にも反映されている。

したがって、以下では2点のみを確認することによって本章を締めくくることにしたい。

まず、第一の確認事項は、東洋製罐のケースでも問題になった設備投資金額の取り扱いに関するものである。業種によっては、設備投資金額を除くと実質的な環境改善成果がマトリックスに反映できない場合もあり得よう。そのような場合には、業態の特性や、個別企業の企業会計あるいは環境会計のあり方を踏まえ

て、設備投資を含めた形で環境予算マトリックスを作成することを検討すべきであろう。ただし、前述したように、問題の設備投資が純然たる環境改善目的の投資でないと、かえって分析の結果を歪めてしまう可能性もあるので、注意が必要である。

なお、こうした設備投資を含めた分析にマトリックスを活用したいと考えるなら、あるいは代替的な環境関連設備投資案の評価への援用を望むのであれば、単年度予算の検討にこれを用いるのではなく、中・長期の環境改善計画に連動させて環境予算マトリックスによる分析を行うというアプローチも可能であり、それは今後の重点課題ともなっている。

次に、第二の確認事項として、複数の環境ロス間、あるいは環境コスト間でトレードオフ関係が存在する場合に、これをどう分析に反映させるかという問題がある。実は、この問題も東洋製罐のケースで検討された事項である。日産でも環境ロスの項目間で、このトレードオフの扱いに苦慮したようである。その具体例としては、塗装の水性化に関連するケースが挙げられる。すなわち、大気環境ロスの中のVOC(揮発性有機化合物、例えばトルエン、キシレンなど)については、その要因の大半は塗装工程にあるため、水性塗装への変更による対策を実施している。一方、水性塗料化することで、大気環境ロスは低減できるものの、それにより水質処理や汚泥処理などが増加してしまうのである。

このように、ある環境ロスを低減することが、他の環境ロスの増加を招く場合があり得る。したがって、このような事態を環境予算マトリックスにどのように反映するかが問題となる。実際のところ、こうした負の相関を定量化してウエイトづけすることは困難といわざるを得ない。そこで、すでに東洋製罐のケースで解説したように、現時点では、負の相関があることを環境予算マトリックスに明示すべく、セル上に「×」を記載することで対処がなされている。そうすることで、分析に携わる組織構成員に注意喚起しようという目論見であるが、より抜本的な対応を図る必要があることはいうまでもないであろう。

(伊藤嘉博)

第4章 環境配慮型業績評価の企業事例

1 はじめに

　環境配慮型業績評価は、環境保全活動の成果を経営管理の根幹である業績評価システムと統合することによって、環境経営を促進する手段である。環境経営を、企業経営の隅々にまで環境の視点を浸透させた経営と理解するならば、環境配慮型業績評価システムはそのための必須の手段といえよう。

　環境配慮型業績評価の理論的な側面に関しては、第1部第8章で考察し、若干の企業事例についても簡単に紹介した。本章では、日本企業として最も早くから環境業績評価に体系的に取り組んでいるリコー、キヤノン、ソニーの3社について、具体的な取り組みの内容を詳しく紹介しよう。

2 リコー

(1) リコーの環境経営

　リコーにおける環境活動の段階は、法規制や顧客のニーズに対して消極的な活動である「環境対応」の段階から、地球市民として自律的、継続的に環境負荷低減に取り組むため、高い目標を立てて積極的な環境保全活動を進める「環境保全」の段階へと進展してきた。この段階より環境保全と企業経営は同軸との前提に立ち、長期レンジで企業価値の増大につながると考え、環境保全活動を積極的に推進してきた。そして今、経済効率の高い「環境経営」を実現しようとしている（図4-1）。

◇ 図4-1　リコー環境保全活動の3ステップ

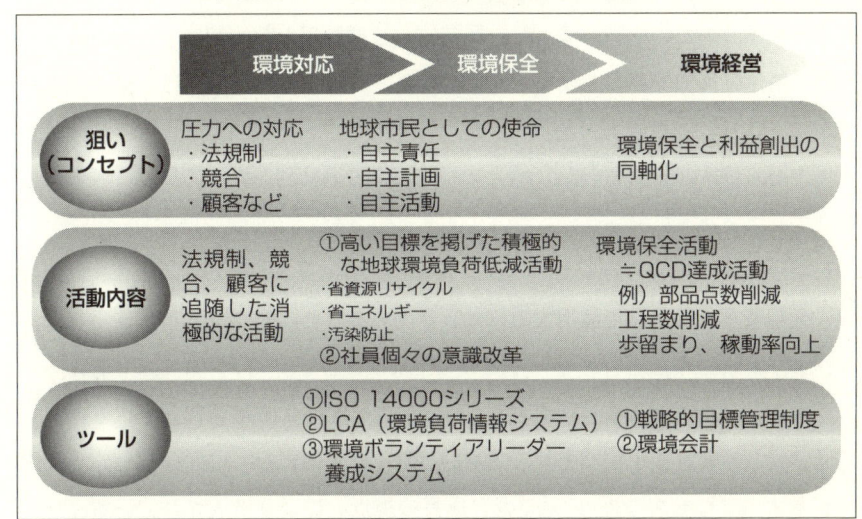

	環境対応	環境保全	環境経営
狙い(コンセプト)	圧力への対応 ・法規制 ・競合 ・顧客など	地球市民としての使命 ・自主責任 ・自主計画 ・自主活動	環境保全と利益創出の同軸化
活動内容	法規制、競合、顧客に追随した消極的な活動	①高い目標を掲げた積極的な地球環境負荷低減活動 ・省資源リサイクル ・省エネルギー ・汚染防止 ②社員個々の意識改革	環境保全活動 ≒QCD達成活動 例）部品点数削減 　　工程数削減 　　歩留まり、稼動率向上
ツール		①ISO 14000シリーズ ②LCA（環境負荷情報システム） ③環境ボランティアリーダー養成システム	①戦略的目標管理制度 ②環境会計

「環境経営」の実現に対しては、「環境会計」によるコスト対効果の把握を行うことに加え、部門業績評価項目に環境保全の項目を追加し、「戦略的目標管理制度」として企業経営の中にきちんと環境を位置づけてきた。

リコーでは、環境保全活動を「企業人である前に地球市民として取り組んでいくべき使命」として推進してきているが、改善が進むにつれ経営資源投入量も増大してきている。人件費、設備投資等の環境コストが膨らむにつれ、環境保全活動に対してネガティブな判断に至るケースも出てきた。そこで前述の環境会計にて環境コスト対効果をきちんと捉えていこうという動きとともに、環境保全活動の評価基準を明確にし、業績評価に結びつける仕組みの検討がなされた。リコーにおける環境配慮型業績評価は、戦略的目標管理制度への導入という形で実行されることになった。

(2)「戦略的目標管理制度」導入

1999年度スタートの第13次中期経営計画を策定するに当たって、経営システ

ム変革のさまざまな検討を行ってきた。その結果、組織、体制の改革として、執行役員制やカンパニー制を導入し、同時に、目標管理と報酬制度を連動させるような業績連動型報酬制度の構築を進めてきた。目標管理に関しては、従来、方針管理による目標展開、方針展開を実施してきており、1997年よりCS経営体質強化のため、日本経営品質賞（JQA）の視点による全社的な経営指標にて各部門ごとにアセスメントを実施してきた（1999年に日本経営品質賞を受賞）。

しかしながらJQAの審査基準は、仕組みの構築に重点が置かれており、目標管理、業績管理という点で活用するには限界がある。そこで、JQAの考え方をいかし、より戦略的な目標管理を行うための仕組みとして、バランス・スコアカードの導入を行ったのである。バランス・スコアカードは、1990年代前半に米国にて開発された経営管理手法であり、基本的には「財務的視点」「顧客の視点」「社内ビジネス・プロセスの視点」「学習と成長の視点」により構成されている。リコーでは、この四つの視点に独自に「環境保全の視点」を加え、「戦略的目標管理制度」と称して、1999年10月より導入している（図4-2）。

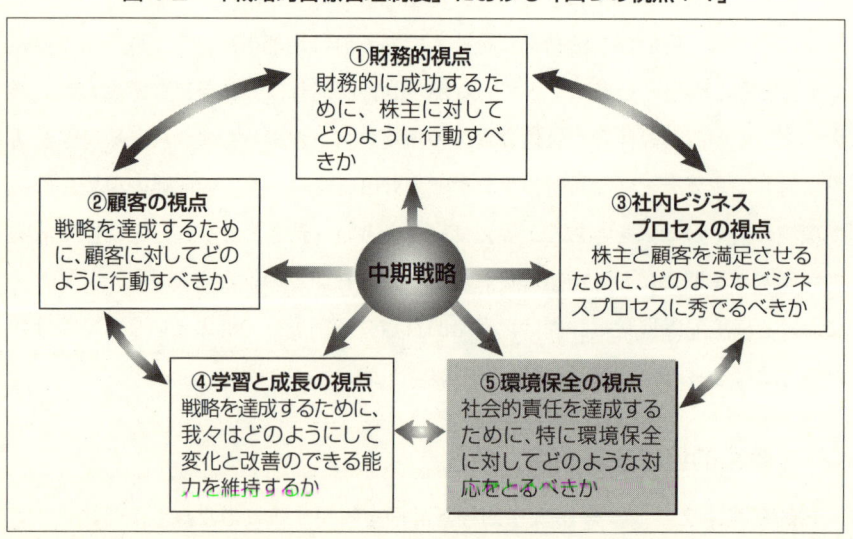

図4-2　「戦略的目標管理制度」における「四つの視点＋１」

①財務的視点
財務的に成功するために、株主に対してどのように行動すべきか

②顧客の視点
戦略を達成するために、顧客に対してどのように行動すべきか

③社内ビジネスプロセスの視点
株主と顧客を満足させるために、どのようなビジネスプロセスに秀でるべきか

④学習と成長の視点
戦略を達成するために、我々はどのようにして変化と改善のできる能力を維持するか

⑤環境保全の視点
社会的責任を達成するために、特に環境保全に対してどのような対応をとるべきか

中期戦略

「戦略的目標管理制度」の狙いは、戦略的な事業の「選択と集中」を進め、全社的な企業価値増大を促進することである。また目標管理（計画→実行→評価→アクション）の仕組みを確立することで、社員を活性化し、業績向上に向けた自主的な行動を促すことも考えている。具体的には、中期経営計画を財務及び四つの非財務の視点に置き換えた戦略目標を明確にし、戦略目標の達成レベルを評価するための成果指標（業績評価指標）を設けて実際の施策に具現化し、マネジメントしていく仕組みになっている。

　財務的な視点における成果指標は、全社方針「企業価値の増大」を受けて、「フリーキャッシュフロー」「ROA（総資産利益率）」「売上高」を全社指定指標とし、また連結財務指標を優先することとしている。また、プロダクトポートフォリオマネジメント（PPM）に基づく事業の位置づけから、部門によりそれぞれの項目のウエイトは異なる。部門によっては上記項目が馴染まないケースもあり、その場合は部門の特性に応じて成果指標を設定している。また、非財務の成果指標は、「戦略を達成するために重要な指標」「中長期的に発展するための指標」「最終的に財務につながる指標」であることを条件に設定されている。「顧客」の指標には、マーケットシェアや顧客満足度を極力盛り込み、「社内プロセス」の指標には、全社的に取り組んでいる構造改革を指標化したものを盛り込むこととしている。

　結果系の成果指標に加え、成果を出すために日常管理していくべき指標を先行的指標として設定している。この先行的指標は、変化の兆しを把握する指標でもある（図4-3、4-4）。

（3）戦略から指標への展開

　リコーには約50の事業部門及び本社部門があり、各部門は期初に五つの視点ごとに戦略目標や評価指標をたてている。各戦略目標は個別に評価指標とつながっており、また戦略目標間にもつながりを持たせており、最終的には財務につながるループとなる。各戦略目標についての配分は、各部門のミッションに応じて

第2部　環境管理会計の実践

図4-3　「戦略的目標管理制度」の体系

中期戦略目標 → 財務／顧客／社内プロセス／学習成長／環境 → 戦略目標 → 成果指標 → 先行指標

図4-4　「戦略的目標管理」指標関連図（概略例）

5軸	戦略目標	業績評価・管理指標	
		事後的指標	先行的指標
財務	事業価値の増大		
	売上高の拡大	売上高伸び率	サプライ売上高比率
			新製品売上高
	資産効率の改善	開発投資比率	開発人員の生産性
顧客	商品XのMS拡大	ディーラー内シェア	システムディーラー訪問件数
	システムYの顧客シェア拡大		新製品競争力（他社仕様比較）
	大手OEMの獲得	戦略OEM先売上高	OEM商談A件数
社内プロセス	開発効率の向上	1機種当たり開発コスト	開発人員、人件費伸び率
	在庫回転期間の短縮	在庫回転率	発注～販売先倉庫日数
	OEM提供プロセスの改善		
学習成長	販売対応・サポート力の向上	販売支援部隊稼動率	サポート有資格者数
環境	環境保全活動の展開	再生紙売上伸び率	再生紙売上高
		トナーカートリッジ再資源化率	トナーカートリッジ回収率

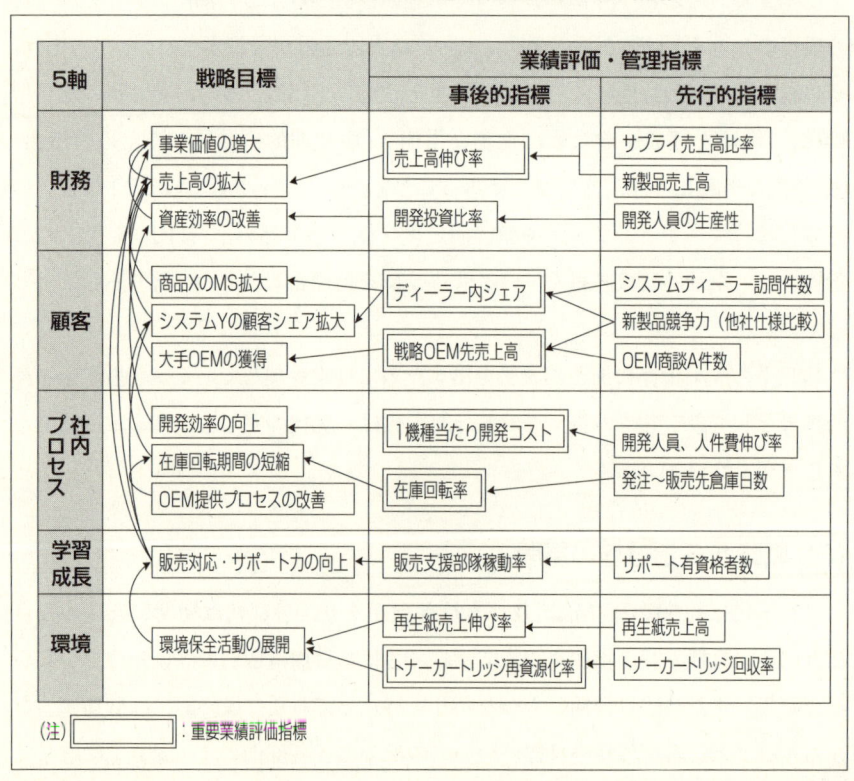

（注）　□：重要業績評価指標

財務的視点に10～70％があらかじめ設定されており、非財務的視点は30～90％の間で各部門の戦略に基づき設定される。環境に関しては、おしなべて10％弱の配分がなされている。

各部門長はバランス・スコアカードを作成時に、五つの視点についての戦略目標とその目標値だけでなく、その目標値設定に至った解説や補足を以下の「部門業績　目標／評価書」に記載しなければならない。

このシートは、部門長の承認をもって提出され、業績審議会にて検討、評価される。業績審議会は、戦略そのものを審議する場ではなく、戦略や重点施策が戦略目標や成果指標に展開されているか、目標値、成果指標が妥当であるか、などが評価・検討される。審議会には、社長、専務及び本社系執行役員の一部及び当該部門の長が出席し、目標値が確定される（表4-1）。

（4）業績評価の方法

各部門の業績評価に関しては、実績が出てきた時点で業績評価委員会にかけられ評価される。評価基準は全社一律のシンプルなものである。目標管理の考え方を重視し、目標（計画）達成率をベースとしている。目標をすべて達成した場合（100％以上）は100点が獲得できる。各視点の項目において目標未達成の場合、95％以上であれば90点、90％以上であれば50点、90％未満の場合は0点となる。ただし、為替の変動については一定の割合で補正を行う。

基本は五つの視点で100点であるが、通常評価でカバーしきれないものは、「トップ加減点」で評価される。トップの加減点として+10～-10点あり、加点対象としては、中期経営計画の基本方針に準じてトップが著しい成果と認めたケース、事業スタートから初めて黒字化したケース、震災など外部要因による影響を著しく受けたケースなどである。減点対象としては、行動規範を逸脱し、ステークホルダーに対して悪影響を与えた場合などである。こうして評価された点数に各項目のウエイトを乗じて最終的な評価点が算出される（表4-2）。

第2部　環境管理会計の実践

表4-1　業績評価シート

'99年下期　部門業績　目標／評価書
部門名：＿＿＿＿＿＿

【中期戦略のサマリー】
※業績欄は期初に記入

	期初	期末
部門長		
社長		
部門長		

業績審議日：
業績評価日：

1. トップブザイヤ　2. 主要戦略

【業績評価指標（目標値と実績）】

3 当期の重点項目

財務関連

視点（ウェイト）

《業績評価指標（連結／単独）：選択したものを残す》

		（単位：百万円）			
	98下実	99上実	99下計	99下実	達成率	伸び率
売上高						
全経常利益						
当期利益						
フリーC/F						
ROA						

《補正項目》

補正要因	補正額	補正後	達成率	伸び率
売上高				
フリーC/F				
ROA				

《評価点》

指標	得点	ウェイト	評価点
売上高			
フリーC/F			
ROA			
		財務評価点計	

《補足》

※ウェイトは財務のウェイトの割り振り

財務
視点（ウェイト）
(%)

非財務関連

顧客
(%)

評価指標	目標値（単位）	実績	達成率	前年	他社	得点	ウェイト	評価点
								評価点計

《解説、補足》

社内プロセス
(%)

評価指標	目標値	実績	達成率	前年	他社	得点	ウェイト	評価点
								評価点計

《解説、補足》

学習成長
(%)

評価指標	目標値	実績	達成率	前年	他社	得点	ウェイト	評価点
								評価点計

《解説、補足》

環境保全
(%)

評価指標	目標値	実績	達成率	前年	他社	得点	ウェイト	評価点
								評価点計

《解説、補足》

トップ加減点

申告	評価	評価点計

事業本部長コメント（該当事業部のみ）

社長コメント

総評価点	
評語	

出典：経済産業省（2002）p.200

表 4-2 評価基準及び評価事例

	①ウエイト		評価指標		②得点（基準点）				事例：○○事業本部		
					〜100%	〜95%以上	〜90%以上	90%未満	ウエイト	得点	評価点
I 財務	10%〜70%	全社指定	連結FC/F	達成率	100点	90点	50点	0点	30%	100点	30点
			連結ROA	達成率	100点	90点	50点	0点	20%	100点	20点
			売上高	達成率	100点	90点	50点	0点	10%	90点	9点
		独自指定		原則目標	100点	90点	50点	0点			
				達成率	100点	90点	50点	0点			
II 非財務(4視点)	90%〜30%	独自指定	1)顧客	原則目標	100点	90点	50点	0点	15%	100点	15点
			2)社内P	達成率			50点	0点	15%	50点	7.5点
			3)学習成長						5%	90点	4.5点
			4)環境保全						5%	0点	0点
5視点計	100%				100点	90点	50点	0点	100%		86点
III トップ加減点		別途基準あり			+10点〜-10点					+5点	+5点
総評価点											91点

出典：経済産業省（2002）p.201

以前より全社員の賞与は、全社業績（経常利益）と連動しており、固定支給部分と経常利益実績による反映分があったが、部門業績と個人賞与との連動は極めて薄かった。しかしながら、戦略的目標管理制度導入と同時に各部門の業績評価結果が、従来の人事考課と合わせて個人の報酬に反映されることとなった。現時点では課長代理以上の管理職が対象となっている。反映の方法としては、個人賞与算定式の中に部門業績評価と連動する仕組みを導入し、従来と同様に本人の資格と個人評価により算出される部分を「第1賞与」、部門業績評価により算出される部分を「第2賞与」と設定している。「第2賞与」については、部門業績に対する責任の大きさの観点から、役割の大きさ（資格）が反映される仕組みが取り入れられており、また、部門業績に対する個人の貢献度が反映される仕組みとしている。支給額の格差としては、評価が1ランク違うと部長級で数十万円の格差がある。

このような施策に伴い、全体の10％弱のウエイトとはいえ、個人報酬に影響が及ぶに至り、全部門が環境保全への取り組みを無視できない状況を生み出している。これは今後の環境保全活動の展開において大きな推進力となると考えられる。現在、環境保全推進部署の財務的視点には環境会計的要素を盛り込んでいるが、将来的に各部門の環境施策を環境会計的に評価できるようになれば、有用な成果尺度となるであろう。

3　キヤノン

(1) キヤノンの環境経営

キヤノンは、1988年創立50周年を機に、企業理念を「共生」と定め、環境への取り組みを事業活動の柱に据え事業を展開している。さらに、キヤノンでは、環境への取り組みを「資源生産性の最大化」と位置づけ、すべての環境への取り組みは、「省エネルギー・省資源・有害物質の廃除」に集約されると考えている。また、「資源生産性の最大化」に対する対策は、環境への取り組みを加速すると

同時に企業経営にも貢献し、社会にも貢献すると認識し対応を進めている（図4-5）。

環境への取り組みは、すべての活動領域においていかに「環境」をキーワードに内部化させるかが重要であり、図4-6に示すようにすべての領域に対して環境側面のテーマを認識させることで取り組みを加速させている。また、その活動状況の情報公開も重要な課題と認識しており、製品に関する環境情報については、タイプⅢエコラベル（製品ごとのLCA）を電気機器メーカーとしては世界でいち早く公開に踏み切った。また、事業活動全般については「環境報告書」及び、ホームページにより各事業所の環境管理活動を網羅して公開し、広くステークホルダーの方に理解してもらっている。

(2) 環境業績評価の仕組み

環境業績評価を実施する目的は、各事業本部及び事業所の環境への取り組みがどの程度進捗しているかを客観的に評価することによって、対応を加速させることにある。

図4-5　キヤノンの環境問題への基本的な対応

企業理念「共生」＝「環境経営」

環境 ⇒ 「生産性の最大化」 ⇒ 「循環型社会形成」への貢献
　　　　　　＝　　　　　　　　　　　　　＝
経営 ⇒ 「利潤の追求」「製品」　　「人類の幸福」への貢献
　　　　　　　　　　　　　　　　　（キヤノンの企業理念）

共生　Living and Working togetherfor the common good（1988年）

世界人類との共存と発展

キヤノンが環境問題などの解決に努力し、地域社会全体に対して真の社会的責任を全うする企業、即ち「真のグローバル企業」を目指そうとする決意表明

企業活動（アウトプット：商品）を通じての社会のグリーン化への貢献

単なる物質的な豊かさの提供から精神的な豊かさを享受できる商品の提供へ
　［例：映像を見ることによって精神的豊かさ：デジタルカメラ、コピー］

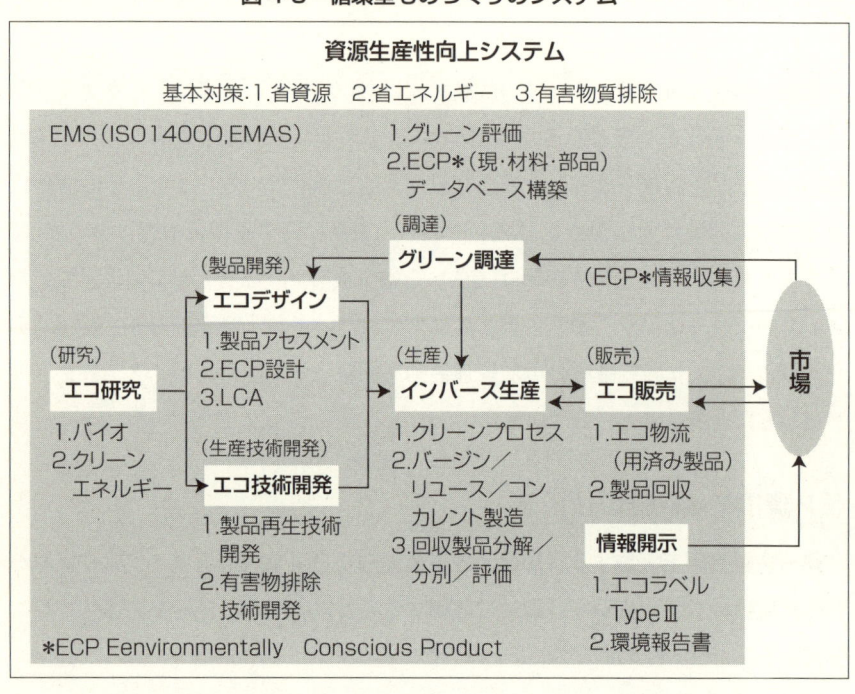

図4-6　循環型ものづくりのシステム

```
資源生産性向上システム
基本対策：1.省資源　2.省エネルギー　3.有害物質排除

EMS(ISO14000, EMAS)         1.グリーン評価
                            2.ECP*(現・材料・部品)
                              データベース構築
                            (調達)
              (製品開発)     グリーン調達    ←(ECP*情報収集)
              エコデザイン
              1.製品アセスメント
   (研究)      2.ECP設計    (生産)          (販売)
   エコ研究    3.LCA        インバース生産 → エコ販売  → 市場
   1.バイオ    (生産技術開発) 1.クリーンプロセス 1.エコ物流
   2.クリーン                2.バージン／       (用済み製品)
     エネルギー エコ技術開発    リユース／コン  2.製品回収
              1.製品再生技術   カレント製造
                開発          3.回収製品分解／  情報開示
              2.有害物排除       分別／評価    1.エコラベル
                技術開発                          TypeⅢ
*ECP Eenvironmentally Conscious Product          2.環境報告書
```

　評価は、製品の環境仕様の側面（キヤノンでは製品環境評価と呼ぶ）について、商品企画から開発まで責任を持っている連結事業本部単位として実施し、事業所活動に伴う環境評価（製造環境と呼ぶ）については、事業所ごとの評価として中間期、通期の年2回実施する。また、2002年より、さらに販売活動の環境側面としての評価として販売会社の環境評価を追加した。キヤノンの事業所の場合、必ずしも事業所の活動は一連結本部の生産に限らず、複数の本部の生産を担っているケースが多く、より責任を明確化させるために製品と製造とを分けて評価することとした（図4-7）。

　この評価によって得られた結果は、連結業績評価システムに組み込まれ、経理データ等の他の重要な評価指標と合算されて総合評価が実施される。全体の評価に対する環境業績の評価結果は、1割程度の重み付けとなっている。このように、

図4-7 キヤノンの環境業績評価

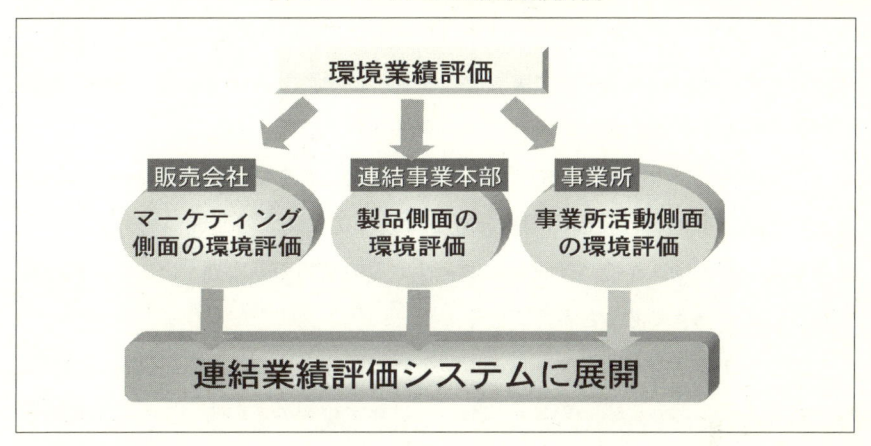

```
                    環境業績評価
        ┌──────────────┼──────────────┐
        ▼              ▼              ▼
     販売会社       連結事業本部        事業所
   マーケティング    製品側面の      事業所活動側面
   側面の環境評価    環境評価        の環境評価
        └──────────────┼──────────────┘
                       ▼
              連結業績評価システムに展開
```

　キヤノンの基幹マネジメントシステムの中に環境業績評価結果を組み込み実施している。

　評価項目は、中期環境目標についての進捗を基本に、資源生産性の観点から評価指標を決定することとしている。キヤノンの中期環境目標は、3年ごとに見直され、2003年には新たに、2010年に資源生産性を2倍にすることを目指すファクター2を設定し、そのマイルストンとして2005年目標を設定した。製品環境に関しては、製品の省エネルギー、省資源としてリユース・リサイクル対応設計、有害物質廃除について、また、製造環境については、事業所省エネルギー活動、廃棄物の発生抑制、排出量削減、埋め立て廃棄物ゼロ及び、化学物質の排出抑制など、製品環境と同じく「省エネルギー・省資源・有害物質廃除」主体に2005年のキヤノングループのあるべき姿として設定されている。

(3) 環境業績評価と環境会計の関係

　キヤノンにおいては、環境業績の直接的な評価は環境パフォーマンスにより行われるべきであると考えている。環境への対応は、そもそも、地球環境への負荷をどの程度削減するかが問題であり、経済効果は、環境への取り組みの効率性を

第2部　環境管理会計の実践

評価する尺度であると考えている。よって、環境会計は、環境業績評価に取り入れられるべき一つの指標と位置づけており、企業活動を円滑に進める上での環境への取り組みをいかに効率的に実施するかを、環境会計という手法で表現し評価していくべきであると考えている。

まだ、環境会計は発展途上の手法であり、今後さらなる進化が期待されるわけであるが、最終的には、製品環境分野では「環境に関する研究開発の効率性」、製造環境分野では「環境設備投資の効率性、環境費用の効率性」という指標を確立し、適応すべきであると考えている。

しかしながら、現在のキヤノンの環境会計は、まだまだコスト把握については按分計算をしており、効果の算定においては算定根拠のあいまいなみなし効果となってしまい、客観性を持った評価とはなっていない。しかし、製品、事業活動における環境対応の効率性を高めるためには、どうしてもこのような指標が必要であると認識しており、今後、この分野における理論の確立に力を注いでいきたいと考えている（図4-8）。

図4-8　環境会計の環境業績評価の関係

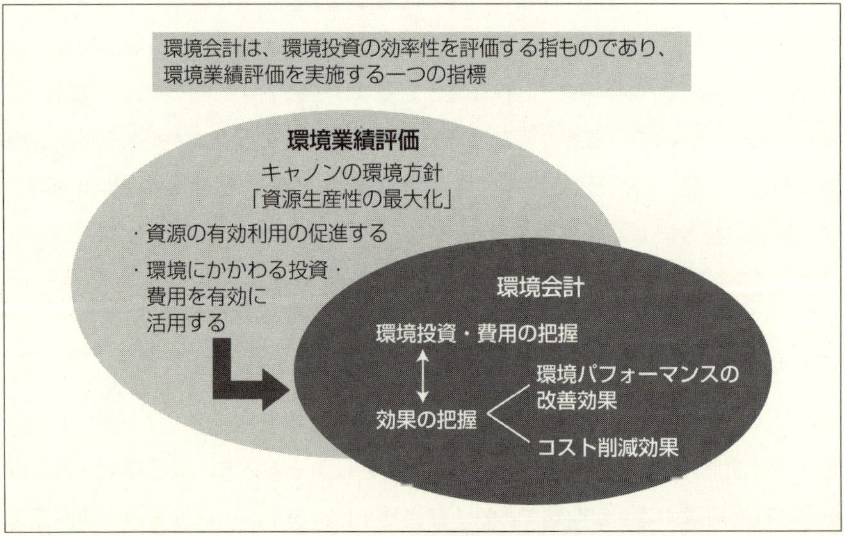

環境会計は、環境投資の効率性を評価する指ものであり、環境業績評価を実施する一つの指標

環境業績評価
キヤノンの環境方針
「資源生産性の最大化」
・資源の有効利用の促進する
・環境にかかわる投資・費用を有効に活用する

環境会計
環境投資・費用の把握
↕
効果の把握
← 環境パフォーマンスの改善効果
← コスト削減効果

環境業績評価は、導入より3年目に入り、社内でのコンセンサスは十分に得られるようになった。各事業本部、事業所、販売会社間の競争原理も働き、一定の導入目的が果たされたと認識している。今後は、指標をさらに充実させると同時に、連結業績評価システムにおける環境業績の比率をさらに高めるよう努力する方針である。

4 ソニー

(1) ソニーの環境経営

ソニーでは1990年、当時の大賀社長は社内報の号外で環境保全の重要性を社員に説いた。その後、地球環境委員会の設置に始まり、1994年には初めての環境報告書の発行と、段階的に環境活動を強化した。以降、全世界の事業所でのISO 14001の認証取得を実施し、全世界の製造事業所のすべて、並びに一定規模以上の非製造事業所のほとんどで認証取得を終了している。なお、認証取得の数は、2003年6月時点で製造事業所73、非製造事業所64にのぼる。ISO 14001に基づく環境マネジメントシステムは、各事業所レベルの閉じたPDCAの仕組みとして活用しているが、ソニーグループ全体でのPDCAの仕組みは、段階的に発展し、環境方針に当たる「ソニー環境ビジョン」（2000年に制定）と環境中期目標「Green Management 2005」（通称：GM2005）が軸となっている。この時点で、ソニーはビジネス活動全体にわたる環境効率の向上を最上位の目標として掲げた。

このGM2005は、各ビジネスユニット（カンパニー）、各事業所が実施すべき環境目標が定量的な形で示されたもので、主要な個別項目としては、以下のようなものがある。

環境効率：
　ソニーグループ全体の環境効率（売上高／環境負荷）の向上
　（環境負荷は、ライフサイクルでの温室効果ガス排出、資源投入量など）
事業所関連：

省エネ、温室効果ガス排出量削減、廃棄物の排出量削減、廃棄物のリサイクル率向上、プロセスで使用される環境管理物質の使用量、排出量削減、環境リスクマネジメント

製品関連：

使用時消費電力の削減、待機時消費電力の削減、省資源、再生材等の利用、リサイクル可能率の向上、製品に含有される環境管理物質の禁止・全廃

(2) PDCAと業績評価

環境目標であるGM2005に基づくグループ全体のPDCAと、各ビジネスユニット（事業所を含む）でのPDCAの連携は以下のようになっている。

Plan：グループ目標（GM2005）の設定
　　　　各ビジネスユニットでのGM2005に基づく目標設定と事業計画への反映

Do　：各ビジネスユニットでの実施

Check：各ビジネスユニットでの進捗把握と目標管理
　　　　グループ全体での進捗把握、目標管理とビジネスユニットの業績評価

Act　：各ビジネスユニット、本社経営層による見直し

ここで、グループ全体のPDCAとビジネスユニットのPDCAがきちんと連動し、環境パフォーマンスが向上していくことが極めて大切であるが、そのための特に重要な要素は、事業計画への反映と評価（業績評価）である。環境対応は時として、巨額な投資などが必要な場合があるため、ビジネスの現場では単なる精神的な目標設定では実施がおぼつかない場合もある。そのために、予算確保を含めた事業計画への環境目標の反映が必要不可欠である。

同時に、結果をきちんと評価する仕組みを持たないと継続的な改善には結びつきにくい。評価としては表彰制度などが一般的なやり方であるが、強制力を持たせることが重要であり、現在のスキームでは業績給への連動（業績評価）がそのための最も適した方法論であると考えられる。

(3) ソニーの環境業績評価の方法

1) 評価対象

　ソニーでは、ビジネスユニットを評価する仕組みとしての業績評価では、EVA (Economical Value Added：経済的付加価値) を中心に、品質、研究開発、知的財産などが、従来より評価項目として挙がっていたが、その評価項目に2000年度から環境の項目（環境業績評価）が組み入れられた。初年度は、ソニーのエレクトロニクスビジネスを担当するビジネスユニット（ネットワークカンパニー）のみが環境業績評価の対象であったが、2001年度から対象範囲を、ゲーム（ソニーコンピュータエンタテイメント）、音楽（ソニーミュージックエンタテイメント）、映画（ソニーピクチャーズエンタテイメント）にも拡大し、ソニーグループの主要なビジネスを網羅するに至っている。なお、業績評価全体に占める環境項目の配点は全体の10％前後（ビジネスカテゴリーにより多少の差がある）である。

2) 評価項目

　環境業績評価の評価内容は、大きく分けて次のようになっている。

　a. 定量評価項目：

　　・事業所の環境配慮

　　・製品の環境配慮

　b. 定性評価項目：

　　・環境担当役員の要求事項

　　・顕著な自主的活動

　　・減点項目（環境事故等）

　定量評価項目では、上記に挙げたGM2005の目標値が基準となり、事業所の環境配慮と製品の環境配慮の各項目について定量化された基準に基づき評価される。ここで、ビジネスユニットの性格に応じて事業所評価と製品評価の重み付けは変化する。例えばエレクトロニクスのセット系、ゲームのビジネスユニットでは、製品評価の割合が高く、事業所評価の割合は低い（もしくはゼロ）であり、半導

体などのデバイスやCDやDVDなどのメディアの生産が中心となる音楽のビジネスユニットでは事業所評価の割合が高くなる。

定性評価項目は、大きく分けて、環境担当役員の要求事項、顕著な自主的活動、減点項目からなる。環境担当役員の要求事項は、その年の重点項目や特定のビジネスユニットに当てはまる重点項目を定義し、評価するものである。例えば、全社的なプロジェクトの進捗などが要求項目として挙げられる。

顕著な自主的活動は、定量評価項目や、環境担当役員の要求事項を超えた、自主的な活動を評価するものである。環境業績評価が定量評価や要求項目だけであると、逆に実施が阻害されがちな、プラスアルファの、より創造的でユニークな活動を推進し、評価するという考えに基づいている。いわゆる「ソニーらしい」活動を環境の分野でも積極的に評価し、推進するための仕組みである。

減点項目は、事業所における化学物質の漏洩やコンプライアンス違反等の「環境事故」が対象となり、事故が発生した場合、その規模、影響だけではなく、事故後の対応の的確さに応じて評価される。対応の的確さとは、事故報告の迅速さ、事故後の緊急対応の迅速さ、是正措置などである。したがって、万が一事故がおきても、確立されたリスクマネジメントの仕組みに基づき、的確に事後処理がなされれば減点は少なくなるが、対応が不十分であると大きな減点につながる。

このように、評価項目を組み合わせ、バランスをとることで多岐にわたる環境活動を的確に評価しようと試みているが、今後ともよりよい評価方法の確立に向けて、継続的な改善が必要と考えている。

3) 評価方法

評価は、毎年度末に実施される。定量評価項目は、環境パフォーマンスのデータベース等を通じて全世界からのデータを集計し、算出される。定性評価項目は、各ビジネスユニットから本社環境部門への申告に基づき評価が行われる。内容確認や解釈等について調整や監査報告との整合性の確認後、評価結果は環境担当役員の承認を経て、トップマネジメントへ報告される。その後、最終的に業績評価

の他の項目と合わせ、業績給への反映が実施されることとなる。

　同時に、優れた環境活動に対する表彰制度「ソニー地球環境賞」の中で、この環境業績評価の結果に基づいた「環境業績賞」を環境業績評価で高得点を上げた優れたビジネスユニットに対して表彰している。これは、優れた活動を社内に広く認知させることを意図するとともに、業績給連動のみであると、EVAや品質など他の業績評価項目が悪い場合、環境項目で高い得点を獲得しても評価全体が下がってしまうことに対して、努力した環境担当者に対しての対価としての意味合いも有している。

(4) 環境業績評価と環境会計の課題

　環境会計における重要な要素は、「コスト」対「効果」であり、最終的にはこの「コスト」対「効果」の効率を上げていくことが理想であると考えられる。このコストを環境活動にかけるコスト、効果を環境パフォーマンスと考えると、多くの場合、「コスト」と「効果」の連動が図られず、結果として環境活動に費やしたコストと、結果として得られた環境パフォーマンスの単純比較が環境会計の実態である場合が、一般には多いのではないかと考えられる。このような結果論型の環境会計から「使える」ツールとして環境会計にしていくかが現実的な課題である。この点について、ソニーは以下のように取り組んでいる。

　まず「コスト」の側面では、どれだけ環境コストをかけるかが環境活動の成果に直結してくることから、結果として「コストがいくらかかったか」よりも、事業計画での「予算をいくらとるか」が最も重要な要素となる。ソニーでは、この予算確保をより確実なものとするため、「環境事業計画検討会」を2002年度の事業計画から開始し、目標の達成に必要十分な人件費、活動費用、設備投資費用が確保されているかの確認を実施している。いうまでもなく予算化のドライビングフォースとなるのが業績評価である。

　「効果」の側面では、環境パフォーマンスを金銭換算する以前の問題として、環境パフォーマンスを迅速かつ正確に把握することが重要である。このため、環

境パフォーマンスデータの算出および報告の基準の明確化、迅速なデータ収集のためのデータベースの整備を行っている。例えば事業所の環境パフォーマンスデータの場合、毎月全世界からデータが入力される。ソニーのようにグローバルなオペレーションを展開している場合、会社の中できちんとしたグローバル基準がないと、各地域、国ごとの基準で算定されたデータを集計してもあまり意味がなくなってしまうので、基準作りは極めて重要である。また、パフォーマンスを共有することで、活動へのフィードバックや成功事例の共有が図りやすくなることが期待される。環境業績評価も環境パフォーマンスデータに基づき行われるため、正確なデータが必要である。不正確なデータをもとに業績給への反映が行われても、モチベーションの向上にはつながらないであろう。

「コスト」と「効果」について逆の見方をして、「コスト」を事業活動に伴う環境負荷（地球環境に対するコスト）、「効果」を事業活動からのアウトプット（経済的効果）とすれば、この「コスト」対「効果」の比率は、環境効率（エコ・エフィシェンシー）にほかならない。すでに述べたように、ソニーでは環境効率の向上を最上位の目標設定として掲げている。このような考え方に基づけば、環境会計の「コスト」対「効果」は、環境活動の評価ツールではなく、まさしくビジネスそのものの環境効率を表す指標にほかならず、そのビジネスがどれだけ環境配慮型ビジネスなのかを示すことになる。そして、そのとき初めて、環境業績評価は、本当の意味でビジネスの評価となり、環境会計がビジネスと直結したものになったといえるのではないだろうか。

5 むすび

リコー、キヤノン、ソニーという環境配慮型業績評価の導入に早くから取り組んできた企業事例を紹介してきた。そこにはいくつかの共通性がみられる。

まず重要な点は、業績評価システムという企業経営の根幹に環境パフォーマンス指標を導入するための社内コンセンサスの確立である。いずれの会社も経営ト

ップの強力な方針のもとで環境保全活動が推進され、そのプロセスの一つの到達点として、環境配慮型業績評価システムの導入が図られている。環境配慮型業績評価は、業績評価という全社的なシステムとの連携であるから、この点は特に重要である。

　次に、3社とも環境業績評価の方法は手続き面では異なるものの、ほぼ10％程度のウエイトを与えている点で共通している。環境に関する指標を導入する以上、あまり低すぎてもインセンティブにならないし、高すぎると他の評価指標との関係が微妙になる。10％という数字に理論的な根拠はないが、実務面からみて一つの妥当な水準であると思われる。

　またリコーの場合には明示的に示されていないが、キヤノンとソニーの環境に関する評価指標は製品の側面と事業所活動の側面に分かれている。これは第1部第8章で紹介したシャープも同様である。製造業における環境配慮活動は事業所での負荷削減と製品の環境負荷削減であるから、この両指標を中心とすることは合理的である。

　また、今後の展開方向として、環境会計との連携を重視する方向性も3社で共通性がみられる。環境パフォーマンスの向上が業績評価の向上につながるのであれば、環境保全活動のためのコスト管理の手段である環境会計も当然そのために有効に活用されるべきである。3社ともそこに注目している点は重要である。ただし、環境会計が環境省ガイドラインに基づいて設計されている場合には、内部管理のニーズに必ずしも対応できない面がある。したがって、環境業績評価に対応したコスト情報は何かを考えながら、両者の連携を図る必要がある。

　環境配慮型業績評価は導入することが最終目的ではない。定期的な実践を通じて、環境パフォーマンスを向上させると同時に、経営効率も向上させる必要がある。環境配慮型業績評価の真の効果はこれから示されることになろう。

（國部克彦）

主要参考文献

- 伊坪徳宏・稲葉敦(2003)「健康影響に伴う社会的費用を考慮した総合的費用の分析評価」『環境情報科学論文集』第17号
- 伊藤嘉博(2001)『環境を重視する品質コストマネジメント』中央経済社。
- 環境VE研究会(1994)『環境問題へのVEアプローチ』日本VE協会。
- 環境省(2001)『事業者の環境パフォーマンス指標‐2000年度版‐』環境省。
- 環境省(2001)『環境会計ガイドブック』環境省。
- 環境省(2002a)『環境会計ガイドライン2002年版』環境省。
- 環境省(2002b)『環境会計ガイドブック2002年版』環境省。
- 環境省(2003)『平成14年度環境にやさしい企業行動調査調査結果』環境省。
- 経済産業省(2002)『環境管理会計手法ワークブック』経済産業省。
- 経済同友会(2003)『第15回企業白書‐「市場の変化」と社会的責任経営』経済同友会。
- 國部克彦(2000)『環境会計(改訂増補版)』新世社。
- 國部克彦(2001)『環境会計の理論と実践』ぎょうせい。
- 國部克彦(2003)「2つのアカウンタビリティ:環境報告書と環境会計」『産業と経済』第18巻第1号。
- 國部克彦・中嶌道靖(2003)「環境管理会計におけるマテリアルフローコスト会計の位置づけ」『會計』第164巻第2号
- 國部克彦・梨岡英理子(2003)『環境会計最前線』省エネルギーセンター。
- 産業環境管理協会(2001)『平成12年度新エネルギー・産業技術総合開発機構委託 製品等ライフサイクル環境影響評価技術開発成果報告書』産業環境管理協会。
- 産業環境管理協会(2001)『平成12年度 経済産業省委託 環境ビジネス発展促進等

調査研究(環境会計)報告書』産業環境管理協会。
- 産業環境管理協会(2002)『平成13年度　経済産業省委託　環境ビジネス発展促進等調査研究(環境会計)報告書』産業環境管理協会。
- 産業環境管理協会(2003)『平成14年度　経済産業省委託　環境ビジネス発展促進等調査研究(環境経営総合手法)報告書』産業環境管理協会。
- 新エネルギー・産業技術総合開発機構(1995)『エネルギー使用合理化手法国際協力調査』新エネルギー・産業技術総合開発機構
- 田中雅康(1992)「原価企画における原価改善技法」『原価計算研究』第17巻第2号。
- 中嶌道靖(2003)「マテリアルフローコスト会計と伝統的原価計算の相違について－マテリアルフローコスト会計への疑問と誤解に答えて」『関西大学商学論集』第48巻第1号。
- 中嶌道靖・國部克彦(2002)『マテリアルフローコスト会計』日本経済新聞社。
- 日本会計研究学会(1996)『原価企画研究の課題』森山書店。
- 水口剛(2002)『企業評価のための環境会計』中央経済社。
- 宮崎修行(2001)『統合的環境会計論』創成社。
- 山上達人(1999)『環境会計入門』白桃書房。
- Bennett,M. and James,P. (1998) *The Green Bottom Line*, Greenleaf Publishing. (國部克彦監修・海野みづえ訳『緑の利益』産業環境管理協会)
- Dipendaal,M. and de Walle,F.B.(1994) "A Model for Environmental Cost for Corporations (MEC)", *Waste Management & Research*, Vol.12, No.5.
- Fabrycky,W.J. and Blanchard,S.(1991) *Life-Cycle Cost and Economic Analysis*, Prentice-Hall.
- Hughes,S.B. and Wills,D.M.(1995) "How Quality Control Concepts Can Reduce Environmental Expenditures", *Journal of Cost Management*, Vol.9, No.2, Summer.
- Johnson,H.T. and Kaplan,R.S.(1987) *The Rise and Fall of Management Accounting*, Harvard Business School Press.(鳥居宏史訳『レレバンス・ロスト－管理会計の盛衰』白桃書房,1992年。)

- Itsubo, N. and Inaba, A.(2001) "Total Cost Accounting Including External Cost of Product Life Cycle : Case Study for Electric Appliance", 1st Int. Conf. on Life Cycle Management.
- UNCTAD (United Nations Conference on Trade and Development) (2000) *Integrating Environmental and Financial Performance at the Enterprise Level* : *A methodology for Standing Eco-efficiency Indicators*, UNCTAD.
- UNDSD (United Nations Division for Sustainable Development) (2001) *Environmental Management Accounting : Procedures and Principles*, UN.
- USEPA(United States Environmental Protection Agency)(1995) *An Introduction to Environmental Accounting as a Business Management Tool : Key Concepts and Terms*, USEPA.(日本公認会計士協会訳「経営管理手法としての環境会計入門：基本概念及び用語」日本公認会計士協会編『企業経営のための環境会計』日経BP社,2000年所収。)
- Wally,N. and Whitehead,B.(1994) "Noah Walley and Bradley Whitehead Respond", *Harvard Business Review*, July-August 1994.(イオンフォレスト・コミュニケーション訳「現実に適った解決こそ真の解決策」『DIAMONDハーバード・ビジネス』1994年10－11月。)
- WBCSD(World Business Council for Sustainable Development) (2000) *Measuring Eco-efficiency* : *A Guide to Reporting Company Performance*, WBCSD.

略語

略語	正式名	日本語	
ABC	Activity-Based Costing	活動基準原価計算	45
CERCLA	Comprehensive Environment Response Conpensation & Liability Act	包括的環境対策補償責任法、通称スーパーファンド法	162
CI	Corporate Instruction		231
CR	Cost Review	コスト調査	109
CSR	Corporate Social Responsibility	企業の社会的責任	161
CVM	Contingent Valuation Method	仮想評価法	79
DALY	Disability Adjusted Life Years	障害調整生存年	80
DfE	Design for Environment	環境適合設計	9, 72, 105, 114, 123, 229
DR	Design Review		109
ECOMAC	Eco-Management Accounting as a Tool of Environmental Accounting Project	環境管理会計に関する実態調査	20
ECP	Environmentally Concious Product	環境配慮型製品	266
EIA	Environmental Impact Assesment	環境アセスメント	123
ELU	Environmental Load Unit	環境負荷単位	149
EMAN	Environmental Management Accounting Network	環境管理会計ネットワーク	20
EMARIC	Environmental Management Accounting Resarch Information	環境管理会計情報研究センター	19
EMAS	Eco-Management and Audit Scheme	環境管理・監査要綱	266
EMS	Environmental Management System	環境マネジメントシステム	8, 266
EP	Eco Point	エコポイント	150
EP	Environmental Practice		231
EPE	Environmental Performance Evaluation	環境パフォーマンス評価	8
ERP	Enterprise Resource Planning	企業業務統合パッケージソフトシステム	181
EVA	Economical Value Added	経済的付加価値	271
FCA	Full Cost Accounting	フルコストアカウンティン	30, 80
GARS	Global Asset Recovery Services	資産回収プロジェクト	234
GF	Green Factory	グリーンファクトリー	144
GP	Green Product	グリーンプロダクト	144

略語

IRR	internal rate of return	内部利益率	95
JQA	Japan Quality Award	日本経営品質賞	258
LCA	Life Cycle Assessment	ライフサイクルアセスメント	9, 72, 123, 133, 257, 265
LCC	Life Cycle Cost	ライフサイクルコスト	18, 72
LCCA	Life Cycle Cost Assessment	ライフサイクルコストアセスメント	115
LCIA	Life Cycle Impact Assessment	ライフサイクルインパクトアセスメント	75, 78
LCM	Life Cycle Management	ライフサイクルマネジメント	80
MFCA	Material Flow Cost Accounting	マテリアルフローコスト会計	10, 36, 169
NPV	net present value	正味現在価値	94
PAF	Prevention-Appraisal-Failure approach	PAF法	119, 132, 249
PC	Personal Computer	パーソナルコンピュータ	229
PDCA	Plan Do Check Action		269
PI	profitabilitiy index	利益指数	96
PPM	Product Portfolio Management	プロダクトポートフォリオマネジメント	259
PRP's	Potentially Responsible Parties	潜在的責任当事者	163
PRTR	Pollutant Release and Transfer Register	環境汚染物質排出・移動登録制度	145, 243
ROA	Return on Asset	総資産利益率	259
ROI	return on investment	投資利益率	89, 91
UNCTAD	United Nations Conference on Trade and Development	国連貿易開発会議	147
UNDSD	United Nations Division for Sustainable Development	国連持続可能開発部	20, 23
USEPA	United States Environmental Protection Agency	アメリカ環境保護庁	19, 23, 160
VE	Value Engineering		110
VOC	Volatile Organic Compounds	揮発性有機化合物	255
WBCSD	World Business Council for Sustainable Development	世界環境経済人協議会	147

略語

略　語	日本語	
Cks	環境対策コスト	111
EE値	環境負荷利用効率	148
EI値	環境負荷改善率	148
Fks	環境満足機能	111
Vcs	顧客満足価値	112
Vks	環境満足価値	112
Vt	総合価値	112

正式名	日本語	
0 Look VE	ゼロルックVE	110
1st Look VE	ファーストルックVE	110
Appraisal Cost	評価コスト	119
cost of capital	資本コスト	93, 97
discount cash flow method	割引現在価値法	93
Effect Mitigating Correction costs	影響緩和修正コスト	120
environmental accounting	環境会計	7
environmental management	環境管理	7
environmental management accounting	環境管理会計	7
External Failure Cost	外部失敗コスト	119
Green Management 2005	通称GM2005	225, 269
Internal Failure Cost	内部失敗コスト	119
internal rate of return method	内部利益率法	89, 95
management accounting	管理会計	7
minimum-cost method	最小費用法	89, 90
net-present value method	正味現在価値法	89, 92
pay-back period method	回収期間法	89, 92
Prevention Cost	予防コスト	119
Process Integrated Correction costs	プロセス統合修正コスト	120
profitability index method	利益指数法	89, 96
Quantity Center	物量センター	42
Total cost of ownership	初期投資額と運転費用の総費用	88
quality costing	品質原価計算	119
Ratio Sheet	経費回収率表	232

索 引

■あ■

アメリカ環境保護庁
　（USEPA） ……………19, 23
荒研削ロスコスト率
　………………………219
ISO14000
　…5, 116, 117, 231, 246
医薬品 ……………184
インパクトカテゴリー
　………………………79
インプロセス型環境設備
　投資 ………………85
エコ・エフィシェンシー
　指標 ………………138
エコファンド …………152
エネルギー（水, 電気, 蒸
　気）コスト …………188
エネルギーコスト …173
エレクトロニクス用粘着
　テープ …………171
エンド・オブ・パイプ型
　環境設備投資 ………85
横断的組織 …………172
大阪ガス ……………142

■か■

改善投資 ……………196
外部環境会計 ………137
外部負担環境ロス …122,
　123, 124, 126, 127,
　132, 133, 241
加工費 ………………43
家電リサイクル法 …164
カメラレンズ ………211
乾いた雑巾 …………170
環境アカウンタビリティ
　………………………155
環境会計
　……3, 7, 264, 267, 273
環境会計ガイドライン
　…………7, 13, 129, 247
環境改善活動 ………86
環境格付機関 ………152
環境監査 ……………9
環境管理 ……………7
環境管理会計 ………7
環境（管理）会計 …36
環境＋管理会計 ……36
環境管理会計手法ワーク
　ブック ………………7
環境管理会計情報研究セ
ンター ………………19
環境管理会計ネットワー
　ク ……………………20
環境経営
　…3, 198, 256, 264, 269
環境効果性指標 ……100
環境コスト …………21
環境コストの資本化
　………………………163
環境省 ……………7, 13
環境省環境会計ガイドラ
　イン ………153, 247
環境設備投資 ……83, 86
環境適合設計 …9, 105
環境配慮型業績評価
　………33, 69, 138, 256
環境配慮型原価企画
　…………………33, 69
環境配慮型設備投資決定
　……………23, 33, 68
環境パフォーマンス指標
　………………………139
環境パフォーマンス評価
　………………………8
環境品質原価計算
　………………120, 122

環境負債の計上 ……163
環境部署 ……………16
環境報告書 ……………8
環境保全活動システム
　……………………6
環境保全コスト …21, 29
環境マネジメントシステ
　ム …………………8
環境予算マトリックス
　………………33, 69
環境ラベル ……………10
間接費 ………………189
管理会計 ……………159
企業会計 ……………158
企業コスト ……………72
企業の社会的責任 …161
キャッシュフロー ……92
キャッシュフローの予測
　……………………97
キヤノン …142, 256, 264
業績評価システム …139
グリーン調達 …113, 114
経済価値の最大化 ……86
経済活動システム ……6
経済産業省 ……………7
経済的利益 ……………94
削りくず ………211, 219
合成樹脂床材 ………200
工程ロス ……………177
コクヨ …………140, 142
国連持続可能開発部
　（UNDSD）…20, 23, 25、

158
コスト削減額 ………169
コスト低減 ……………99
コストデータ付きフロー
　チャート ……………65
コストミニマム基準 …86
固定ロス ……………177

■ さ ■
最終廃棄物コスト率
　…………………196
財務会計 ……………162
サプライチェーン
　………………41, 69
資金の時間価値 ………92
資源生産性 ……40, 211
資源有効利用促進法
　…………………164
システムコスト
　…40, 43, 188, 210, 218
自動車リサイクル法
　…………………164
資本金融市場 ………15
資本コスト ………93, 97
シャープ ………142, 275
社会的コスト ……72, 150
常識的な目 …………211
正味現在価値 …………94
初期投資額 ……………92
新規設備投資 ………176
ストックの物量センター
　…………………172

スラッジ ……………218
製造原価シュミレーショ
　ンシステム ………186
正の製品 ………………45
製品サービス市場 ……15
切断ロスコスト率 …175
切断ロス率 …………175
戦略的目標管理制度
　…………………257
組織内コミュニケーショ
　ン …………………103
ソニー ……142, 256, 269
損品 ………218, 219, 220

■ た ■
宝酒造 ………………140
タキロン ……………198
田辺製薬 ……………149
多目的意志決定 ………86
テラス研究所 …………19
伝統的原価計算
　…………39, 43, 44, 47
東洋製罐 ……………237

■ な ■
内部負担環境ロス …122,
　123, 124, 126, 127,
　131, 133, 136, 240, 243
二酸化炭素 ……………41
日東電工 ……………247
日本IBM ……………229

・283・

索引

■は■

廃棄原材料費 …………27
廃棄物処理 …………220
廃棄物配分資本・労務費
　………………………27
排出権取引 …………164
排出ガス規制 ………246
廃水 …………………211
配送／廃棄物処理コスト
　……………40, 46, 218
バランス・スコアカード
　………………140, 258
バランスチェックシート
　………………………201
被害量評価 ……………79
品質原価計算 …119, 120,
　121, 122, 125
品質コスト ……119, 121,
　122, 123, 247, 249
品質コストマトリックス
　…………125, 247, 249
富士通 ………………148
物量センター …………42
不動産鑑定評価基準
　………………………164
歩留り管理 ………38, 39
負の製品 ………………45
フルコスト ……………73

フルコストアカウンティ
　ング（FCA）……30, 80
フルフローコスト …213
フローチャート …50, 65
ボランタリー・プラン
　………………………249

■ま■

マスバランス ………188
マスバランスチェックシ
　ート …………………201
マテリアルコスト
　……………40, 50, 187
マテリアルコスト率
　………………………175
マテリアルフロー ……42
マテリアルフローコスト
　………………247, 249
マテリアルフローコスト
　会計 …………………254
マテリアルロス …37, 42,
　43, 46, 48, 188, 196,
　220
マテリアルロスコスト率
　………………196, 219

■や■

横河電機 ……………150

■ら■

ライフサイクルアセスメ
　ント（LCA）……9, 72,
　123, 133, 257, 265
ライフサイクルコスティ
　ング …………………69
ライフサイクルコスト
　106, 107, 108, 112, 224
利益向上額 …………169
リコー
　……140, 142, 149, 256
リサイクル材 ………201
リサイクルシステム
　………………………198
リサイクルシステムの経
　済性 …………………203
リユース ……………234
理論値 ………………187
理論ロス ……………177
レンズガラス ………217
労働市場 ………………15
ロス電力コスト ……203

■わ■

割引現在価値法 …90, 93

■ 編著者紹介

國部克彦（こくぶ・かつひこ）　神戸大学大学院経営学研究科教授

　1990年大阪市立大学大学院経営学研究科後期博士課程修了。博士（経営学）。経済産業省委託「環境ビジネス発展促進等調査研究・環境会計委員会」委員長、環境省「環境会計ガイドライン改訂検討会」委員などの各種委員を歴任。国連持続可能開発部「環境管理会計専門家会合」エキスパートメンバー、アジア太平洋環境管理会計ネットワーク運営委員、環境経済・政策学会理事、環境経営学会理事、日本社会関連会計学会理事などを務める。2003年、研究成果活用企業として株式会社環境管理会計研究所を設立し、取締役に就任。主著に「環境会計最前線」（省エネルギーセンター、2003年）、「マテリアルフローコスト会計」（日本経済新聞社、2002年）、「IBMの環境経営」（東洋経済新報社、2002年）、「環境会計」（新世社、2000年）、「社会と環境の会計学」（中央経済社、1999年）などがある。また（社）産業環境管理協会発行の「緑の利益―環境管理会計の展開」（2000年）を監修。

環境管理会計入門：理論と実践　　2004（社）産業環境管理協会

2004年4月20日第一刷発行 2007年10月10日第二刷発行	編著者　　國部克彦
	発行所　　社団法人産業環境管理協会 　　〒101-0044　東京都千代田区鍛冶町2-2-1 　　　　　　三井住友銀行神田駅前ビル 　　　　　　電話 03 (5209) 7710
	印刷所　　中央印刷株式会社
	編集協力　スレッドプラニング
	発売所　　丸善株式会社出版事業部 　　電話 03 (3272) 0521　FAX 03 (3272) 0693

ISBN978-4-914953-85-0　　　　　　　　　　　　　　Printed in Japan